Dietrich Fischer-Dieskau

Zeit eines Lebens
Auf Fährtensuche

Dietrich Fischer-Dieskau

Zeit eines Lebens

Auf Fährtensuche

Deutsche Verlags-Anstalt Stuttgart München

Die Deutsche Bibliothek – CIP-Einheitsaufnahme

Ein Titeldatensatz für diese Publikation ist bei
Der Deutschen Bibliothek erhältlich

© 2000 Deutsche Verlags-Anstalt GmbH, Stuttgart München
Alle Rechte vorbehalten
Lektorat: Thomas Karlauf
Typographische Gestaltung: Brigitte Müller
Satz: Garamond (QuarkXPress) im Verlag
Druck und Bindearbeit: Clausen & Bosse, Leck
Diese Ausgabe wurde auf chlor- und säurefrei gebleichtem,
alterungsbeständigem Papier gedruckt.
Printed in Germany

ISBN 3-421-05368-5

Inhalt

Einleitung

DIESES BUCH geht auf Fährtensuche, also eine ganz der Konzentration des Augenblicks hingegebene Tätigkeit. Die Spur führt nach innen, ins eigene Wesen, und nicht hauptsächlich in die Umgebung und das Erleben. Was an Gesichtern und Vorkommnissen begegnen mochte, trug ich vor zwölf Jahren in einem Erinnerungsbuch zusammen, mit anderem Ziel und wahrscheinlich anderer Wirkung.

Es heißt, im Alter erinnere sich der Mensch besonders gut an weit zurückliegende Ereignisse. Der Zukunftshorizont verkürzt sich auf grausame Weise, also geht der Blick in die Vergangenheit. Dabei lassen viele das Erlebte aber nicht nur Revue passieren, sondern ordnen es auch, bewerten es und überlegen sich, was sie richtig oder falsch gemacht haben, welche Träume sich erfüllten und was unwiderruflich versäumt wurde.

Das autobiographische Gedächtnis, dieser Schatz an Erfahrungen und Erlebnissen, den jeder mit sich herumträgt, interessiert vornehmlich Historiker, die in den vergangenen Jahrzehnten zunehmend Berichte von Zeitzeugen über politische Ereignisse wie über das Alltagsleben dazu nutzten, sich ein Bild der Epoche zu machen. In der Psychologie wurde darüber hinaus gar eine eigene Therapieform entwickelt, dem Lebensrückblick eine zentrale psychohygienische Funktion im Alter zugeschrieben.

Meine musikalische Arbeit mit der unmittelbar folgenden praktischen Bewährung erforderte eine spezielle Art von Mut, und zumeist mußte alle Kraft zusammengenommen werden, um die damit gepaarten Ängste zu bewältigen. Oft blieb nichts anderes übrig, als die »Flucht nach vorn« anzutreten, sich im Strudel von Feuer und Wasser zu behaupten, den Blick nach rechts und links eher zu meiden. Denn es hieß, gefaßt auf den jeweiligen Auftrag zu schauen und sich über die immer wieder neue Ausformung der Angst klar zu werden, damit sie zum Movens, zum produktiven Auslöser, werden konnte. Bei der »Fährtensuche« geht es um die Integration des eigenen Lebens im Rückblick.

MEMOIREN haben für den Unbeteiligten oft etwas Rührend-Komisches: mit welcher Wichtigkeit Ereignisse aufgeblasen werden, nur weil der Erzählende, wenn schon nicht zufällig, so doch schicksalsbestimmt an ihnen mitwirkte. Die Weltkarte sieht dann aus, wie sie Lichtenberg einmal skizziert hat: die umliegenden kleinen Dörfer riesig, beobachtet bis in alle Einzelheiten, weiter in der Ferne wird es immer verschwommener, und »la-bàs« liegen dann Asien, Afrika, Amerika und Australien. Der Autobiograph sagt: Seht, dies war meine Welt, und kann doch nirgends konstatieren: Dies ist meine Welt.

Mein Leben entbehrt, so wenig das auf den ersten Blick überzeugen mag, aller Inszenierung, aller pittoresken Hintergründe der Aktion. Der Beobachter muß sich ohne die Reize des Anekdotischen, ohne Überraschungen und Abenteuer behelfen. Dennoch wird es zeit meines Lebens wohl niemanden geben, der mich endgültig zu etwas Vergangenem, zu etwas bloß Marmornem machen könnte, so sehr sich einzelne auch darum bemühen, mich auf fernem Postament zu isolieren.

Die Versuchung, mich wieder einmal über den Brunnen der Vergangenheit zu beugen, begann mit einem Mißgeschick. Morgens am Schreibtisch, als ich freudig und angriffslustig über den Beethoven-Partituren der Achten

und der Egmont-Musik saß, wollte mich Julia noch mah-
nen, nicht hinauszugehen, da es gerade geregnet hatte. Ich
vergaß, daß einige der Holzbohlen auf unseren Garten-
stufen der Auswechslung harrten; als das Telefon läutete
und ich vor die Tür lief, meine Frau zu rufen, wurde ich
bestraft. Ich hörte ein dumpfes Krachen, wie wenn jemand
ein Holzscheit zerbricht, lag plötzlich auf wässrigem Kies
und war im Schock gar nicht mehr fähig, jemanden um
Hilfe anzurufen.

»Alles aus«, ging es mir glühend durch den Kopf. Ich
hörte unsere stets wache Sekretärin Dana herbeilaufen,
hörte sie auch schon rutschen und – fand sie neben mir auf
den Stufen. Dana rief nach der Frau des Hauses, während
ich feststellte, daß der rechte Fuß in gespenstischer, mario-
nettenhafter Weise nach außen hing. Entsetzt, aber ohne
Schmerzen zu fühlen, griff ich danach und versuchte ihn
in die für ihn vorgesehene Stellung zu bringen. Aber er
hing weiterhin schlaff zur Seite. Julia wunderte sich über
meine Schweigsamkeit; von ihr konnte im ersten Augenblick keine Hilfe kommen, wie ich das sonst gewohnt
bin. Dann aber raste sie zum Telefon und versuchte, das
nächstgelegene Krankenhaus zu erreichen. Wie immer in
Notfällen ertönte ständig das Besetztzeichen. Wenn das
Krankenhaus nicht antwortet, darf einer wohl ruhig sterben. Mein zum ewigen Funktionieren dressierter Kopf
fing inzwischen an, die vielen Absagen zu bedenken, die
nun fällig waren.

Julia rief Dr. Theobald im nahen Münsing an, und kaum
zwei Minuten später war er, unter kräftiger Betätigung der
Lichthupe, zur Stelle, holte seine Bandagierungsgeräte aus
der Tasche. Auf einer speziellen Arztlinie erreichte er das
Krankenhaus, um uns anzumelden. Kaum lag der Hörer
wieder auf, regte sich die Klingel; es war der uns befreundete Rechtsanwalt Helmut Roithmaier aus Percha. Julia
erzählte ihm, was passiert war, und hörte aus dem Hinter-

grund seine Frau Margot rufen: »Ihr müßt unbedingt nach Tutzing, das ist eine spezialisierte Klinik mit hervorragenden Ärzten.« Ein guter Rat, wie sich bald herausstellen sollte.

Julia stand immer noch seltsam stumm, hatte kaum begriffen, was geschehen war, nur, daß sich vieles verändern würde. Ich ließ alles über mich ergehen, auch das Aufgehobenwerden und die Verfrachtung in den Notwagen, der mittlerweile erschienen war. Später beschrieb Julia mir die stille Verzweiflung in meinen Augen, denn mir war klar, ein Zurück aus der Klinik würde es für lange Zeit nicht geben. Geistesgegenwärtig raffte sie alles momentan Notwendige zusammen und warf es in eine Tasche. Unter dem Blaulicht versuchte ich, so harmlos wie möglich auszusehen und mich mit den beiden Helfern zu unterhalten. Die waren aber darauf gedrillt, nicht viel mit dem Patienten zu sprechen. Julias gewohnte Ungeduld im Chauffieren wurde durch die langsame Fahrt des Notwagens vor ihr auf eine harte Probe gestellt. Es ging über eine längere Route, unter Umgehung der Pöckinger Serpentinen.

Als wir in der Klinik ankamen, war alles vorbereitet, die Türen zum Röntgenraum flogen auf; meinen Strumpf ließen sie mir in der Eile am Fußrest und machten die Aufnahmen. Dreifacher Sprunggelenkbruch, entnahm ich dem Gemurmel, schon geahnt bei den kindischen Rückrenkversuchen. Julia hatten sie hinausgeschickt, damit ich mich besser zusammennähme. Sie wollten meine ganze Aufmerksamkeit für den Fuß. Der erste Arzt, mit dem wir nacheinander ein paar Worte wechselten, Dr. Dietl, eine Säule des Vertrauens, verfügte über die ideale Ausstrahlung eines Chirurgen. Mit raschen Bewegungen mischte sich dann ein zartgliedriger Mensch unter die organisiert Beeilten; es war Dr. von Welser, der Chef. Kaum zehn Minuten nach dem Röntgen hatten sie mich auf dem Operationsaltar, während Julia Dr. Dietl, dem bayrischen Hünen mit der zarten Seele, alles über gebrauchte Medikamente und mögliche Allergien verriet.

Am liebsten wären sie Julia nach Hause auf die andere Seeseite losgeworden. Sie aber wies erst einmal das mir angebotene Einzelzimmer ab und forschte, während man mir die spinale Narkose verabreichte, nach einem Raum mit zwei Betten. »Ich muß zu meinem Mann.« Allein hätten wir beide keine Sekunde der Ruhe gehabt.

Während der ganzen, völlig schmerzfreien Prozedur mit dem angenehm abgeschalteten Unterkörper blieb ich hellwach und hörte dem jungen, mich mit leuchtenden Augen anblickenden Anästhesisten zu, der sich über mich beugte und auf mich einsprach, während hinter dem kleinen schützenden Vorhang auf der Brust drei Stunden und etwas mehr eifrig gesägt und geklopft wurde, unter lauten Zurufen der vielen Beteiligten, auch solcher, die nicht direkt damit zu tun hatten. Anschließend hingen auf beiden Seiten des Fußes massenhaft Schläuche hinunter, alle überschüssige Flüssigkeit aufzufangen und tropfenweise in Plastikbehältern zu sammeln.

Dank der nur teilweise erfolgten Betäubung durfte ich gleich etwas essen. Dann kehrte allmählich die für eine Weile verschwundene Natur wieder in den Blick, die Bäume, ein Wölkchen vielleicht, das vom Regen übriggeblieben war. Der Blick ins Grüne vorm Fenster war für Wochen meine einzige Berührung mit draußen, und alle Gedanken richteten sich darauf, wie vom Bett loszukommen sei. Zur Verfügung stand ein Gehwagen, ein Gestell, in dem sich der humpelnde Patient so halten kann, daß er, wenn er Glück hat, nicht sofort auf die Seite kippt. Für meine Größe ein solches Ding einzustellen, erwies sich als umständlich, mehrmals sackte das Gestell auf seine Mindesthöhe hinunter, Schreck bei mir auslösend. Wie es überhaupt an panischen Momenten nicht mangelte.

Ich brauche bloß an jene Morgenstunde in einem Frankfurter Hotel ein paar Wochen später zu denken, als ich
mich, schon bald nach der Entlassung aus Tutzing, für
eine 18-Stunden-Sendung an Goethes 250. Geburtstag im
Hessischen Rundfunk zurechtmachte. Sie sollte um 6.00 in
der Frühe beginnen und bis Mitternacht andauern. Live –
mit noch empfindlichem Fuß. Ein von mir als Sicherheits-
vorkehrung beim Waschen benutzter, aber wahrscheinlich
schon im Zerbrechen befindlicher Kunststoffhocker ertrug mich nicht und knickte ein. Ich zog blitzschnell meinen Fuß an, um ihn nicht mit dem Waschbecken kollidie-
ren zu lassen. Prompt hatte ich mir ein verstauchtes Knie
zugezogen und ein paar Schürfwunden. An jenem feier-
lichen Goethe-Geburtstag war es mir aufgetragen, zu rezitieren, zu moderieren und die Zeit anzusagen, Besucher im
Studio zu empfangen und meine Co-Sprecherin Ruth Füh-
ner mit ihrer fabelhaften Improvisationsgabe, wie sie in
jeder Live-Sendung gefordert ist, nicht zu stören. Neben
den Mikrophonen befand sich eine Liege, die ich in freien
Minuten nutzte, um den Fuß höher zu postieren.

Meine Gymnastin hatte es mir schon sanft angedeutet:
An Unfällen im nachhinein werde es nicht fehlen und ich
müsse mich auf Rückfälle auch im wörtlichen Sinn gefaßt
machen. Die »Naßzelle« in der Klinik beispielsweise war
so knapp bemessen, daß nur in Millimeterarbeit ein Durch-
kommen mit dem Wagen möglich war, völlig unvorstellbar
mit einem Rollstuhl. Kein Krankenhaus scheint mit so
umfassenden Schikanen versehen, daß allen Situationen
damit ihr Recht würde.

Julia war wie stets in sofortigem Einsatz, besorgte alles
aus der Stadt und leistete Hilfestellung für die Schwestern,
die zunächst etwas konsterniert ob dieser Einmischung
reagierten, es sich aber dann ganz gern gefallen ließen.
Nachdem die Kunde von meiner Anwesenheit bis ins letzte Zimmer des Krankenhauses gedrungen war, drängten

sich neugierige Schwesternschülerinnen zu vorgeschütztem »Dienst« bei mir, um einen Blick auf mich zu werfen. So viel singende Krankenschwestern wie in Tutzing hat es wohl noch nie irgendwo gegeben.

Über jede Kleinigkeit, die mich an zu Hause erinnerte, freute ich mich, so auch an dem Kopfhörer, über den mir gleich am ersten Tag der Kulturkanal des Bayerischen Rundfunks ins Ohr tönte. Wenn ich den Hörer weglegte, waren aus allen Richtungen Klopfbewegungen zu vernehmen, die von den Übungen gehbehinderter Operierter auf den Gängen stammten. In allen Rhythmen und Stärkegraden gab es da für die professionell geschulten Ohren Schicksalen nachzulauschen. Manche übten verzweifelt ohne Aussicht, je wieder auf ihren Beinen stehen zu können. Die meisten aber strebten unverdrossen einer neuen Selbstverständlichkeit zu.

Bald gehörte ich zu ihnen, unter schweren Gleichgewichtsstörungen und in kalten Schweiß gebadet. Die dabei zu hörenden Ermunterungsrufe »Paßt scho!« »Geht scho!« »Großartig!« und so weiter wurden dankbar entgegengenommen, so wenig sie auch der Wahrheit entsprachen. Wie schwierig ist es doch, sich mit Krücken fortzubewegen und eine Weile durchzuhalten! Das Herz schlug bis in den Hals, und der Schweiß floß.

Es kam eine Zeit ohne Julia, denn sie mußte nun in Bamberg und Feldkirch die von mir abgesagten Konzerte mit einem anderen Dirigenten bestreiten, einem neunzehnjährigen, stark protegierten »Wunderkind«, das allerdings selbst gerade erst eine Operation hinter sich hatte und dessen Kräfte so reduziert waren, daß es kurzerhand ganze Nummern strich, so unwichtige Teile wie die ersten drei Sätze der Achten Sinfonie von Beethoven. Julia nahm weite Fahrten auf sich, um mich nicht allzulange allein zu lassen.

Es kamen auch die obligaten finsteren Gedanken: Vielleicht ist es ein Wink des Himmels, nun endlich nichts mehr zu tun. Immerhin nahm ich mir vor, weniger als meine Umgebung zu leiden und ihr dadurch ein wenig zu helfen. Dann wieder wiegte ich mich im leichtsinnigen Glauben, mich allen künftigen Problemen anpassen und mich auf sie einstellen zu können.

Den Ermahnungen der Ärzte folgte ich gehorsam und zugleich gern, nämlich den Kopf nicht ruhen zu lassen und mich in allerlei Gedankenarbeit zu ergehen. Sie wußten, was sie sagten, denn tatsächlich bewirken Trauma und Medikamente im Verein eine unglaubliche Trägheit des Geistes, die, wenn man sie vorherrschen läßt, einen alten Mann möglicherweise vor böse Überraschungen stellt. Dazu gehörte, den am Bett befindlichen maschinellen Schmerzlinderer, mit dem man sich leicht betäubende Antidosen per Knopfdruck selbst injizieren kann, mit Stolz zu verschmähen.

Die progressive, zugleich bestimmte und sanfte Übung mit dem Ziel Normalität haben Knochenbruch-Patienten den Gymnastinnen zu danken. Zwar mag ihr hochstimmiges »Uund« vor jeder Bewegung, das wohl zur Grundausbildung für alle gehört, den Nerv ein wenig strapazieren. Aber ich war für jedes Weiterkommen dankbar und reagierte bei bloßer Wiederholung schon bekannter Bewegungen innerlich mit Ungeduld.

Die Freunde Hans und Ilse Neunzig, aus dem nahen Utting herübergekommen, hatten eine wunderbare Idee: Sie brachten den dicken ersten Band der Goethe-Biographie von Boyle mit, gerade recht, um die Zeit sinnvoll zu nutzen, den Wälzer so langsam wie angemessen zu lesen und jede Information auf jeder Seite wenigstens einmal zur Kenntnis zu nehmen. Ein bewundernswertes Buch.

Hans Wolfgang und Else Wunschel erschienen am Krankenbett mit dem scherzhaften Vorschlag, eine »Gesellschaft zur Erweiterung des dichterischen Erbes« zu gründen und sich gegenseitig die darin geforderten eigenen

Gedicht-Versuche vorzulesen. Dazu ist es – dem Himmel sei Dank – nie gekommen.

Es kamen noch viele andere Besucher, die ich gerührt und etwas geniert empfing. Siegfried Fischer-Fabian kam mit meiner Malkollegin, seiner Frau Ursula, selbst Opfer eines Unfalls, der ihr seit Jahren schwer zu schaffen macht. Eben hatten wir erfahren, wieviel Metall, sprich Titan, in meinen Fuß gefüllt worden war, um ihn zusammenzuhalten. Meine Laune hebend, erzählte mir Siegfried, daß seine Frau mit ihrem Titanknie gleich nach der Ermahnung, sie solle nichts Schweres halten oder heben, die Garagentür auf ihr »teures« Knie hatte fallen lassen. Siegfried bewährte sich wieder einmal *scherzando* als unerschöpflicher, auch darstellender Erzähler von zumeist traurigen Geschichten, die einen zu Tränen lachen machen.

In langen Stunden ohne Besucher gab es viel zu reden, wozu sich in der nach Goethes Wort »veloziferischen« Alltagsarbeit oft nicht die Muße findet. Julia und ich ergingen uns in Erinnerungen. Ich fing an, nach längst vergangenen Zeiten zu suchen, nicht so sehr äußeren Ereignissen, eher Zuständen und Stimmungen, deren Fährte sich zumeist im Dunkel des Vergessens verliert.

Teil I

Leben im Entwurf

DIE ERWARTUNGEN waren hochgesteckt. Idee und Stimmung des darzustellenden Werkes, des Oratoriums *Le Roi David* von Arthur Honegger, ließen sich beim Rezitieren zwar erspüren. Aber der Sprecher mußte sich zurückhalten. Bei der einzigen Probe, die dem Rezitator wie meist nur zugebilligt wurde, galt es, die konzeptionellen Schwächen des Stückes, das in hochtönender Leere und mit wenigen wirklich überzeugenden Einfällen nur mäßigen musikalischen Reizwert für sich in Anspruch nehmen kann, nicht zu akzentuieren. Der titelgebende Protagonist David, desintegriert in mehrere Stimmen, wirkte als Individuum nicht recht plastisch, der psychologische Realismus und die detailfreudige Drastik des biblischen Originals – so wunderbar in Händels *Saul* präsentiert –, all dies erscheint zugunsten einer quasi mittelalterlich-plakativen Erbauungsdidaktik getilgt. Die geringste verlebendigende Emphase des Erzählers drohte in Selbstironisierung umzuschlagen. Blasses Understatement oder peinliche religiöse Propaganda schien demnach die einzige Darbietungsalternative zu sein.

Ein Ausweg bot sich, als mir der Kantor der Kirche im Zentrum Düsseldorfs, der sich zum Dirigenten des Konzerts aufschwang, die Absicht kundtat, mich auf der Kanzel zu postieren. Etwas unsicher ob der Akustik im nachhallreichen Raum hatte ich die Probe lediglich zum Austesten nutzen wollen. Jetzt aber war es Zeit, Farbe zu bekennen. Vielleicht würde es ja möglich werden, das Stück doch noch und gänzlich mühelos zu retten.

So stieg ich, zum Glück ungesehen, mit der schon gewohnten Mischung aus Sorge und Zuversicht die Stufen zum erhöhten Platz empor, weit entfernt von dem in der Apsis sich verkrümelnden Chor und Blasorchester. Beim Anblick der so ungewohnt tief sitzenden Hörerschar ergriff mich, den »Evangelisten«, fast Höhenangst. Aber dann besann ich mich, entdeckte beim Blick in die Runde einige weit hergereiste, gefolgsbereite Damen und zögerte nicht, mich der brachialen Glaubenssicherheit des Textes von Morax zu bedienen und einen Brustton der Überzeugung anzuschlagen, der noch die Architektur des wilhelminischen Sakralbaus, in dem wir standen, in die Stimme hineinnahm.

Während einer der Sprechpausen, die ich auf einem den Blicken entzogenen Korbstühlchen zubrachte, durchfuhr mich mit süßem Schrecken, daß die Kanzel ja der Ort war, an dem viele meiner Vorfahren gestanden hatten, um ihren Hörerkreis mit ihrer Stimme zu gläubiger Gefolgschaft zu bewegen. Generationenlang war ihnen auf der Kanzel Überzeugungsarbeit aufgegeben. So wie mir jetzt. Plötzlich fühlte ich mich in einer Traditionslinie stehen und faßte pflichtbewußt Mut.

Obwohl sich in der verzweigten Familie der Fischers einige fanatische Daten- und Erinnerungssammler betätigten, zu denen ich aber kaum Kontakt hielt, vermag ich über meine Herkunft wenig zu sagen. Mein Vater, der Geheimrat Albert Fischer, hinterließ eine handgeschriebene, ansehnlich mit Bildern geschmückte »Familiengeschichte«, deren Aufzählungen freilich mehr seine jüngsten Vorfahren und ihn selbst betreffen. Nur ein zerschlissener alter Foliant, in den Flammen des letzten Krieges verlorengegangen, wußte etwas von den »turnierfähigen« derer von Dieskau zu erzählen, die wohl bereits unter Karl dem Großen eine Rolle spielten. Den Geburtsnamen seiner Mutter, von Dieskau, hatte der Vater in den dreißiger

Jahren seinem Namen anfügen lassen, weil, wie er sagte, »so viele Fischers im Telefonbuch stehen«.

Eine Verehrerin aus Heidelberg stellte mir vor Jahrzehnten eine kleine Forschungsarbeit zusammen, aus der hervorging, daß die von Dieskaus schon um 1100 an einigen wichtigen Universitäten Europas die Rechte studiert hatten, was Gerüchte Lügen strafte, die unter gehässigen Verwandten umgingen, die von Dieskaus seien im Mittelalter vornehmlich Raubritter gewesen, deren Lieblingsbeschäftigung darin bestand, harmlosen Vorüberziehenden mit einem Morgenstern den Schädel einzuschlagen. Die Fischers wiederum, das geht aus des Vaters Aufzeichnungen hervor, waren seit Luthers Zeiten dörfliche Pfarrer und wiesen nur einen einzigen Kirchenmusiker auf. Der Vorname des Großvaters, Albert, ging auf den Vater über, der ihn mir als zweiten Namen vererbte, und mein Sohn Manuel gab ihn an einen meiner Enkel weiter.

Wie alle Fischers sammelte der Großvater, der dem Landkreis Ziesar als Superintendent vorstand, mit Leidenschaft. In einem umfangreichen Opus von 1877 besprach er circa 4500 der wichtigsten Kirchenlieder »aller Zeiten«. Diese Hymnologie wurde erst kürzlich nachgedruckt; ihr Vorwort weist die abschließenden, bescheiden stolzen Sätze auf: »Matthias Claudius sagt am Schluß des Testaments an seinen Sohn Johannes: ›Gehe nicht aus der Welt, ohne deine Liebe für den Stifter des Christentums durch irgendetwas öffentlich bezeugt zu haben.‹ Sollte das, was diese Worte fordern, meinerseits auch nur annähernd durch diese Arbeit geschehen sein, wie glücklich wollte ich mich schätzen! Der HERR lege auf dies Werk etwas von dem Segen, mit welchem er die heiligen Lieder seiner Kirche gekrönt hat.«

Das Geburtsdatum des Großvaters Fischer hat mich immer zugleich erschreckt und bewegt: 1825. Da lebten Beethoven und Schubert noch und verunsicherten mit ihren »modernen Tönen« die Menschen, auch Goethe brachte die Zeitgenossen noch in Wallung. Es ist nicht so abwegig, mir vorzustellen, daß meine innige Beziehung zu jenen frühen Tagen des neunzehnten Jahrhunderts, die ich so liebe, durch diese Familiengenealogie gefördert wurde.

Mein Vater, der strebende Gymnasialgründer und Schulmann Albert Fischer, zeigte wenig Interesse, das Leben der Vorfahren zu erforschen. Denn es gehörte zu den eingewurzelten Vorurteilen seiner Schicht, die Menschen nach ihrem gesellschaftlichen Rang einzuschätzen, äußerlich erkennbar zumeist an einem mehr oder weniger rauschenden Bart. Er selber hatte ihn sich zur Zeit meiner Geburt gerade abnehmen lassen; ob nun aus einer Laune heraus oder weil es nicht mehr der Mode entsprach oder um meine Ankunft zu akzentuieren, weiß ich nicht.

Meine Großeltern habe ich nicht mehr kennengelernt, weder den strengen Patriarchen Albert Fischer und seine mit allem Unfug ihrer acht Kinder geduldig fertig werdende Frau Emma (der ich ähnlich sehen soll) noch mütterlicherseits den kaiserlichen Kasernen- und Krankenhausarchitekten Klingelhöffer und seine früh verstorbene, pianistisch hochbegabte erste Frau, von der anzunehmen ist, daß sie Klaus und mir, den Musiker-Brüdern, ihre Neigung vererbte. Den lebenslangen Hunger nach Musik des nebenbei komponierenden und klavierspielenden Vaters schätze ich gleichwohl nicht geringer ein. Was ihn neben der Musik am meisten faszinierte, waren Altphilologie, Sozialpolitik und Sport.

Gottesfurcht war für meinen Vater etwas als selbstverständlich Vorauszusetzendes. Am Weihnachtsabend wurde eine Stunde lang wirkliche Andacht gehalten. Dann beherrschte uns Kinder eine naiv-sentimentale Frömmigkeit, die aber durch die Ungeduld, mit der wir der Bescherung entgegenfieberten, erheblich verringert wurde und eher als Gewohnheit und Gehorsam anzusprechen war.

Es fällt schwer, gerecht mit seiner eigenen Vergangenheit umzugehen. In jener fernen Wirklichkeit war Weihnachten ein schönes, geheimnisvolles Fest, wiewohl mir damals nicht einleuchten wollte, was die Eltern mit Gleichmut behaupteten, daß ein Kleinkind, das Christkind nämlich, in der Lage sein sollte, ganz allein jene tagelang zu erlauschenden, geräuschvollen Vorarbeiten im Weihnachtszimmer zu bewältigen. Später wurde Weihnachten zu einem fröhlichen Fest, an dem ich von allen Seiten mit mehr oder weniger brauchbaren Geschenken überhäuft wurde und als der jüngste Sprößling schon alt werdender Eltern mir einbilden mußte, der Mittelpunkt des Hauses zu sein. Das erregte den Zorn und Abscheu des um vier Jahre älteren Bruders Klaus – Emotionen, die sich, früher Zurücksetzung folgend, bis zu seinem Tod nicht verloren.

Viel von dem alten Weihnachtszauber bröckelte mit den Jahren dann ab, und das Fest verlor für mich immer mehr von seinem Glanz. Solange meine eigenen Kinder klein waren, gab ich freilich mein Bestes, so daß sich die Kleinen einbilden durften, alles geschehe nur ihretwegen, was ja ohne Zweifel zutraf. Hätte ich sie an Weihnachten nicht mit Geschenken zugedeckt, in dem Wahn, sie für längere Abwesenheiten oder gelegentliche Unachtsamkeit das Jahr über entschädigen zu können, wäre es vielleicht gelungen, den wahren Sinn und die Freuden des Festes zu vermitteln. So aber weinte ich manche Tränen, solche des Glücks und solche des Verlustes. Jeder Erwachsene, den ich beobachtete, trauert an diesem Abend etwas nie wieder Einzuholendem nach.

Wir Söhne des Schuldirektors wurden festlich eingekleidet, in dunkler Samthose über angeknöpftem weißem Hemd. Die Wartezeit vor der peinlich verschlossenen Tür zum Bescherungszimmer versuchte das für den Nachmittag engagierte Kindermädchen oder eine als Gast willkommene Verwandte mit dem Vorlesen von Märchen vergeblich abzukürzen. Die Zeit dehnte sich. Es folgte das Aufsagen aller möglichen Weihnachtsgedichte, dann auch noch das Ritual des Liedersingens, bei welchem sich ein Onkel aus Zehlendorf-West, der verwitwete, rechthaberische Senatsdirektor a.D. Ludewig, durch eine überlaut vorgetragene Zweitstimme vernehmen ließ und aller anderen schüchternes Melodiesingen erschwerte. Onkel Ludewig hielt sich immer sehr gerade und war stolz auf seine faltenlose Stirn. Bei jedem Besuch begrüßte er meine Mutter, indem er sagte: »Dora, sieh mich an!«

Mittelpunkt der Zeremonie war die Lesung der Weihnachtsgeschichte in der Fassung des Lukas, zuerst durch den Vater, der sicher und ohne Pathos sprach, dann durch mich, den noch in späten Tagen große Verlegenheit überfiel, wenn es mitten im Text im Hals vor Bewegtsein zu würgen anfing. Ertönte dann endlich das dünne Läuten des sonst nie benutzten Glöckchens und empfing Duft, Lichterglanz und Wärme die Eintretenden, wurde der Vater zum Zeremonienmeister, der jeden mit einem kurzen Kommentar an seinen Tisch geleitete. Der bunt glitzernde Baum, nie ganz nach dem Geschmack der Mutter geschmückt, die ein reines Silberglänzen der kinderfreundlichen Farbigkeit vorzog, wartete mit wächsernen Engeln, zerbrochenen Trompeten und Spielzeugimitationen auf, deren Anblick den Kindern nicht neu war, deren Aussehen aber mit den Jahren immer unansehnlicher wurde.

Wenn dann die über die Gaben gebreiteten Laken gelüftet worden waren, holten die Brüder ihre Geschenke aus den jeweiligen Verstecken und überreichten sie den Eltern; nutzlose Nagelbretter oder Linolschnitte, die allesamt nach einiger Zeit der Abfall verschlang. Die Geschenke für die Kinder waren durchaus bescheiden. Da gab es Märchenbücher mit kulissenartig übereinander geklebten Papierlaschen, in die sich die handelnden Figuren stecken ließen; hölzerne Eisenbahnwaggons, einen kleinen Gutshof samt bunt bemalten Gipstieren, Karten- und Brettspiele; vor allem aber, den kindlichen Wünschen nachgebend, modisch militaristische Unentbehrlichkeiten: Soldaten zu Pferde, zu Fuß, marschierend oder sterbend, aus Elastolin oder Zinn, auch solche mit Blasinstrumenten, die sich zur Militärkapelle gruppieren ließen; einen Ulanen-Brustpanzer aus Pappe, einen Säbel mit goldener Portepee-Quaste und die Pickelhaube nach wilhelminischem Muster.

WENN ICH, DER JÜNGSTE SOHN, den Vater auf seinen Gängen durch Zehlendorf mitunter begleiten durfte, genoß ich stolz den Respekt, der dem Gymnasialdirektor von vielen Bürgern, gleich welcher politischen Couleur und unabhängig von ihrer sozialen Stellung, entgegengebracht wurde. Einmal ließ der Vater den Jungen vor versammelten Schulhonoratioren und Sponsoren aus den westlichen Vororten sogar ein Ruderboot des von ihm neugegründeten Schülerruderverbandes am Kleinen Wannsee mit einer Sektflasche taufen, was peinlicherweise nicht gleich beim ersten Versuch gelang. Unablässig war der Vater mit der Planung neuer Sportplätze, der Gründung von Tennisclubs und ähnlichem beschäftigt, ganz im Geist der Gründerzeit, vor allem aber wohl auch, um seine eigene Unsportlichkeit in der Jugend zu sühnen.

Nach der Pensionierung 1929 hieß es für meinen Vater, von der herrschaftlichen, von ihm selbst entworfenen Dienstvilla Abschied zu nehmen. Fortan bewohnten wir eine bescheidene Etagenwohnung in Lichterfelde. Das war und ist noch heute ein friedlicher, vom hastigen Atem der Stadt wenig berührter Bezirk, in dem es sich ganz gut Kind sein ließ.

Unsere Fünfzimmerwohnung in der Holbeinstraße bot Raum für mancherlei Geselligkeit. Es ließ sich wohl sein zwischen den Bücherregalen, dem Blüthner-Flügel, dem Steinway-Pianino, den vom Vater entworfenen, schweren, schwarzen Eßzimmermöbeln, der Biedermeier-Sitzgruppe im »Salon«. Gegenüber stand der väterliche, mit tausend Erinnerungsstücken vollgestellte Schreibtisch. In allen Zimmern gab es große Kachelöfen, und die Kochlöcher des Küchenherdes mußten mit Ringen verkleinert oder vergrößert werden. Die Familie wurde bald heimisch in der Gegend, über der noch ein Hauch von Ländlichkeit lag.

Sich in der sprichwörtlichen Berliner Luft wohlzufühlen, war selbstverständlich. Da brauchte man bloß an einer Dampferfahrt über den Wannsee mit dem obligatorischen Besuch der Pfaueninsel teilzunehmen. Meiner allgemeinen Abneigung gegen Schiffsreisen zum Trotz träume ich noch heute manchmal von einer endlosen Vergnügungsfahrt von – sagen wir – Küstrin nach Brandenburg oder weiter. Auch die letzte Sieben-Seen-Rundfahrt mit Julia und Rudolf Elvers habe ich sehr genossen.

Der Vater steckte voll Phantasie – und hatte viele Hemmungen. Letztere stellten sich mir als Produkt seiner Erziehung in einer strengen Klosterschule zu Magdeburg dar. Möglicherweise ließ er diese Scheu bei sich zu, weil seine Vorstellungskraft ihn stets die Folgen unbesonnener oder ordnungswidriger Handlungen befürchten ließ. Einmal – es muß 1932 gewesen sein – führte er mich vor das Portal des Reichspräsidenten-Palais in der Wilhelmstraße und ließ mich auf eine graue, altväterliche Repräsentanz blicken, die dem Siebenjährigen sogleich den Wunsch eingab, auch ein solcher Reichspräsident zu werden. Seinem Jüngsten den Blick für politische und wirtschaftliche Realitäten zu schärfen, schien dem Vater noch nicht notwendig, und er wäre dazu vielleicht auch gar nicht berufen gewesen.

Nur soviel hörte ich aus den Unterhaltungen heraus: daß es mit diesem Hindenburg seiner Gebrechlichkeit und seines Starrsinns wegen nicht gut bestellt sei und daß er wohl nichts gegen den Geist der Zeit zu unternehmen gedenke.

Phlegmatisch, nicht nur körperlich schwer beweglich, befangen in Standesbegriffen, ließ der Herr Reichspräsident meist nicht recht deutlich werden, wann und warum er seine Genehmigung gab oder nicht gab. Er folgte im wesentlichen seinen Beratern. Tief war in den Menschen der Glaube verwurzelt, daß der allseits verehrte Feldmarschall, Inhaber des höchsten Amtes, und die ihm unterstellte Reichswehr niemals etwas Verbrecherisches hinnehmen würden, das von ihnen Gebilligte mithin nicht böse sein könne. Der greise Hindenburg kam den Nazis als Steigbügelhalter gerade recht. Darüber hörte und las ich später viel; damals, 1932/33, zog ich, unverständig, mein Wissen aus bloßen Gesprächsfetzen, die ich auffing und mir zu deuten versuchte. Heute weiß ich, daß ich meiner Mutter, damals schon einer Fünfzigerin, über ihre täglichen Verrichtungen hinaus das meiste an Wortschatz und Wissen verdanke.

Was das Ausbreiten von Alltagssorgen betraf, von denen es später für die verwitwete Mutter unzählige gab, so wich ich solchem Redeschwall gern aus und hörte es lieber, wenn sie, ein wenig gestelzt, ohne große Emphase, über die sogenannten »höheren« Dinge sich verbreitete. Ganz anders leuchteten ihre Augen bei dem, an das sie sich aus fernen Tagen erinnerte; dann erschienen rote Flecken auf den zart und glatt gebliebenen Wangen. Vor der kindlichen Phantasie zogen da die Paraden auf dem Tempelhofer Feld vorbei, besonders die Fanfarenbläser und der schwarze Kesselpauker hoch zu Roß hatten es mir angetan. Auch jener schauspielernde Alles- oder Nichtskönner, der Kaiser höchstpersönlich, kam in den Erzählungen vor, etwa wie er der jungen Blondine im Tiergarten vom Pferd herunter einen schönen guten Morgen wünschte. Hörte ich manche Geschichten auch schon zum zwanzigsten Mal, so faszinierten sie mich doch immer wieder, mehr jedenfalls als die sich wiederholenden Kindheitsanekdoten meines um bald dreißig Jahre älteren Halbbruders Achim aus der ersten Ehe meines Vaters. Der hatte am Ersten Weltkrieg als Ulanenleutnant teilgenommen. Beim Erzählen spaßiger Episoden kam er jedesmal so sehr ins Lachen, daß die geduldigen Zuhörer sich schon deshalb amüsierten.

Wenn meine Mutter sich klavierspielend im Eßzimmer, in dem wegen Platzmangel auch der Blüthner-Flügel stand, an Mozart, Chopin oder Brahms versuchte, hielt ich das kaum aus, schon gar nicht, wenn sich zugleich ihre etwas piepsige Gesangsstimme hören ließ. Das mußte doch besser zu machen sein! Derweil fingerte ich an meinen Spielzeugsoldaten herum oder suchte die uralte Schreibmaschine mit dem Metallzeiger und den beiden armseligen Tasten immer rascher zu bedienen. Noch heute benutze ich automatisch diese beiden Finger zum Tippen, und sie nehmen es mir mitunter schmerzhaft übel.

Wenn ich die Regimenter von Soldaten begeistert auf dem Tisch aufmarschieren ließ oder mit meinen Kriegsschiffen aus Blei herumfuhr, vergaß ich leicht, daß ich fast immer allein war. Klaus, den Vergnügungen seines um vier Jahre jüngeren Bruders entwachsen, spielte nicht gern den Partner, was ich besonders traurig fand, wenn ich in meinem schönen, alten Kaufmannsladen voller gefüllter Schubladen stand und die gut funktionierende Blechkasse nur für mich selbst bediente.

Der wichtigste Gegenstand meiner Kinderjahre freilich war ein vom Zehlendorfer Onkel geerbtes Puppentheater aus Pappe und ein wenig Holz, das farbenfroh auf dem Tisch glänzte. Der echte Weihnachtshimmel ging immer erst auf, wenn neue Figuren oder Kulissen für die geplanten Stücke, die nach den vergilbten, biedermeierlichen Heften eines Dr. Sperzius zu rezitieren waren, auf dem Gabentisch lagen. Mit dem Kinn fast auf dem Souffleurkasten, kostete ich, als Zuschauer in die Bühnenöffnung starrend, alle Spannungen des Auftretens und Abgehens der Figuren innerlich aus. Wie überhaupt nachträglich feststeht, daß kaum eine kindliche Betätigung ohne Entsprechung in späteren Pflichten blieb. Das Papiermachétheater bescherte mir wenigstens zeitweiligen Kontakt mit anderen Jungen – die sich bei zu langen Umbaupausen allerdings einen Spaß daraus machten, die Bühne mit Papierkügelchen zu bombardieren.

Mit sieben, nachdem sich das erste Interesse an der Musik geregt hatte, also eigentlich viel zu spät, schickten mich die Eltern zu einem schrulligen Klavierlehrer, der seinem Schüler mit Kaffee und Kuchen aufwartete und dann stolz seine Münzsammlung präsentierte. Der ehemalige Kapellmeister ließ es sich angelegen sein, meinem Vater bei der unermüdlichen Überarbeitung der Partitur seines Singspiels »Sesenheim« zu assistieren. Mir gab er für gelernte Präludien aus dem *Wohltemperierten Klavier* ein Stück Kuchen, für hinzukommende Fugen gar zwei. Später erfreuten mich im Unterricht bei einem erfolglosen Busoni-Protegé, Joachim Seyer-Stephan, die Pfefferminz-Akkorde in Stückchen von Theodor Kullak, die mir mein unglücklicher Lehrer zu spielen aufgab. Das Tastenturnen und die Erfindung neuer, eigener Fingersätze machten mir zwar Freude. Viel wichtiger aber war der nach dem Üben meist durchgesetzte Kinobesuch; nach langem Betteln durfte ich in die Kindervorstellung um drei Uhr – zum Eintrittspreis von 20 Pfennigen.

Als Kind genoss ich den Platz am Eßzimmerfenster oder den am Eckfenster des »Salons«, von dem aus der Moltkeplatz zu überblicken war, auf dem zweimal die Woche reger Marktverkehr herrschte. Der Charakter von Lichterfelde, unbedeutend und eintönig wie alles, was am Ende des 19. Jahrhunderts schnell und gedankenlos gebaut wurde, zeigte noch dörfliche Spuren. Die Einwohner waren in der Hauptsache im niederen Staatsdienst beschäftigt, Bankangestellte, Schullehrer, kleine Geschäftsleute und Händler, die den Bedürfnissen der Mittelschicht Rechnung trugen. Man konnte die Gegend rund um den Moltkeplatz akzeptabel nennen, aber das unmittelbar angrenzende Dahlem mit seinen herrschaftlichen Villen lag, gesellschaftlich gesehen, Lichtjahre entfernt.

Wie unscheinbar unser Bezirk auch wirken mochte, für mich barg er eine Fülle von Geheimnissen. Auf dem Schulweg, zunächst in die nahe gelegene Volksschule, dann in die höhere Zehlendorfer Lehranstalt, passierte ich täglich ein ummauertes Gelände mit Büschen und alten Bäumen. Es handelte sich um den alten Friedhof an der Moltkestraße. Er schlummerte vernachlässigt und verfallen inmitten lautstarker Straßen, überragt von den prosaischen Rückseiten einiger Mietshäuser. Ich stellte mir immer vor, hinter den Mauern seien ein paar bedeutende Komponisten zur Ruhe gebettet, deren Grabmäler vor den neugierigen Blicken der Passanten geschützt werden mußten. Unter den anspruchslosen Grabstellen fand sich jedoch nur die des heimatlichen Dichters Heinrich Seidel, dessen *Leberecht Hühnchen* von 1882 mir später erste höhere Lesewonnen verschaffte.

Zwei Straßen weiter stadteinwärts lag eine kleine Gaststätte, in der Kutscher, Lastwagenfahrer und Händler ihr Bier tranken. Als sich meine Freunde und ich einmal beim Ballspielen in den dunklen Raum verirrten, verschreckte uns nicht bloß der durchdringende Bierdunst, sondern auch, was uns an groben Schimpfworten nachgerufen wurde. »Feinde« dieser Art gab es ohnehin unter den Kindern, deren Haß auf die »Privilegierten« sich in Schimpftiraden und Prügeleien entlud, die ich vorsorglich mied. Eine gewisse Scheu hielt mich von Kind auf davon ab, mich mit fremden Jungen näher einzulassen. Aber so schwach und schüchtern ich auch war, ganz konnte ich auf die Nähe zu lebhafteren Mitschülern doch nicht verzichten.

Der hochgewachsene Junge mußte bald nicht mehr mit den Füßen auf den Pedalen des Tretrollers stehen und lernte früh radfahren. Die neue Fortbewegungsart gab meinem Aussehen allerdings etwas ungeschickt Altväterliches. Der Besitz eines richtigen Tourenrades mit Ballonreifen und Lampendynamo erfüllte mich dennoch mit unbändigem Stolz. Jetzt konnte ich Gegenden der Stadt in Augenschein nehmen, die mir bislang völlig unbekannt geblieben waren. Später fuhr ich in den bei der Hitlerjugend üblichen Rudeln quer durch Groß-Berlin, nicht ohne ständige Angst vor Zusammenstößen.

Es ging von Schulklasse zu Schulklasse, und das meiste besorgte der Ablauf der Zeit, ohne daß wir uns um die bewegten Zeiten kümmerten. Wir besuchten den Unterricht, erhielten unsere Aufgaben, Noten und Strafen, als sei alles schon immer so gewesen und könne gar nicht anders sein. Mitunter wurde die Schule wegen »Unruhen« oder aus Kohlenmangel geschlossen. Dann erzählten die Eltern von der Revolution, von der Angst, die mein Vater schon 1918 verspürt hatte, als er einmal durch plötzlichen Kugelhagel laufen mußte, und von den Zeiten, als fast täglich ein Politiker ermordet wurde; ähnliches, meinten sie dann übereinstimmend, werde sich bald wieder zutragen.

Soweit sie sie noch hatten, gingen die Menschen ihrer Arbeit nach und vergnügten sich nach gewohnter Art, auch mit Neuem, im Kino etwa, das allmählich die Massen ergriff. Der Vater hatte in seiner Schule schon in frühen Stummfilmjahren regelmäßig Vorführungen für die Jugendlichen anberaumt und Filme gemietet, was damals als sehr fortschrittlich galt. Am Tag meines ersten Taschengeldes wurde auch mein erster Kinobesuch fällig. Die Menschenschlangen, die um mehrere Hausecken anstanden, machten das Vergnügen nur noch begehrenswerter. Der Film selbst,

Der müde Tod mit Lil Dagover und Bernhard Götzke, eignete sich zwar nicht für meine Altersstufe, aber alle Emotionen, mein Erregtsein, selbst der Geruch der Kinogänger sind für mich noch heute nachfühlbar – Klingelzeichen, noch kein Gong, allmählich verlöschende Lichter. Meine Mutter, die mich begleitete, verriet mir später, ich hätte die Augen mit den Händen zugehalten, bis das Wunder auf der Leinwand zu leben anfing. Auch später begleitete sie mich häufig in meist nicht jugendfreie Filme. Dabei kam mir mein Hochaufgeschossensein zu Hilfe. Die Auswahl wurde freilich immer bescheidener: Durchhalteschmarren oder Kitschorgien.

Immer spielte natürlich Liebe eine große Rolle, und ich sehnte mich danach, sie so zu erleben, wie sie mir vorgeflimmert wurde. Eng an eine Frau geschmiegt dazustehen, in weißem Hemd mit weißblitzenden Lächelzähnen zärtlich auf sie hinunterzuschauen und ihr dieselben Worte zuzuflüstern wie der Filmheld der Frau seines Herzens. Und die unanständige Geige hinter den Büschen zu hören, die den Kuß begleitete.

Unendliches Vergnügen bereitete auch das Radiogerät, das in Form eines zweiteiligen Prototyps den Beistelltisch neben dem Sofa im Salon zierte. In jenen Jahren eroberte sich der Rundfunk seinen Platz in den Häusern wohlhabender und fortschrittlicher Bürger. Beim Hören machte ich es bald zu meiner Lieblingsbeschäftigung, Stimmen zu identifizieren und wiederzuerkennen. Nach der sogenannten Machtergreifung setzte Propagandaminister Goebbels zur psychologischen Bearbeitung der Massen den preiswerten »Volksempfänger« ein, mit dem nur noch zwei oder drei Sendestationen zu empfangen waren.

Eine der Goebbelsschen Maximen lautete, daß die »Systemzeit«, wie die Jahre der Weimarer Republik von den Nationalsozialisten genannt wurden, zu verfluchen sei. Repräsentant der »Systemzeit« an unserer Schule war ein deutschnationaler Lehrer namens Dr. Neumann, der, verbittert, mit steifem Rücken, auf dem Schulhof gelegentlich Aufsicht über die ihn höhnenden Schüler führte. Er versuchte krampfhaft, einen Standpunkt außerhab der Nazi-Ideologie für sich zu finden, ließ sich aber immer wieder provozieren. »Die *Deutsche Allgemeine Zeitung* ist eine durchaus ehrenwerte Zeitung«, verteidigte er sich, wenn ihm vorlaute Klassenkameraden zur allgemeinen Gaudi freche Bemerkungen über seine »reaktionäre« Lektüre an den Kopf warfen. Es gab aber ab Quinta immer wieder auch Witzbolde, die mit scheinheiligen Fragen über Artikel im *Völkischen Beobachter* die braungefärbten Lehrer für die Dauer von improvisierten Diskussionsstunden zur Verzweiflung trieben.

Der Vater hatte in seinen 35 Dienstjahren versucht, ein neues Vertrauensverhältnis zwischen Lehrer und Schüler aufzubauen, das auf der freien und freiwilligen Mitarbeit der Jugendlichen basieren und die alte, auf Autorität und Furcht gegründete Disziplin ersetzen sollte. Dabei handelte es sich ohne Zweifel um wohlgemeinte Bestrebungen, die auch nicht erfolglos geblieben sein mögen. Aber die Spannungen und Ungleichheiten, denen sich das Schulsystem in den letzten Jahren der Tätigkeit meines Vaters ausgesetzt sah, hielt die Gemeinschaft auf Dauer nicht aus. Als der neue Ungeist sich breitmachte, wurde jeder Ansatz einer Reform blockiert. Der »totale Staat«, so mußten wir als Quartaner vom Katheder des dickleibigen Geschichtslehrers hören, sei schon deshalb die wahre Staatsform, weil er Zucht und Ordnung garantiere.

Von einigen Ausnahmen abgesehen, zu denen mein geliebter Volksschullehrer Tappert sowie der erste Klassenlehrer Dr. Meyer zählten, fehlte es den meisten Lehrern am nötigen Eifer, mitunter auch an Geschick, den braunen Lehrplan zu umgehen. Vielleicht zeigte ich deshalb in der Schule nicht den geringsten Ehrgeiz. An der Intelligenz des Jungen zweifelte möglicherweise keiner der Lehrer, obwohl Grund genug dafür vorhanden gewesen wäre. Aber der Wissensstoff, meist langweilig präsentiert und nur selten mit pädagogischer Kunst erläutert, interessierte mich höchstens am Rande. Die üblichen Tricks beim Vorsagenlassen und Abschreiben lernte ich schnell. Wurde ich dennoch einmal erwischt, drückten die Lehrer, wohl der ihnen vom Vater erwiesenen Wohltaten wegen, beide Augen zu. Es gab einen Soufflierenden in der Klasse, einen über die Jahre reif wirkenden Menschen namens Schmidt, der mit besonderem Geschick bei der Abfragerei vorzuflüstern verstand, indem er aus dem Buch, das er hinter dem Rücken seines Vordermannes aufgeschlagen hielt, mit gleichmäßig leiser Stimme vorlas.

In der Schule mußte ich mich ziemlich plagen. Lernzwang war mir verhaßt und erschwerte auch später die so häufig notwendige schnelle Vorbereitung auf drängende Aufgaben. Eigentlich blieb mir nichts übrig, als mich für einen verkommenen Schüler zu halten, der sich gern damit tröstete, daß Schulversagen unter Umständen die Voraussetzung für ein bedeutendes Leben sein könne. Jeder wußte schließlich, wie sehr Bismarcks Schuljahre einer Katastrophe geglichen hatten.

DASS DER MENSCH, dessen schreiende Stimme gelegentlich aus dem Lautsprecher dröhnte, von den miserablen Zuständen im Land profitierte, ging mir natürlich nicht auf. Über die volle Not gab auch die Zahl der Arbeitslosen keine vollständige Auskunft, irgendwann war die furchteinflößende Zahl von sechs Millionen überschritten. Fast alle betraf die zunehmende Schrumpfung des Wirtschaftslebens, die Einkommen schwanden, auch die meiner Eltern, die sich beide zusätzliche Arbeit aufbürdeten, indem sie an Privatschulen unterrichteten. So klein ich war, erinnere ich mich an Wahlkampf auf dem Moltkeplatz, an Aufmärsche, schreiende Plakate, Beschimpfungen, ja Schlägereien auf der Straße. Fünf Wahlgänge gab es allein 1932, und ein fremder Beobachter hätte glauben können, des Deutschen Hauptbeschäftigung sei das Wählen. Bei den preußischen Landtagswahlen im April, nur vierzehn Tage nach dem zweiten Wahlgang zur Wahl des Reichspräsidenten, wählte auch mein Vater die NSDAP.

Aus den Andeutungen des Halbbruders Achim, soweit ich sie verstand, klang Hoffnung, als Hitler bei den Novemberwahlen 1932 über vier Prozent der Stimmen einbüßte und offenbar einen beträchtlichen Teil seiner Anhänger verlor. Wer sei denn schon dieser Hitler? Ein Gefreiter, der sich aus Wagners *Lohengrin* als Anrede der Unterjochten »Mein Führer« herausklaube, ein landfremder Dahergelaufener, der sich mit einem Gruß römischer Erfindung grüßen lasse. Das Volk sei dieses Mannes, der so viel versprochen und nichts als Unruhe verbreitet habe, müde.

Viele wollten ihn bis zuletzt nicht, und von denen, die aus freien Stücken für ihn stimmten, erwarteten die allermeisten nicht das, was er ihnen dann wirklich brachte. Zu jenem kritischen Zeitpunkt Ende 1932 wollte auch fast niemand mehr die Weimarer Republik, aber was die Menschen statt dessen wollten, war ihnen auch nicht klar. Jedenfalls entglitten Deutschland und die Deutschen in diesen Jahren aller Berechenbarkeit.

Mein Vater vertrat die Meinung, der Liberalismus sei überholt, die Republik habe nie viel getaugt. Gleich 1933 ging es dann mit der Wirtschaft bergauf – und mit der Außenpolitik anscheinend auch. Eine Entwicklung, die ihre Wirkung auf die Herzen eines Patrioten nicht verfehlen konnte. Wie in vielen Menschen herrschte auch in meinem Vater nach 1933 ein Gefühlszwiespalt: schwankend zwischen der Rolle des Siegers und der des Besiegten. Einerseits ärgerte es ihn, so ließ er sich vernehmen, daß nun keine in Freiheit geschriebenen Leitartikel mehr in den Zeitungen standen, andererseits sah ich ihn am »Tag von Potsdam«, als der neue Reichskanzler dem greisen Hindenburg unter Glockengeläut und Orgelbrausen scheinheilig seine Reverenz erwies, sich Tränen des Patriotismus aus den Augen wischen.

Die Deutschen in ihrer überwältigenden Mehrheit waren gewiß nicht weniger friedliebend als Franzosen oder Briten. Aber noch meiner Schwiegermama Poppen gegenüber mußte ich mich nach dem Inferno des Krieges dafür rechtfertigen, daß ich nicht geglaubt hatte, was der Führer von der Ehre der Nation, von Gleichberechtigung im Kreis der Völker und entsprechend notwendiger militärischer Aufbauarbeit tönte. Der Schwiegermama gefiel Hitlers männliches Auftrumpfen, zumal er, wie sie behauptete, immer gewußt habe, wie weit er sich ohne Gefahr vorwagen konnte. Bis er dann doch überzog.

Im Januar 1935 stimmten die Saarländer über die Frage ab, ob sie unter der Verwaltung des Völkerbundes bleiben oder zu Deutschland zurückkehren wollten. Das natürliche Gefühl der Zugehörigkeit zum großen, sichtbar aufstrebenden Vaterland, im Verein mit Goebbels' Propaganda, setzte sich mit über 90 Prozent durch. Wir Kinder jubelten: Es hatte sich also gelohnt, daß wir immer wieder den Ohrwurm *Deutsch ist die Saar* gegröhlt hatten.

In welcher abstrusen, absonderlichen Zeit wir lebten, wußte unbeirrt jener streitbare Pastor Petersen anzuprangern, der den Konfirmandenunterricht leitete. Jeden Sonntag wetterte er von der Kanzel gegen den braunen Unsinn, bis man ihn eines Tages verhaftete. Nach ein paar Wochen kehrte er zurück, und wieder dröhnte sonntags seine Stimme durch die Lichterfelder Paulus-Kirche. Auch er wurde irgendwann mundtot gemacht, so wie Pastor Martin Niemöller, der prominenteste Zeuge des Widerstands gewissenhafter Protestanten, der in der Dahlemer Jesus-

Christus-Kirche meinen Bruder einsegnete. Auf seiner Kanzel stehend, las der einstige Held des Unterseebootkrieges den Nazis die Leviten. Die Erinnerung an ihn wie auch an Helmut Gollwitzer, der keineswegs so gelehrt und gemeindefern formulierte, wie es die Fama wollte, lebt in mir, und noch heute höre ich ihre flammenden Aufrufe, selbständig zu denken und konsequent zu handeln.

ALS ICH ALS ALTSÄNGER den Kirchenchor verließ und den übrigens kaum spürbaren Stimmbruch hinter mir hatte, fand ich heraus, daß mir eine Bariton-Stimme gegeben war, mit der ich fortsetzte, was schon lange zur selbstverständlichen, täglichen Betätigung geworden war: das Singen. Ich hatte es mir zur Gewohnheit gemacht, noch ohne die Kraftreserven eines ausgereiften Organs nicht nur berühmte Stimmen nachzuahmen, sondern alles, was ich hörte, zu imitieren. Diesem für die Mitlebenden manchmal lästigen, aber auf den späteren Beruf vorbereitenden Trieb kam meine stark ausgeprägte Vorstellungskraft zu Hilfe. Mit ein wenig Phantasie können wir fast jegliches Phonem, das wir wahrnehmen, mit unserer Stimme annähernd korrekt wiedergeben. Weil ich sie auf diese Weise manchmal arg strapazierte, geriet meine Mutter in Sorge. Dies zeigt mir, daß sie schon lange vor meiner endgültigen Entscheidung für den sängerischen Beruf gezielt Vorarbeit leistete, indem sie den Hinweis meines Vorschullehrers Tappert, ich sänge »wie ein Engel«, ernst nahm.

Ein geduldiges, wenn auch stummes Publikum der ersten Jahre bildete mein Bruder Martin, der zwei Jahre älter war und mit mir im gleichen Zimmer schlief. Durch einen pränatalen Unfall geistig und körperlich behindert, konnte er an meinen Freuden keinen Anteil haben. Daß mich jede Nacht zweimal Krampfanfälle des Bedauernswerten weckten, machte mir seltsamerweise wenig aus, da ich ihn und seine ausdrucksvollen Augen liebte, obwohl sie mit den Jahren immer matter schauten.

Im Krieg, als ich bereits eingezogen war, wurde Martin abgeholt und in eine jener Anstalten gesteckt, die nicht zur Heilung Kranker bestimmt waren. Meine verzweifelte Mutter kannte wie viele Deutsche den Terminus »lebensunwertes Leben« und wußte Bescheid. Es dauerte nicht lange, und ich hatte die telegrafische Nachricht in der Hand: Der mir in tausend Nächten so nahe Bruder war tot.

Vom Vater, der seine Herkunft aus dem Pfarrhaus abgestreift und in jungen Jahren sogar mit einem Schauspiel *Der Sozialdemokrat* mit Gerhart Hauptmann zu rivalisieren versucht hatte, gab es keinerlei Anweisung zum regelmäßigen Besuch des Gottesdienstes. Merkwürdigerweise ging ich öfter in die Kirche als die anderen. Was Glaube oder Unglaube wirklich meinte, wußte ich kaum, und ich empfand der Botschaft gegenüber tiefste Skepsis, die mich das ganze Leben begleitete. Aber ich bildete mir damals ein, ich könne sozusagen als Gegenleistung für meine Kirchgangstreue auf einen Schutzengel vertrauen, der mich im Dunkeln vor allem Drohenden bewahrte, nicht zuletzt wenn ich nachts allein an der überwältigenden Silhouette unseres Kirchturms vorbeigehen mußte. Auch vor dem nächsten Augenblick mit seinen immer lauernden Ängsten ließ mich dieser Engel weniger bangen. Tatsächlich wies er dann den Weg durch Militärdienst und Kriegsgetöse, durch die Hungerjahre und anfängliche Berufsunsicherheit.

Nur bei den Frauen, die ich anfangs mit den Engeln verwechselte, stand mir mein Schutzengel nicht immer zur Seite. Meinen ersten Schock erhielt ich durch das Kindermädchen Else, eine für alles zuständige und alles betreuende Instanz, die ich liebte, die aber allzu bald den Weg in die Ehe antrat und kündigte. Nicht lange zuvor war ein angetrunkener Kerl mit Pistole in der Hand in unser Haus eingedrungen und hatte die Bewohner in panischen Schrecken versetzt. Es handelte sich offenbar um einen verschmähten Liebhaber, der Else seinen Protest gegen ihre Verlobung mit einem anderen Verehrer mit Pathos nahezubringen versuchte. In der allgemeinen Aufregung bekam ich den ersten Cognac meines Lebens. Er schmeckte scheußlich.

Die übrigen Frauengestalten meiner frühen Jahre waren weder mit Charme gesegnet noch besonders ansehnlich. Bei den Tanten und Freundinnen meiner Mutter handelte es sich um umfängliche, außerordentlich fleischliche Geschöpfe. Und doch war meine Mutter allen Ernstes eifersüchtig auf Elisabeth Harloff, eine Chorsängerin aus Schwerin, die mit ihr befreundet war und ihr zeitweilig Gesangunterricht gab. Eifersüchtig deshalb, weil sie es in den Augen meiner Mutter verstand, ihre geistige Superiorität herauszukehren und sich mir gegenüber ins rechte Licht zu setzen. Meine Mutter entwickelte Haßgefühle und stellte später ihre Beziehung zu Elisabeth Harloff ein.

Während eines Sommeraufenthalts 1936, den ich ohne die Eltern in dem bayerischen Marktflecken Ottobeuren zubrachte, geschah das Unvermeidliche. Untergebracht beim Forstmeister-Onkel Koch, einem entfernten, jähzornigen Verwandten, der ständig vor sich hin fluchte, und seiner engelsgeduldigen Frau, pilgerte ich häufig in die nahe gelegene ehrwürdige Benediktinerbrauerei. Zunächst wollte ich nur dem mürrischen, meist müde von der Arbeit heimkehrenden Förster aus dem Weg gehen. Dann aber überkam mich erste Verliebtheit.

Irma, die Tochter des Brauereibesitzers, war elf Jahre alt – so alt wie ich, also viel reifer und erfahrener, sich ihrer Reize augenblicksweise wohlbewußt und äußerst geschickt in der koketten Abwehr jeglicher Annäherungsversuche. Obwohl die Eltern augenscheinlich nichts gegen eine Freundschaft des babyhaft aussehenden Berliner Jungen mit ihrem einzigen Kind einzuwenden hatten, kam ich mit meiner Werbung um die Langzöpfige nicht recht voran. Es fehlte mir zur Zielstrebigkeit ganz einfach das nötige Selbstbewußtsein.

Irmas Mutter war jung, immer nach der Mode gekleidet und besaß künstlerischen Ehrgeiz; sie ließ ihre Tochter Ballettunterricht nehmen und bestellte den ortsansässigen Chorregenten – den ich sofort einer heimlichen Liebschaft mit ihr verdächtigte – regelmäßig zur Klavierbegleitung. Kaum jemand kann sich vorstellen, wie hingerissen ich Erstverliebter auf die Rache-Arie der Königin der Nacht mitsamt allen blitzsauber von dem Mädchen gesungenen Koloraturen reagierte. Und wenn die Kleine gar ihre Ballettschuhe anzog und auf den stumpfen Spitzen durch die Räume schwebte, überstieg das Entzücken alles Erträgliche.

Zu gemeinsamen Spielen konnten wir uns nicht entschließen, was wohl an meinem schüchternen, verträumten Wesen lag; wir rannten höchstens durch den Wald, wobei Irma stets die zu Fangende war, was ja wohl dem Sinn dieses Spiels am ehesten entsprach. Wenn ich sie dann fing, gelang es mir nur flüchtig, ihren Arm zu berühren, so katzenartig entzog sie sich im letzten Moment. Verkrampft saß ich an der Familientafel, bekam kaum einen Bissen herunter und vermied es, Irma anzusehen. Die prachtglänzende Abtei von Ottobeuren wurde später wohl nicht zufällig ein Ort beseligender musikalischer Erfahrungen.

Als sich mein Vater, nach zwei Lungenentzündungen bereits moribund, im folgenden Jahr zur Kur nach Bad Flinsberg, dem Radiumbad am Isergebirge, begeben mußte, reiste die Familie mit, und ich freundete mich mit der Tochter eines Beamten an, der dort mit den Seinen Erholung suchte. Einmal während des Spielens verschwand die um ein Jahr ältere, hübsche Susanne plötzlich in den

Büschen vor der Pension und zog sich nackt aus. Nach meinem entsetzten Wegwenden und um so mutigeren Wiederhinsehen erschien sie mir so berückend, daß mein Herz einen Augenblick stillstand und dann mit beschleunigten starken Schlägen zu arbeiten fortfuhr. Auf ihren Kinderschultern lag langes braunes Haar, und es ging ein unendlicher Liebreiz von ihr aus. Nachdem sie mir gezeigt hatte, wie Mädchen »unten herum aussehen«, spielten wir weiter, als wäre nichts gewesen.

Einmal zerrte sie mich in das Schlafzimmer ihrer Eltern, wo sich ihre Mutter gerade ausruhte. Die Mama ließ es gern geschehen, daß ich zwischen die beiden warmen, weiblichen Wesen ins Bett schlüpfte, was ich ganz gemütlich fand. Plötzlich stand der Papa im Zimmer und herrschte seine Frau an: »Nicht einmal so einen strammen Jungen hast du fertiggebracht!« Erst später ging mir auf, daß er damit offenbar auf die jüdische Herkunft seiner Frau anspielen wollte. Ich erinnere mich, daß ich der Freundschaft zu Susanne nicht recht froh wurde, weil ich glaubte, den Erfordernissen dieser Beziehung nicht gerecht zu werden, was immer das auch bedeutet haben mag.

Erst spät, 1944, während eines kurzen Garnisonsurlaubs, hielt meine Mutter es für ihre Pflicht, mir etwas zum Thema sexueller Beziehungen zu sagen. Das war ihr nicht wenig peinlich, und mir ging es beim Zuhören genauso. Daher machte ich dem Vortrag bald ein Ende, indem ich andeutete, daß ich nach meiner Einberufung bereits eine informelle Einführung erhalten hätte. Das war zwar ein wenig übertrieben, doch ich vertraute darauf, daß ich, was mir an technischem Wissen noch fehlen mochte, bald durch praktische Erfahrung erwerben würde.

DER MIR LIEBSTE FERIENORT der Familie war
Binz auf Rügen. Das schien am Ende der Welt zu liegen;
der Zug brauchte jedenfalls eine kleine Ewigkeit bis zur
Ankunft in Stralsund, wo es auf das Fährschiff ging. Vor
der Tür der bescheidenen Pension, in der die Familie
zwei Zimmerchen gemietet hatte, saß von morgens bis
abends ein plattdeutsch redender Fischer und war bei jeder Wolkenbildung begütigend mit dem immer gleichen
Kommentar zur Stelle: »Dat Wedder treckt all wedder
af.« Es faszinierte mich, wie er da mit weißem Vollbart,
die Pfeife im Mund, hockte und hin und wieder Zwie-
sprache hielt mit dem zu seinen Füßen liegenden Schä-
ferhund.

Gegessen wurde in einem Wirtshaus auf halbem Wege
zum Strand, wo ich mir als ewig hungriger Gast meist
mehrere »Schläge nach« verdiente, indem ich zur Freude
des Wirts Loewes *Die Uhr* abträllerte, einmal auch auf
dem verstimmten Pianino ein Bach-Präludium herunter-
fingerte, was die übrigen Gäste aber eher zu irritieren
schien. Mein nie zu stillender Hunger und Durst hätten
darauf schließen lassen können, ich sei der oralen Phase
noch nicht entwachsen. In Binz gab es die immer »füllen-
den« Schüsseln mit Blaubeeren, und auf den Spazier-
gängen durch die Granitz, den die Insel Rügen durchzie-
henden Wald, verlangte ich schon nach wenigen hundert
Metern nach der im Rucksack mitgeführten Himbeer-
brause. Ein paar Jahre später konnte mir dann Schumanns
Widmung helfen, meine im allgemeinen Hunger schwer zu
besiegende Eßsucht zu besänftigen.

Einmal ankerte ein riesiges Schlachtschiff, die *Schleswig-
Holstein*, nicht weit vor der Küste von Binz; die Besatzung
bekam Landgang und mischte sich unter die Feriengäste.
Ein rüstig spielendes Blasorchester kam auch an Land
und entzückte meine musikhungrigen Ohren. Urplötzlich
schien der Strand in die Liebesinsel und Kultstätte der

Aphrodite, Kythera, verwandelt, überall sah man flirtende, schäkernde, paradierende Pärchen.

Das sommerlich heitere Treiben faszinierte mich von einem gewissen Alter an mehr als das Rauschen der Brandung. Daß die Damen mit den Jahren immer freizügiger wurden, entging mir nicht. Lang schon waren die Zeiten vorbei, in denen es ihnen genügte, wenn ihre Fußknöchel bewundert wurden, und nun gaben sie den Blicken des Jungen manches Detail preis. Als ich zum erstenmal über einen zweiteiligen Badeanzug staunte, zog es mich, der schönen Trägerin in respektvollem Abstand einige Straßen nachzuspionieren. Das buchtgeschützte Badeparadies von Binz: Ich habe es als Junge geliebt und mich später immer wieder gern erinnert. Es wird Zeit, daß ich noch einmal den zarten Geruch des Meeres spüre und die weit hinausführende Landungsbrücke entlangschlendere.

DAS ZEITGESCHEHEN holte allmählich auch den Jungen ein. Obligatorisch für alle war die Mitgliedschaft in der Hitlerjugend. Meine ohnehin schlecht entwickelte Rhetorik verließ mich schon beim ersten »Heimabend« gänzlich. In einem Keller mit Kerzenbeleuchtung saßen die Jungen um einen langen Tisch, und jeder mußte Schnurren aus seinem Alltag erzählen. Darunter waren, wie ich bald feststellte, möglichst schweinische sexuelle Konfessionen zu verstehen, auf die der »Gruppenführer« gierig lauerte.

Es war gräßlich, bei »Kundgebungen« stundenlang in der Masse zu stehen und die Redebombardements mit dem immer gleichen Vokabular über sich ergehen zu lassen. Den Abschluß bildete regelmäßig der einem mit der Sensibilität für Töne heranwachsenden Jungen schwer erträgliche Schrei-Ritus: ein aus heiserem Einzelhals geschrienes »Sieg!« und das dazugehörige, von der Masse gegrölte »Heil!« Als an Sieg schon lange nicht mehr zu denken war, wurde noch immer gebrüllt.

Man kann es einem Musiker, der durch seinen Beruf zum Hören trainiert ist, nicht verdenken, daß ihn oft auch akustische Erinnerungen heimsuchen. So klingen für mich heute bei jedem Fußballspiel im nahe gelegenen Olympia-Stadion die Wellen mutwilligen Volksgeschreis von damals wieder auf, die Heil-Chöre und Marschmusikorgien. Parodien und Imitationen waren für den Stimmenkünstler das rechte Mittel, die Haß- und Spottgelüste gegen die Schreihälse aus dem Sportpalast loszuwerden. Wenn ich solche Scherze vor Tanzstundenfreundinnen oder Mitstudentinnen aufführte, suchten viele verängstigt – oder verärgert – das Weite.

Aber nicht nur Erinnerungen an die dreißiger Jahre werden wach, wenn die Wogen vom Olympiastadion herüberschwappen. Anfang der fünfziger Jahre trat im Sportpalast der von mir sonst so geliebte und in seiner nicht nach Perfektion, sondern nach Ausdrucksstärke heischenden Singkunst zum Leitstern erkorene Beniamino Gigli auf. Er war es, der die Welle reisender Tenöre vor Hörermassen einleitete. Für den Laien ist es offenbar faszinierend, wenn sich ein Tenor in Richtung des Mikrophons reckt und keinerlei Ähnlichkeit mit dem darzustellenden Charakter anstrebt. Auch bei Gigli blieben nur Spurenelemente des Originals, nicht einmal der Titel des gesungenen Werkes wurde genannt. Aber beim entscheidenden, mehrmals wiederholten Melodiebogen wußte jeder im sportlichen Rund, um welchen Instant Belcanto es sich handelte.

Die zehntausend Zuhörer, die in regelmäßigen Abständen in Stadien, Arenen oder Riesenhallen Opernstückchen beklatschen, wissen mit Sicherheit nichts von Komponisten wie Catalani oder Giordano oder Franconi. Keine Musikliebhaber sind es, die sich von – eigentlich – hochartifiziellen Arien verzücken lassen. Möglicherweise haben sie Karten für einen Boxkampf erstanden, und dann wird ihnen – samt den Millionen an den Fernsehschirmen –

von drei festlich befrackten Tenören oder einer ebenso gewickelten ehemaligen Diva Aufgemotztes ins Mikrophon geschrien, laut und bombastisch, noch dazu in feierlichem Nachtdunkel. Dabei wäre doch anzunehmen, die mitunter angestaubte, hochartifizielle Welt der italienischen Oper habe mit muskulösen Männern im Boxring, die auf Verlangen einigermaßen unkultiviert zuschlagen, wahrlich nichts gemein. Der Glockenschlag, auf den hin zwei schnaufende Kerle sich den Schädel malträtieren, kann jedenfalls kein idealer Resonanzträger für zarten Belcanto werden. Aber nach sinnverwirrenden Inszenierungen und sterbendem CD-Absatz hetzt die »Hochkultur« atemlos allen »events« hinterher – Kehrseite des Untergangs der angestammten Musikkultur. Was Oper einst darstellte: Verzweifeltes Aufbegehren einzelner gegen die Zwänge der Gesellschaft, das widersprach einer Welt, die sich die Oper als Luxus leistete.

DEUTSCHLAND IN DEN DREISSIGER JAHREN, das muß auf Ausländer deprimierend gewirkt haben. Jungen von zehn oder elf marschierten mit grimmigen Gesichtern zu Trommeln und Fanfaren, auf der Armbinde das Hakenkreuz. Würdige Herren, unter Umständen Freunde, begrüßten sich, indem sie wie Marionetten den Arm von sich streckten und »Heil Hitler!« riefen.

Nichts verriet zunächst den vormilitärischen Charakter der Hitlerjugend außer dem Namen des »Stammes«, dem die Gruppe angehörte: »Fehrbellin«, ein Schlachtenname, den man uns allerdings nicht weiter erläuterte. Es wurden Volkslieder und ältere Kampflieder der NSDAP gesungen, die meiste Zeit verging jedoch mit Vorbesprechungen einer Wochenendfahrt in die Mark mit Abkochen und Zeltübernachtung.

Meine Stimme war beim Liederüben sofort aufgefallen, und auch im Kartenlesen fand ich mich einigermaßen zurecht. Also fiel es mir nicht schwer, dem Befehl zu gehorchen und mich für die Unternehmung einzuschreiben. Sehr zum Kummer meiner Mutter, die mit ihrem lauten Tadel freilich nicht gegen den Vater ankam, der stolz auf seinen »Pimpf« war und ihn alsbald fotografisch ablichtete. Eigentlich war ich ja ein Ofenhocker und wäre viel lieber zu Hause geblieben.

Nach überstandener »Fahrt« wurde ich mit einem seelischen Schock und grippalem, hohen Fieber bewußtlos nach Hause gebracht und wachte erst nach Tagen wieder auf. Nur einmal hatte ich eine Stimme sagen hören: »Er ist ganz schweißnaß.« Einen hellen, stillen Morgen sah ich vor dem Fenster stehen. Es waren zwei Tage und Nächte vergangen. Stückweise tauchte die Erinnerung an kalte Zeltwände auf, an wütendes Aufeinanderprallen sich balgender Kinderhorden. Einige hatten das Abenteuer lustvoll mit dem Ernstfall verwechselt und wollten Blut sehen. Auch die anfeuernden Schreie der Gruppenführer tönten noch im Ohr.

Ich sah auf meine Hände und fand, daß sie gelb und winzig auf der Decke lagen; sie waren matt und so mager, daß man jedes Knöchelchen sehen konnte. Die Fingernägel sahen erstaunlich sauber und durchsichtig aus, aber alles schien mir ein wenig fremd und verändert. Der nackte Sohn Gottes sah aus seinem Grablegungsbild über meinem Bett auf mich herunter, heute einmal nicht tot, nur traurig, immer noch schön; er schien auf etwas zu warten. Ich fühlte mich irgendwie bedrängt und drehte den Kopf zur Seite. Erst beim Anblick der Eltern an meinem Bett begann mir wieder Wärme durch den Leib zu sickern. »Du hast uns große Sorgen gemacht«, hörte ich die Mutter sagen, »aber jetzt ist alles wieder gut.«

Die Grablegung Christi von Van Dyck, die als Druck unter Glas über dem Bett hing, war in lehmiger Farbe gehalten; vor bräunlicher flacher Hügellandschaft leuchtete der große, nackte Körper in einem fahlen, grünlichen Licht. Solange ich noch unter der Aufsicht der Mutter betete, hielt ich stets die Augen auf die Hände gesenkt, um das Bild nicht ansehen zu müssen. Dann wieder studierte ich mit der Leidenschaftslosigkeit eines Leichenbeschauers die Darstellung. Der Gott, zu dem ich als Kind betete, war alt und freundlich, ein entfernter und mächtiger Verwandter der Großväter.

Der Hausarzt, Dr. Schorss, war jedesmal aufs neue verwirrt, wenn sein Blick auf dieses düstere Bild über dem Kinderbett fiel. Seine altertümliche Praxis lag nur wenige Mietkästen entfernt, aber er liebte Hausbesuche und hatte im Laufe seines Lebens wohl schon an allen Krankenbetten in der Nachbarschaft gesessen. Den immer gutgelaunten, durchaus fürsorglichen Mann zu betrügen, verursachte einen wohltuenden Kitzel, zumal dann, wenn der Schulgang wegen schlechter Vorbereitung verhindert werden mußte. Lag wirklich einmal eine Grippe oder ähnliches vor, dann war der Anblick des Arztes hochwillkommen, genauer gesagt der Anblick von Hut, Mantel und Regenschirm, ohne die der weißbärtige Herr nicht Visite machte. Es tat gut, einen geduldigen Zuhörer wie ihn am Bett zu haben, auch wenn sich sein Gesicht bedrohlich rötete, sobald er sich beim Bücken körperlich anstrengte.

Dr. Schorss betrachtete verächtlich die auf dem Nachttisch versammelten Arzneien, ließ sich aber einzeln aufzählen, was eingenommen worden war. Und jedesmal verlautete dann: »Das ist völlig richtig, davon nimmst du weiter.« Dem, was die Mutter dem Patienten ohnehin verordnet hatte, war nichts hinzuzufügen. Viel wirkungsvoller war deshalb die unbeirrbare Zuversicht, mit der Doktor Schorss verkündete: »Die Natur weiß sich schon zu helfen.« Und einer von vier möglichen Umschlägen kam immer in Betracht: feucht oder trocken, heiß oder eiskalt. Zwischendurch glitt der Blick des Arztes über die Grablegung, und dann zog er sich zum abschließenden Gespräch mit den Eltern zurück, das grundsätzlich länger dauerte als die Behandlung selbst. Bei einer Tasse Kaffee oder Tee war da etwa von sich streitenden Nachbarn die Rede, die ich nur aus der Ferne kannte.

Sobald ich nach dem Lagerabenteuer wieder einigermaßen beisammen war, drückte man mir beim »Jungvolk« eine Sammelbüchse in die Hand, um für das »Winterhilfswerk« zu sammeln. Viele der Wohnkasernen, die seit der Jahrhundertwende überall aus dem Boden geschossen waren, sah ich nun von innen. Die Armut war keineswegs gewichen. Überall sah man Lumpensammler, die ihre Karren zogen, und fliegende Händler mit zweirädrigen Wagen. Auf Hinterhöfen schmetterten Leierkästen trompetenhaft ihre Banalitäten, Spielleute ließen Tiere tanzen oder Kunststücke sehen. Pferdehufe hallten auf dem Pflaster – ein altertümliches Geräusch in der temporeichen Stadt.

Es ist etwas anderes, ob man Pferde zur Unterhaltung der Zuschauer über die Rennbahn preschen sieht oder ob man ihnen bei der Arbeit begegnet: riesigen, schimmernden und schon kaum mehr zu begreifenden Tieren mit breitem Hals und einem muskulösen Rumpf. Im Krieg kam ich ihnen dann näher, als Pferdepfleger, und fand, daß sie nicht nur ein gutes Gedächtnis haben – sie finden den Weg nach Hause auch dann, wenn der Kutscher auf dem Bock längst eingeschlafen ist –, sondern auch musikalisch sind. Vor einer Inspektion ließen sie sich von ihrem Pfleger zur Beruhigung leise Melodien in die gespitzten Ohren summen und benahmen sich sehr brav.

1937 WAR MEIN VATER an einer Lungenentzündung gestorben, die er sich beim Nachtspaziergang geholt hatte, als er der Mutter den Sternenhimmel erklärte. Im Grunde war er einer ärztlichen Fehldiagnose zum Opfer gefallen, deren Korrektur zu spät erfolgt war. Ich bekam ihn auf dem Sterbebett nicht zu sehen. Das düstere Zeremoniell des Todes spiegelte sich nur in den weinenden Gesichtern angereister Verwandter. Mit meinen zwölf Jahren war ich noch unfähig, einen solchen Lebenseinschnitt bewußt zu erleben. Der Vater wurde mit einem ziemlich aufwendigen Begräbnis mit Trauerzug durch ganz Zehlendorf bedacht. Ich empfand meine braun und schwarz gefärbte Uniform als unwürdig, noch peinlicher allerdings war mir das unaufhörliche Schütteln fremder Hände.

Nachdem die Trauerfeiern vorüber waren, pilgerte ich mit der Mutter fast jeden Sonntag zu Vaters Grab, mit Blumen oder einem kleinen Kranz. Es berührte mich schrecklich, in das betrübte Gesicht neben mir zu schauen, denn ich fand es absurd, vor dem kalten, weißen Stein zu stehen und so zu tun, als sei das der Papa. Ähnlich mag es später meinen Söhnen Mathias und Martin ergangen sein, als ich mit ihnen vor dem Grab ihrer Mutter stand – so wenig beide Situationen auch miteinander zu vergleichen waren.

Nach dem Verlust des Vaters, der meine noch wenig entwickelte Person mit freudiger Zustimmung gefördert hatte, gab es bald kein mächtigeres Verlangen in der Seele des Knaben als den Wunsch, in die Zauberwelt der Oper versetzt und anders zu sein, den anderen nicht zu gleichen, als ein Besonderer zu leben. Eines Tages, davon war ich überzeugt, würde ich die Schutzhülle des mittelmäßigen Schülers abstreifen und mich mit einem Schlag aus dem Bann der Mediokrität befreien.

Was die allmähliche Formung unseres »Lebensmusters« betrifft, so kommt unserem Verhältnis zum Tod gewiß zentrale Bedeutung zu. Auf den ersten Blick scheint der Lebensumriß manchmal nicht mehr zu sein als eine merkwürdige, schwer bestimmbare Mischung aus Eigenheiten, Reaktionsweisen, Reflexen und mechanischem Geschehensablauf. Dennoch handelt es sich wohl um eine Kraft, die auf mysteriöse Weise das menschliche Dasein lenkt und gegen die es kein Widersetzen gibt. So begegneten mir Menschen, die nach dem Zusammenbruch ihrer Existenz, nach Flucht und Emigration, nach der Erschütterung durch unbeschreibliche Verluste dennoch dem immer gleichen Gesetz ihres Lebens folgten. Und ich selbst?

Als ich 1963 meine erste Frau bei der Geburt ihres dritten Kindes verlor, befiel mich, nach anfänglicher Apathie und Lebensabkehr, eine Kälte, die mich zutiefst bestürzte. Von einem auf den anderen Tag änderte sich fast alles, ich mußte mich mit einer völlig neuen Wirklichkeit, der Sorge um andere, vor allem um meine drei Jungen, zurechtfinden. Der Gedanke bedrängte mich, und ich konnte dem nur entrinnen, wenn ich die Trauer hinter mir ließ. Es durfte nicht versucht werden, das Andenken an einen geliebten Menschen mit Hysterie zu pflegen, wie es manche hohepriesterlichen Angehörigen erwarteten und selbst mit wahrer Inbrunst, allerdings nicht ohne materielle Hintergedanken, betrieben.

Wohl als Kind nicht mehr junger Eltern hatte ich stets unter der Drohung gelebt, durch Gewalt oder Tod von denen getrennt zu werden, die mir am nächsten standen. Besäßen wir nicht die angsteinflößende Fähigkeit, den Tod der Nächsten zu bewältigen, wären wir nicht unverständlicherweise imstande, den leergewordenen Platz der Entschwundenen wieder zu füllen oder mindestens zu verdecken, käme jeder Tod unserem Tod gleich. Das Hinübergleiten des anderen wurde zur inneren Erfahrung, und es kam die Gewißheit, daß zum Individuum nur wird, wer auf solche Weise gezeichnet ist. Es hieß, sich auf das Alleingelassensein einzurichten.

Schon manchmal hatte mich in der Kindheit tödliche Einsamkeit überfallen, so daß ich gar mit dem Gedanken spielte, mich aus dem Weg zu räumen. Aber durfte ich die

Familie im Stich lassen? Der Sprung aus dem Fenster würde von wenig »Solidarität« zeugen; die Hinterbliebenen würden mir vorhalten, den gemeinsamen Nenner geleugnet und gegen eine stillschweigende Abrede gehandelt zu haben. Die Bereitschaft, davonzulaufen oder eine Verzweiflungstat zu begehen, ließ sich, soviel war mir klar, zumeist nicht auf rühmliche Motive zurückführen. Da ich mit ausreichender Vorstellungskraft versehen war, mir die Folgen in abschreckenden Farben auszumalen, schickte ich mich immer wieder in das anscheinend Unvermeidliche. Es ist mir jedoch seit jenen Tagen eine vage Sympathie mit dem Tod geblieben, wenn auch keine Obsession.

Die ferne Nähe der großen, wichtigen Komponisten etwa zog ich immer wieder in den Kreis meiner Sphäre, denn nur ein Beieinander von Toten und Lebenden verhilft dazu, sich ein eigenes Schaffensbild zu entwerfen. Die Überlieferung der Musik sprach von gewaltigen Trauerkämpfen und erzählte, wie Überlebende mit der Unerträglichkeit der Trennung rangen.

DIE FREUNDIN MEINER MUTTER, jene Chorsängerin aus Schwerin, die ihre Eifersucht weckte, hatte sich nach dem Ersten Weltkrieg in Berlin durchzuschlagen versucht. Sie wußte anschaulich von den zwanziger Jahren zu erzählen, von Berlin, der Hauptstadt, die sich zutraute, auch ohne den Kaiser das Zentrum, der Kopf des Reiches zu sein. Künstlerisch war es wohl Berlins größte Zeit, während München, Stuttgart oder Dresden durch den Fall der Monarchie eher verloren. Und was unter dem Kaiser Opposition gewesen war, drängte nun nach vorn, bildete eine neue Geistessphäre. In Literatur, bildender Kunst, Musik, Theater und Film, überall wurde begierig experimentiert. Ausländer kamen in Scharen, um an dem Getriebe teilzuhaben und sich inspirieren zu lassen. Die Stadt

der Hohenzollern als Brennpunkt Europas: Berlin als
Schauplatz des Neuen.

Außer der späteren Bekanntschaft mit einigen großen
Musikern und Bühnenkünstlern jener Tage habe ich davon
nichts mitbekommen. Der Altersstufe meiner Eltern entsprechend, die ebenso hätten meine Großeltern sein können, lebte ich in einer anderen Sphäre. Es bestand ein
Unterschied zwischen den Generationen, die, obgleich
nebeneinander existierend, doch verschiedenen Zeiten
zugehörten. In der elterlichen Wohnung regierte der
Geschmack des vorigen Jahrhunderts. Das Modernste war
noch die weiße Schleiflackgarnitur im Schlafzimmer der
Eltern, die ich gelegentlich aus scheuer Ferne sah. Was ich
in der »Familiengeschichte«, die mein Vater aufzuschrei-
ben begonnen hatte, von seinen Jugendtagen las, stimmte
mit meinen eigenen Erfahrungen nur mehr wenig überein.
Die Eltern wiederum konnten meine Begeisterung für ton-
erzeugende technische Errungenschaften kaum teilen.

Dazu gehörten diverse handgekurbelte Grammophon-
Modelle, die einander im Lauf der Zeit ablösten, jedes dem
vorigen durch eine leichte Verbesserung der Tonqualität
überlegen. Die Wünsche für den weihnachtlichen Gabentisch bezogen sich nicht mehr auf Papphelme, Blechsäbel
oder eine kleine Kanone, die mittels Gummiballon mittel-
schwere Bleikugeln über den Tisch in die feindlichen Zinn-
soldatenreihen schleuderte. Das Wunderwerk des Platten-
spielers hatte es mir angetan, und ein Rundfunkgerät mit
»magischem Auge« lehrte mich bald viel über den Ablauf
und die Einschätzung von Zeit. Ich stellte mir vor, der
Plattenteller sei ein Rad der S-Bahn und werde so lange
vom Motor angetrieben, wie der Zug von einer Station
zur anderen braucht. Etwa viereinhalb Minuten pro Plat-
tenseite standen zur Verfügung. Es gehörten nicht ausschließlich hehre Kunstwerke zum Test-Repertoire. Auch
Schlager taten gute Dienste. Von den so leicht zerbrech-

lichen Schallscheiben blieb bei dem Bombenangriff, der die elterliche Wohnung in Schutt verwandelte, nichts übrig, aber aus kindischer Rekonstruktionsfreude kaufte ich später alle Umpressungen alter Schätze, die auf Compact Disc zu haben waren.

Seit ich im Alter von sieben Jahren mit dem Sammeln von Schellackplatten begonnen hatte, bildeten, angeregt durch gemeinsame Konzertbesuche mit meiner Mutter, Klavierlieder ein starkes Kontingent in meinem Plattenschrank. Unter ihnen nahmen die frühen Odeon-Aufnahmen der Sopranistin Lotte Lehmann insofern einen Ehrenplatz ein, als sie meinem Ideal musikalisch disziplinierten und sprachlich wohlartikulierten Gesangs am nächsten kamen. Als ich in New York zu gastieren anfing, gab sie noch Liederabende, und im Alter besuchte sie treu meine Konzerte in London und Kalifornien. Einige Briefe an mich sprechen von gerade in ihren berühmten frühen Aufnahmen nicht erreichten Zielen und der zu späten Entdeckung eines Geheimnisses, das sie bei mir verstanden zu haben meinte. Sie sei, schrieb sie, erst jetzt hinter die Wiedergabe der musikalischen Wahrheit gekommen, ihre Stimme dafür aber nun tragischerweise zu alt.

Die Zeit zu erforschen, ist eine Sache, Uhren laufen zu lassen, eine andere. Uhren waren immer eine Liebhaberei von mir, auch wenn ihr Ticken oder Schlagen mich meist in musikalischen Überlegungen störte. Aber jede meiner täglichen Gebrauchsuhren zerbrach nach einiger Zeit auf mir rätselhafte Weise, oder sie verschwand. Fast hätte man auf eine systematische Uhrenvernichtung schließen können.

Die Mutter war den Ansichten des Vaters, der den Parolen der Nazis halb geglaubt hatte, wider besseres Wissen gefolgt. Er hatte gesagt: »Wir brauchen eine starke Regierung. Gibt etwa die Kirche klare Verhaltensregeln?« Darin lag ein stark revoltierender Ton gegen die Pastorenwelt, aus der er stammte. Und wenn dann gar nichts mehr für die Nazis zu sagen übrig blieb, flüchtete er sich wie viele Ältere ins Schweigen.

Nur Achim, nunmehr hoher Beamter im Arbeitsministerium, nahm gewöhnlich kein Blatt vor den Mund. Bei seinen sporadischen Besuchen ließ er das Telefon mit Kissen zudecken, um Mithörende auszuschalten. Er wurde für meine Entwicklung in diesen Jahren entscheidend. Durch ihn erfuhr ich, wie man sich den Starken und Intelligenzlosen nach außen unterwirft, innerlich aber triumphieren kann. Auch in der Hitlerjugend hatte ich Kameraden, die ihr Abzeichen unter dem Jackenrevers versteckten, und manche Treffen mit Klassengefährten nahmen geradezu konspirativen Charakter an, wenn Lieder mit umgestelltem Text oder unterlegten Reklameslogans wie dem für Schuhcreme »Ich habs: Urbin« zur Chiffre der gemeinsamen Ablehnung wurden. Das Plakat, auf dem ein im Schattenriß gezeigter Mann sich mit dem Finger an die Stirn tippt, war damals in jedem U-Bahn-Abteil zu sehen.

Zweimal mußte ich mit noch ungelenker Zeichenhand einen Stammbaum meiner Familie als Nachweis arischer Herkunft zeichnen – farbig. Was alles an Daten ermittelt werden konnte, trug ich zusammen. Es kam mir gewaltig viel vor, und obwohl ich im allgemeinen eine große Freude am Sammeln hatte, fand ich den Aufwand ziemlich unangemessen. Als ich bei den väterlichen Urgroßeltern auf eine unsichere Stelle bezüglich der »Rassereinheit« stieß, nahm ich mir vor, dies zu übergehen und Daten zu erfinden. »Wie bei einer Hundeschau«, sagte ich mir und konnte es doch nicht zum Lachen finden. Bald schon wurden allerdings Menschen wie Tiere nachts aufgegriffen und zur Schlachtbank geführt.

Der domestizierte, immer wieder überspielte Antisemitismus, damals nahezu überall im gehobenen Bürgertum heimisch, war auch meiner Familie nicht fremd. Im weite-

ren Verlauf meines Lebens bemühte ich mich, das Mißtrauen gegen die Fremden und anderen, das früh in die
deutsche Kinderseele gesenkt worden war, abzubauen. Es
waren viel mehr Menschen jüdischen Glaubens unter
unseren Bekannten, als ich ahnte. Noch als die brutalen
Verfolgungen einsetzten, hörten Betroffene den Satz:
»Aber Sie gehören doch zu uns«, was zweifellos zutraf,
sich aber für alle, die sich darauf verließen, als grausame
Täuschung erweisen sollte. Viele Gesichter wurden bald
nicht mehr gesehen. Einmal wurde ich Zeuge eines letzten
Gesprächs: Der Abschiednehmende hatte den Ausdruck
eines Sterbenden, eines Menschen ohne Zukunft.

Ähnlich wie die Hitlerjugend legte auch die Schule
zunehmend Wert auf alles Vormilitärische. Turnen war
längst zum wichtigsten Fach avanciert, die Kommandos
des Sportlehrers klangen nach Kasernenhof. Ich versagte
auf der ganzen Linie. Aber ob ich trotz Nachhilfeunterricht beim Privatlehrer derart schlecht im Sport geblieben
wäre, wenn ich nicht früh gespürt hätte, daß es sich hier
um etwas Politisches handelte, um eine Pervertierung des
Sports? Es erniedrigte und reizte zugleich zum Lachen,
daß ich in einer mit allen Gerätschaften versehenen Pri-
vatschule das wichtigste Schulfach nachzubessern gezwungen wurde. Riesenwelle am Reck oder Sprünge über die
Barrenleisten lagen zwar außerhalb meiner Möglichkeiten,
aber auch leichtere Übungen wurden kaum je mit Gelingen belohnt. *La Giovinezza* hatte man die Hymne der
Faschisten bezeichnenderweise genannt; italienische Ein-
heiten paradierten singend und im Laufschritt vor Mus-
solini, und einige Jahre später unterwarf sich auch Deutschland einem barbarischen Kult der Jugend.

Vom Exerzierplatz Schule habe ich wenig mehr mitge-
nommen als die ersten Erfahrungen im Umgang mit
Sympathie und Antipathie. Gehörten auch nur wenige
Lehrer zur Nazi-Gefolgschaft, so war doch etwas wirklich

Bleibendes von ihnen nicht zu lernen. Den Vater erlebte ich als Lehrer nicht mehr – vielleicht sähe dann manches anders aus. So aber fehlt mir vieles bis heute. Wie meine Klassenkameraden – die wenigen, die nicht im Krieg fielen – habe ich mir alles, was ich weiß, mit unsäglicher Mühe nachträglich allein beibringen müssen, eigentlich zu spät und bei schon weniger aufnahmefähigem Gehirn. Dennoch gehen meine Gedanken nicht mit Haß in die Schulzeit zurück – die Schule selbst ist mir eher gleichgültig gewesen. Aber die fortschreitende Verödung durch den Nationalsozialismus unterstrich die Resignation, die sich nach dem Tod meines Vaters um mich herum ausbreitete. Allenfalls tat ich mich gern hervor, wenn ich zum Lesen einer Hauptrolle in einem der von den Klassengenossen auf hanebüchene Art heruntergeleierten Klassiker aufgerufen wurde.

Als der mutwillig vom Zaun gebrochene Krieg loswütete, gab es nirgendwo Begeisterung. Im Radio tönten Märsche, aber über dem Land lag eine bleierne Ruhe, der Himmel hing niedrig, alles erschien wie von einem windlosen Sturm geschüttelt, nirgendwo Protest, nur unterdrückte Furcht und Gehorsam. Der Lehrer trat mit noch stärker als üblich gefurchter Stirn vor die Klasse und hob statt des rechten Arms zum »deutschen Gruß« die linke Hand mit der Aktentasche. Außer dem Diktator und seinen Spießgesellen schien keiner Lust zu einem zweiten großen Sterben zu verspüren. Kummer lag über den Menschen, und die Älteren ahnten, daß alles nun noch einmal würde durchgemacht werden müssen, und wenn es das erste Mal ungeachtet aller Opfer ergebnislos geblieben war, würde es beim zweiten Mal wohl auch zu nichts Gutem führen. »Das wird nicht lange dauern«, war die einzige Erleichterung, die man sich zu verschaffen wußte.

Den verhaßten Krieg betrachtete die Nation dennoch

bald als ein ernstes Geschäft, das es mit Eifer durchzuführen galt. Nicht alle machten mit; manche versuchten abseits zu stehen, andere sabotierten, aber da handelte es sich, wie ich später in meiner Einheit beobachten konnte, keineswegs um besonders starke Charaktere. Die meisten fügten sich wohl oder übel in ihr Schicksal. In Wahrheit trennten Zustimmung oder Gegnerschaft zum Regime in den Kriegsjahren tiefer als im Frieden – ein Wort übrigens, dessen Bedeutung uns erst im Unfrieden aufging.

Der Schulunterricht in seiner Einförmigkeit täuschte ein Weiterleben unter längst verjährten Voraussetzungen vor. Viele der jüngeren Lehrkräfte, zum Kriegsdienst abgestellt, mußten im Laufe der Zeit allerdings durch ältere ersetzt werden. Manchmal sprang, für ein Jungengymnasium noch ungewöhnlich, eine Dame als Lehrkraft ein. In der Musikstunde sah sich Frau Schaller einem wahren Höllenlärm ausgesetzt, wenn sie zögernd das Klassenzimmer betrat. Alle kannten ihre Schüchternheit, und die Grausamsten ließen mit viel Geräusch die Rolläden herunter und schrien sich irgendwelchen Blödsinn zu. In solchen Situationen bat mich Frau Schaller oft flehenden Blickes, an den Flügel zu gehen und meine Paradestücke zum besten zu geben. Dann machte sich unerwartete Ruhe breit, aber der Unterricht konnte trotz allem nicht störungsfrei fortgesetzt werden. Das Lob eines Klassenkameraden beglückte mich: »So möchte ich auch Klavier spielen können.«

Je mehr die Kriegsnot das Land würgte, desto älter wurde das Lehrerkollegium. Einer der reaktivierten Lehrer, der eigentlich als Deutschlehrer eingesprungen war, liebte offenbar die Musik und das Klavierspiel über alles und formte den Unterricht kurzerhand zu einem Richard-Wagner-Lehrgang um. Den ganzen *Ring des Nibelungen* bot er uns singend am Flügel dar: musikalisch, mimisch und mit biographischem Hintergrund. Sein in tausend

Falten zerfurchtes Gesicht bei den Worten Mimes »Wie helf' ich mir nun?« senkte sich bis fast unter die klavierspielenden Hände. Das war zum Lachen und zugleich ein Operneindruck, wie er lehrreicher nicht hätte ausfallen können. Richard Wagner war der Komponist, der mich früh schon in seinen Bann schlug.

Verhältnismäßig spät hatte ich mit dem Lesen begonnen, und zunächst ging es nur schleppend voran. Als erste Lektüre nach den obligaten Bildergeschichten diente mir ein Band germanischer Heldensagen, der auf dem Geburtstagstisch gelegen hatte, und immer wieder vergegenwärtigte ich mir alle Einzelheiten von Siegfrieds Tod und Kriemhilds Rache. Als wenig später das »Theater der Schulen« mit Hebbels Doppeldrama im Schiller-Theater gastierte – die an mehreren Berliner Häusern stattfindenden Nachmittagsvorstellungen für Schüler, das »Theater der höheren Schulen«, hatte mein Vater ins Leben gerufen –, erlebte ich zum ersten Mal die Wirkung der Bühne. Siegfrieds Tod und Kriemhilds Rache wiesen früh auch auf das Werk Richard Wagners.

Wagners Musik wurde zum Magneten meiner pubertären Jahre. Zwar regte sich Widerstand gegen die staatlich vorexerzierte Verehrung, und die ersten Eindrücke von *Lohengrin* und *Walküre* waren eher flüchtig. Aber der Wille, zur Heldenbeweihräucherung der Machthaber Abstand zu halten, kämpfte von Anfang an in höchster Gespanntheit gegen eine Ergriffenheit, der ich mich niemals zu entziehen vermochte, sobald ich mich dem Erlebnis Wagnerscher Musik aussetzte.

Kaum je in der uns bekannten Musikgeschichte erreichte ein schöpferisches Individuum so zielstrebig wie Richard Wagner, was es sich vorgenommen hatte. Ein solches Beispiel stachelte wohl auch das Selbstgefühl Hitlers an, ohnehin ins Maßlose, Krankhafte, Gotteslästerliche zielend. Und genau wie Wagner erwartete er mehr Widerstand, als er schließlich vorfand. Allerdings gestaltete sich der Weg zur Macht für Wagner bei weitem nicht so glatt und kurz, so unproblematisch wie für seinen Adepten. Die Schar leichtgläubiger Dummköpfe, die dem Postkarten-Maler folgte, sorgte für den gewünschten Ablauf.

Rüde Redensarten der Bayreuther Wagner-Enkel auf der Bühne ruinierten nach dem Krieg meinen Respekt vor den beiden ungleichen Erneuerern der Opernpraxis. Und als ich 1954, beim traditionellen Tee-Empfang für Neuankömmlinge, gerade fünf Minuten im Salon von Winifred Wagner saß, wurde ich auch politisch belehrt. Die einstige »Herrin von Bayreuth« meinte den Bayreuther Anfänger darüber aufklären zu müssen, daß Hitler ursprünglich viel maßvollere Ziele angestrebt habe und durch ungünstige Wendungen mehr oder weniger davon abgebracht worden sei. Vor meinen erstaunten Ohren entrollte die alte Dame unverhohlen stolz ihre ganze Leidensgeschichte mit dem Geisteskranken aus Braunau, der die Welt ins Unheil gestürzt hatte.

Was sei denn, so die immer noch sehr temperamentvolle Greisin, aus den Versprechungen geworden, mit denen die Rechten wie die Linken nach dem Zusammenbruch von 1918 gelockt hätten? An den Früchten habe jeder das »System« von Weimar erkennen können. Allein der Führer der NSDAP habe gewarnt, er allein das, was dann eintrat, vorausgesagt und in seinem Buch die Gründe durchleuchtet: die Novemberverbrecher von 1918, der internationale Marxismus, das internationale Großkapital, der Irrsinn der Reparationen, vor allem aber die diabolischen Intentionen des Judentums. Der Mann sei doch genial gewesen, habe Leben in die Stickluft deutscher Politik gebracht. Angesichts der langen Kette bitterer Erfahrungen, vor dem Hintergrund von Krieg und Niederlage, Wirtschaftskrise und Inflation sei hörenswert gewesen, was Hitler sagte. Und wer außer ihm habe körperlich so intensiv zu kreischen und zu heulen vermocht, setzte sie lachend hinzu.

Wo sollte nach solchen Tiraden das erhebende Gefühl bleiben, das den in Bayreuth Einfahrenden überkommt, sobald er einen Blick auf den »Grünen Hügel« und das Festspielhaus erwischt? – Und dann kamen die Bewährungen mit der dazugehörigen Musik, gerade auch mit der höchsten und letzten von Wagners Bayreuther Zeit. Neben all dem Staunen über die Herrlichkeiten mußte man über ihn als gesellschaftliche Erscheinung grübeln: über den Schriftsteller Wagner, der auf den Einfluß des Judentums in der Musik schimpfte, der Hochachtung vor Männern zeigte, die in den *Bayreuther Blättern* mit antisemitischen Artikeln zu Wort kamen, der sich von der Rassenlehre Gobineaus überzeugt zeigte, eine Regeneration der Menschheit versprach – ein Musiker, der sich anmaßte, endlich eine wahre Gemeinschaft des Volkes herzustellen, natürlich mit sich selber als künstlerischem Gesetzgeber. Auch das Denken des Metaphysikers Wagner mußte einen beschäftigen, das durch den Topos Erlösung beherrscht wurde: Der Held sollte das Volk erlösen, das Weib den Mann, der Tod das Leben. Soviel steht fest: Dieser Wagner, ein Meister der Inszenierung, der gerissensten Theatralik, gehört nicht bloß in die Geschichte nach 1870, sondern spielt ungewollt eine Rolle weit darüber hinaus.

Aber wie vieles war an ihm doch sympathisch zu finden: seine Quirligkeit, seine geistvolle Art zu plaudern, sein Humor, seine Kunst der Instrumentation, seine Zusammenfassung von Mythen widersprüchlichster Art und die Erfindung großartiger Rollen, seine Zielstrebigkeit. Es handelte sich in meinem Fall nicht um Sklavendemut vor einem Genie, wie sie in Deutschland so verbreitet ist, nein, Größe ist für mich nicht bloß verehrungswürdig, sondern mehr: Sie ist interessant. Man kann lieben und dabei doch zweifeln – wahrscheinlich die tiefste Art von Verehrung.

Es waren weder Kampfhistörchen der Hitlerjugend noch Hans Grimms Roman *Volk ohne Raum*,
sondern eher leise, verträumte Geschichten, die mich an-
zogen, etwa *Der marmorne Knabe*, eine Kitschballade, in
der sich die Titelfigur eines Nachts zu bewegen beginnt –
und damit, im nachhinein betrachtet, zaghaft den Com-
mendatore im *Don Giovanni* ankündete. Versteinerte Figuren waren für mich immer lebensmächtig und regten die
Phantasie an: Ahnung der Mimikry, Möglichkeit des Ab-
surden, Nähe des Traums.

Die Märchensammlungen meiner Kindheit bildeten ein
Leserepertoire, das weit über die Grimmschen Märchen
und Andersen hinausreichte. In diese Welt gehörte für mich
auch die Passion, die Geschichte von Christi Leiden im Evan-
gelium des Matthäus, ein großes Stück Literatur, dessen
Dunkelheiten sich mir allerdings erst allmählich auftaten.

Sehr viel mehr Zeit als dem Lesen blieb dem Spiel vorbehalten, und damit der unbewußten Vorbereitung auf spätere Aufgaben. Mit Freund Hansi Wunschel, dem einzigen
noch aus der Schultütenzeit, dessen Wesen und Vertraut-
heit mir über die Jahre unentbehrlich geblieben sind, spielte
ich zum Phantastischen neigende Plots nach, ganze Mythen-
kreise, die sich um die von uns erfundene Figur des »Kadi«
drehten. Gab es dabei eine Gelegenheit, in Schönheit zu
sterben, so beanspruchte ich die Rolle für mich. Manches
Stück habe ich sogar selber zu schreiben versucht; es war
wenig Handlung darin und statt dessen viel von Auf- und
Abtritten die Rede. Die Zeit der kindlichen Romane und
Ritterspiele näherte sich ihrem Ende.

Eine Zeitenwende stand bevor. Die Familie, oder
was nach dem Tod des Vaters noch von ihr übrig war,
versammelte sich 1939 bei der Nachricht des Kriegsaus-
bruchs betrübt um den Eßtisch. »Du bist ja noch klein«,
tröstete die Mutter und vertuschte, was uns bevorstehen

mochte. Mir schien es fast ein wenig unwirklich, daß die Straßenbahn 74 noch fuhr und wir Kinder weiterhin ungestört unsere Fangspiele rund um das Klo-Haus auf dem Moltkemarkt veranstalten konnten. Die sonst so beflissen von den Balkonen oder aus den Fenstern ragenden Hakenkreuzfahnen suchte man jetzt selbst an Beflaggungstagen meist vergeblich. Der Krieg fand vorläufig woanders statt.

Noch waren die Tage nicht von früh bis spät von fieberhafter Unruhe geprägt, das Chaos blieb noch fern. Aber wir wurden präpariert für den Alltag des Krieges, der sich bald eine eigene graue Normalität schuf. Ich nahm kaum noch wahr, daß ich in einer ungewöhnlichen Epoche aufwuchs. Der Übergang zu den »verdunkelten« Abenden und Nächten blieb fast unbemerkt, denn dafür hatten wir bereits seit zwei Jahren geübt. Was sich Luftschutzkeller nannte, schützte, so war zu befürchten, im Ernstfall nicht wirklich, und längst lagen auf dem Dachboden zusätzlich Sandsäcke und Schutzhelme bereit. Lebensmittelkarten übernahmen die Bedeutung des Bargelds, und was etwa an Zucker oder Seife reichlich zugeteilt wurde, konnte zum Tausch verwendet werden.

Als von der drohenden Not des Krieges die Rede war, hatten die Leute in der Umgebung angefangen, Lebensmittel auf Vorrat zu kaufen. Meine Mutter hielt das Anlegen von Vorräten für eitel und empfand es als einen Verstoß gegen Sitte und Gemeinschaft. Auch fürchtete sie, es könnte sich herumsprechen oder Einbrecher anlocken. Erste Einschränkungen galten vor allem für den Brennstoffverbrauch. Plakate warnten vor dem »Kohlenklau«, der streng bestraft wurde. Dann stellten die Straßenbahnen zu früher Abendstunde den Betrieb ein, um Strom zu sparen. Theater und Konzerte begannen bald um fünf Uhr, damit das Publikum nach dem Schlußapplaus noch die letzte Straßenbahn erreiche.

Zu Hause änderte sich, aller nächtlichen Unbill zum Trotz, nur wenig. Meine Mutter ging weiterhin ihrer prä-artistischen Neigung zur Musik nach und übte sich in Klavierspiel und Gesang, ohne daß ihre Stimme fein genug ausgebildet gewesen wäre. Durch die nächtlichen Flieger-alarme versäumten wir bald viel an Schlaf; das mußte tags-über nachgeholt werden, und immer öfter blieben meine Schulaufgaben liegen. Schließlich wurde in einer Art still-schweigender Übereinkunft das Lernen für die Schule auf die Zeit nach dem »Endsieg« verschoben. Vielleicht war meine Verschlafenheit damals aber auch Teil eines inneren Rückzugs vor der braunen Realität. Das Entsetzliche wur-de mir nicht erklärt, es wurde totgeschwiegen.

Was mich damals und auch später in miserablen Lagen zum Aushalten zwang, war eine Art Pflichtvergegen-wärtigung, die ich meiner disziplinierten Mutter verdanke. Sie sprach zwar selten von ihren Grundsätzen, aber sie lebte sie uns vor: Es muß eben sein! Jammere nicht! Zu klagen oder auch nur an sich selbst zu denken, galt ihr als unwürdig. Seine Pflicht zu erfüllen, für wen oder was auch immer, barg hingegen einen Wert in sich. Niemals sich geschlagen geben, denn das gliche einer Niederlage: So ging meine Mutter in fast waagerechter Sturmhaltung auf der Straße den nötigen Einkäufen nach.

Oft fühlte ich mich unwohl. Aus Abneigung gegen die nahe Berührung mit vielen Menschen, manchmal auch aus wirklicher Angst um mein schulisches Fortbestehen wurde mir bisweilen sogar übel, und wenn ich dann elend nach Hause kam, hatte ich tagelang Vorwürfe zu gewärtigen. Alle Wahrnehmungen meiner Jugend waren mangels Auf-klärung von den Auswirkungen der Pubertät eingeengt und, vor allem während der Kriegszeit, von Angst ver-schleiert. Selten, daß ich nach dem Tod des Vaters einen Schutz innerhalb der Familie aufsuchen konnte. Das lag wohl am zeitraubenden privaten Nachhilfeunterricht der

Mutter, an der leidvollen Gestörtheit des mittleren Bruders und nicht zuletzt an der Ferne zwischen mir und meinem ältesten Bruder.

War es wirklich Ferne? Klaus sprach viel von Wirkung und Erfolg, besonders später, bei Beginn meiner Tätigkeit, als mir beides in reichem Maß zufiel. Er sah nicht, wieviel harte Arbeit auch ich leistete, und entwickelte Neidgefühle gegenüber dem Jüngsten, der von der Mutter immer schon bevorzugt worden war.

Durch die Umstände war ich also mehr oder minder auf mich selbst verwiesen und blieb, in unaufhörlicher Angst vor Enttarnung meiner eingebildeten Unfähigkeit und mangelnder Ergiebigkeit im Umgang mit Freunden, weit über die Schulzeit hinaus zu immer neuer Anpassung gezwungen. Bei aller Spätentwicklung war es mir schon früh klar: Immer, wenn eine neue Aufgabe in Angriff zu nehmen war, meist nicht auf eigene Initiative, sondern Forderungen oder der Verkettung von Umständen folgend, wußte ich, daß ich eigentlich nur lebte, um nachzuvollziehen, was schon längst von anderen niedergelegt ist. Außerhalb solcher Bestätigung konnte ich mir kein Leben vorstellen. Eine neue Partitur, ein erster gezogener Farbstrich, ein todesmutig hingeschriebener Satz: Sie ziehen zwangsläufig nur solche Folgerungen nach sich, die auch andere schon ähnlich gezogen haben. Ob ich dabei gestört, unterbrochen, gehetzt werde oder in Ruhe mir allein überlassen bleibe, am Ende läuft es schließlich auf das gleiche hinaus.

Parallel zu den Anfängen des musikalischen Studiums zog mich eine neue Lieblingsbeschäftigung in ihren Bann und legte einen schützenden, absorbierenden Panzer um mich, der mich fast alle Misere vergessen ließ. Viele Stunden konnte ich damit zubringen, aus alten Zeitschriften oder auch – ich gestehe es – aus alten Büchern Bilder auszuschneiden und diese, Collagen ähnlich, in eine von mir erdachte neue Ordnung zu bringen. Wenn genügend Blätter vollgeklebt waren, heftete ich sie mit einem Bindfaden zusammen und versah die Titelseite mit zwei blümchenartigen »Verlagszeichen«. Auf diese Weise verschaffte ich mir, wie ich fand, einen höchst anschaulichen Überblick über die Kunstgeschichte und bildete mir mein eigenes kleines Universum.

Eine Zeitlang machte ich es mir auch zur Gewohnheit, reale Menschen mit den Kunstdrucken aus den Schubladen meines Vaters zu vergleichen. Phantasie und Realität vermischten sich in der kindlichen Phantasie miteinander. Ob Bären oder antike Helden: Die Dynamik einer solchen Spannung konnte später im Kino oder im Theater ausgelebt werden. Dem Erwachsenen blieb ein unerfüllter Rest, denn die Welt bestand für sich.

VON 1942 AN forderte der Bombenkrieg seinen Tribut. Wenn es in der Nachbarschaft einschlug, eilte jeder Entbehrliche zu Hilfe und schleppte Wassereimer. Aber aus den wenigen verbliebenen Freuden der Jugend vermochten uns solche Störungen zunächst nicht herauszureißen. Um so intensiver kamen im Luftschutzkeller die Ängste. Ich war der einzige Jugendliche im Haus. Die Älteren unterdrückten ihre Gefühle, verfielen allenfalls in nervöses Geplapper, das wiederum andere mit »Ruhe!« beantworteten. Alles lauschte gebannt auf die nächste »Welle« von Bombern. Ihre Fenster verdunkelten die Menschen mit schwarzen Rolläden, aber das Flammenmeer des Krieges ließ sich nicht übersehen. Kein Vogelruf konnte täuschen: Es herrschte Krieg. Er fraß mit Getöse das Haus, den Flügel, die Bücher; täglich führte der Weg an neuen Trümmern vorbei, die Ruinen rauchten meist noch. Als unser Haus 1943 getroffen wurde, trauerte ich vor allem um die heimlich gehorteten Schallplatten. In meiner Sammlung hatte sich, neben unzähligen Aufnahmen alter und neuer Sänger, gefunden, was damals »modern« hieß: Hindemith, Bartok, Strawinsky, Schönberg.

Den alliierten Luftstrategen war es um Terror, um Zermürbung der Moral unter der deutschen Bevölkerung zu tun. Ich selber erlebte die schlimmen Angriffe auf Berlin 1943/44 nach der Einberufung nicht mehr und kann nur berichten, was mir meine Mutter nach meiner Heimkehr aus der Gefangenschaft erzählte: wie die Hilferufe aus hoch aufgeschichteten Trümmerhaufen allmählich erstickten, wie aus stöhnenden Mündern Erde und Steine herausgeklaubt wurden, wie Straße um Straße die Leichen zur Identifizierung aufgereiht lagen. All das wollte mir nicht in den Kopf. Die Alliierten müssen der Überzeugung gewesen sein, gegen die Deutschen sei jedes Mittel zur Demoralisierung recht. Aber war es nicht Leben, das Leben Hunderttausender von Unschuldigen, das da im Feuerregen auf deutsche Städte vernichtet wurde?

Als mich ein Engagement 1949 erstmalig nach Dresden führte, seltsamerweise in der Manier längst vergangener Zeiten, als Solist mit Klavierbegleitung in einem ausgewachsenen Orchesterprogramm der Dresdener Philharmonie unter Heinz Bongartz, schockierte mich der Anblick der leichenhaften Stadt. Wir waren mit dem Wagen angefahren. Genächtigt wurde in einem ehemaligen Nobelhotel, hoch auf einem Hügel, als einziger Möglichkeit, da wir niemanden in der Stadt kannten. Dort räkelten sich russische Soldaten in den Sesseln und amüsierten sich mit ortsansässigen jungen Damen, ähnlich wie wir das auch aus der amerikanischen Zone kannten. Aber der Blick nach draußen – fast wollte das Auge dies Panorama meiden: Ein einziges schwarzes Loch gähnte, wo einst eine der glänzendsten Städte Europas gestanden hatte; eine wüstere Brandstätte gab es nirgendwo sonst im zerstörten Deutschland. Später, während gelegentlicher Schallplattenaufnahmen dort, schockierte die deprimierende Plattenbauweise der DDR. Zum Glück erfuhr der unter dem kommunistischen Regime nur zaghaft begonnene Wiederaufbau historischer Stätten durch die Wende eine unglaubliche Beschleunigung.

Wer die Bombennächte und den Kanonendonner miterlebt hat, fühlt sich an jedem Silvesterabend erneut bedroht. Die Fenster klirren, die Erde bebt. Alte Ängste steigen auf, und man verflucht die sonst doch recht friedlichen Nachbarn. Um die bösen Geister zu vertreiben, feuern sie in der letzten Nacht des Jahres Leuchtkugeln in den Himmel und werfen einen Donnerschlag nach dem anderen von ihren Balkonen auf die Straße, bis dicht unter die eigenen Fenster. Zwar werden die Menschen, die sich an die Bombennächte erinnern, immer weniger. Aber die Knaller holen die Schrecken zurück. Und wenn man bedenkt, wieviel Millionen Mark bei diesem alljährlichen Atavismus sinnlos in die Luft geballert werden! Bis morgens um vier bin ich mehrmals aus dem Bett gefallen, und beim Frühstück freue ich mich dann auf 364 ruhigere Nächte.

Auch Gewitter erinnern mich an die Geschoßeinschläge im Krieg und sind mir schon deshalb ein Greuel. Manchmal ist der Regen so heftig und ungestüm, als wäre er ein vom Artilleriefeuer erwiderter Luftangriff. Binnen einer halben Minute drängen sich die Leute dann von der Straße in einen Restauranteingang; Männer, Frauen, Kinder rennen auf der Suche nach Schutz, so wie die Männer und Frauen und Kinder damals rannten, um sich in Sicherheit zu bringen vor dem, was vom Himmel fiel.

Mit den Bombennächten sind für mich allerdings auch wichtige frühe Musikerfahrungen untrennbar verbunden. Das Sirenengeheul mit nachfolgendem Detonationsinferno unterbrach meine allererste *Winterreise*-Darbietung im Januar 1943. Ich war noch Schüler, und die Aufführung fand im Zehlendorfer Rathaus statt. Die etwa zweihundert Hörer mußten in den Keller fliehen, und nach etwa zwei

Stunden, in denen wir gebannt auf die Einschläge lauschten, kletterten alle brav wieder nach oben, um die Fortsetzung zu hören. Die Wonne des Singens drängte bei mir alle Schrecken beiseite.

Auch die Opern- und Konzerteindrücke jener Jahre behaupteten ihre Suggestivkraft. Fuchtelnde und schwitzende Dirigenten, sich blähende Sänger oder in filigrane Detailarbeit vertiefte Pianisten: Das waren manchmal eher zum Schmunzeln verführende Anblicke, die sich aber hier und da zu faszinierenden Hörerlebnissen transformierten. Aus ihnen ergab sich die Berufswahl: Ich wollte es besser machen. Es war schon einige Zeit her, daß unser Gesanglehrer Wilhelm Forck eines Tages einen Stuhl vor den Schulchor gestellt und mich aufgefordert hatte, das Sanctus aus der G-Dur-Messe von Schubert zu dirigieren. Da tönten, von der eigenen Hand initiiert, Klänge – einer jener Augenblicke, die ein Leben bestimmen können. Etwas später mischte ich mich einmal unter den Chor der alten Singakademie; ich hatte keine Karten mehr für die *Matthäus-Passion* bekommen, wollte die Aufführung aber unbedingt erleben. Georg Schumann, der Dirigent, erspähte mich sofort und versuchte mich mit flammenden Blicken vom Platz zu scheuchen. Vergeblich. Ich fühlte mich zwar allein, aber doch unter vielen mit den Tönen vereint.

Wurden Luftangriffe erwartet, war die Stimmung in der alten Philharmonie, einer ehemaligen Rollschuhbahn, die 1890 zum Konzertsaal mit ausgezeichneter Akustik umfunktioniert worden war, besonders angespannt. Würden die Sirenen heulen oder nicht? Meist begleitete mich Max, der einzige wirklich an Musik interessierte Schulfreund. Standen wir dann mit Bettelschildchen im Foyer und hofften auf günstige Billette, waren alle Ängste wie weggeblasen. Unter der großen Orgel an der Stirnwand hinter dem Orchester zu sitzen, bedeutete jedesmal Entdeckung neuer Werke, neuer Klänge, neuer Dirigenten.

Hans Knappertsbusch deutete beim *Don Juan* von Richard Strauss nur den Auftakt an und ließ die Musiker dann viele Partiturseiten lang allein »spazierengehen«. Wilhelm Furtwängler zog mit Bruckners Siebenter auch den Unbeteiligten widerstandslos vom ersten Ton an in einen magischen Sog. Wir hörten Willem Mengelberg, den meisterhaften Rubato-Dirigenten, den es – unverständlich nach seinem intensiven Umgang mit Genies vom Schlage eines Gustav Mahler oder Igor Strawinsky – zu den Nazis hinzog. Wir schwärmten von den »Rieselmännern« an Trompeten, Posaunen oder Pauken, die uns Schauer über den Rücken »rieseln« ließen. Daß es sich bei den Programmen lediglich um einen Ausschnitt dessen handelte, was die Musikgeschichte zu bieten hatte, wurde uns erst später klar – kein Mendelssohn, kein Mahler, keine Wiener Schule.

1943, MITTEN AUS dem eben begonnenen Studium heraus, wurde ich eingezogen. An die Fahrt nach Fürstenwalde erinnere ich mich nicht, auch nicht, wie wir uniformiert wurden, wie die Vereidigung stattfand. Die Stiefel, die man dem »Reiter« verpaßte, saßen so schlecht, daß sie offene Wunden verursachten. Beim Gewehrputzen wurde mir vom Ölgestank übel. Sah irgendwo ein Paar Augen etwas freundlicher auf mich, so bröckelte die Wand, die ich um mich errichtet hatte, im Nu. Aber lange dauerte eine solche vermeintliche Freundschaft selten an, denn über das kameradschaftliche Gespräch und den hilfreichen Erfahrungsaustausch legte sich schnell die Banalität des Kasernenalltags.

Das betraf nicht zuletzt das Thema Frauen. Der Gedanke, mit Männern über Liebe oder gar Sex zu reden, ist mir immer zuwider gewesen, auch und gerade im Krieg. Ich weiß nicht, ob viele meiner Geschlechtsgenossen diese Abneigung teilen. Andererseits habe ich nur sehr wenige

Frauen kennengelernt, mit denen über sexuelle Erfahrungen zu sprechen folgenlos geblieben wäre. Schließlich werden solche Gespräche meist von höchst subjektiven, spontanen Emotionen begleitet, die überhaupt erst die Gelegenheit dazu schaffen.

Mich beherrschte ein Ehrgeiz, der auf Höheres zielte, so daß kleinere Ambitionen, wie sie Schule oder Militär bei vielen hervorrufen, an mir abprallten. So wie ich mich schon auf der Schule nicht nach vorn gespielt hatte, so wollte ich instinktiv auch jetzt nicht auffallen, was leider nicht immer gelang. Die wiederholte Aufforderung, Offiziersanwärter zu werden, lehnte ich ab; Verantwortung in dieser Umgebung zu übernehmen, widerstrebte mir. Mein Ziel war der ewige Gefreite, bei dem es dann auch tatsächlich blieb, allerdings nicht in der Schreibstube oder irgendwo hinten beim Stab – ein solches Glück hätte schon wieder Ambitionen vorausgesetzt.

Ich betrachtete den Krieg als Durchgangsstadium und setzte folglich alles daran, unbeschädigt zu bleiben und das Ende zu erreichen. Daß die Chancen zum Überleben gering waren, spielte dabei keine Rolle, und was die mit Sicherheit zu erwartende Niederlage nach sich ziehen würde, in Sibirien oder sonstwo, wollte sich in all seinen Konsequenzen niemand so genau vorstellen. So gewiß es war, daß mein Feuer eines fernen Tages erlöschen würde, so tief saß in mir zugleich die Hoffnung auf das Überleben, eine Hoffnung, die fast zur Gewißheit wurde. Solchen Eigensinn besaß ich schon als Kind, indem ich davon überzeugt war, nie sterben zu müssen, eine Zuversicht, die als blinder Maulwurf in mir hockte und über ihrem Wahn brütete.

Mit Streit und Skat schlugen die Soldaten ihre freie Zeit tot. Geprügelt wurde nicht, aber erbittert »geschliffen«; die kreischend lauten Kommandos, die das Strafexerzieren begleiteten, gellen mir noch immer in den Ohren. Alles schien sich darum zu drehen, einen viehischen Zustand dumpfer Unlust derart zu intensivieren, daß keine Prügel hätten schmerzhafter ausfallen können. Der Verlust an Würde ging so weit, daß Selbsttötung verlockend erschien, aber sowenig wie andere Verzweifelte fand ich den Mut dazu. Auf winzigen Holzhockern und harten Pritschen versuchte ich bei kümmerlicher Beleuchtung Hölderlin-Gedichte oder in Nietzsches *Zarathustra* zu lesen – beide Bücher führte ich den ganzen Krieg über sorgsam mit mir –, aber ich kam nicht weit. Der innere Widerwillen gegen das Ambiente war zu stark, Erkenntnis schien der Erschöpfung anheimzufallen.

In der Kaserne und später in der Bunkerstellung war man einsam, aber nie wirklich allein. Nirgends gab es eine Tür, die man hätte zumachen können, oder auch nur einen Menschen, der diesen Wunsch verstanden hätte. Also verkroch ich mich, so daß ich kaum noch etwas von der Außenwelt wahrnahm, aber mein Inneres war längst leergesogen. Am wohlsten fühlte ich mich noch im stummen Beieinander mit einem der von mir betreuten Pferde. Vertrauter Atem stieg aus den Nüstern, und liebevoll streichelte ich den großen Schädel.

Bevor es mit einem Pferdetransport im Winter 1943/44 nach Rußland ging, wurden wir im »Auffanglager« Kowno zusammengetrieben. Einer aus der Gruppe wußte, daß dieses Kaff schon im Ersten Weltkrieg als »Hauptbuchungsstelle« gedient hatte. Eine Eisenbahnverbindung gab es nicht mehr, und das mir angelobte Mädchen Irmel, meine spätere erste Frau, kam zum Besuch in einem Panjewagen angezottelt.

Ich hatte sie gleich zu Beginn meiner allzu kurzen ersten Hochschulzeit in der Berliner Hardenbergstraße während einer langweiligen Vorlesung von Professor Mahling gesehen. Es wurden gewagte Thesen über die allzu große Dramatik in den Konzertwerken und fehlende in den Opernwerken von Richard Strauss verkündet, was mich erbitterte. Dann ruhte der Blick auf der schönen jungen Dame ein paar Reihen vor mir, bis sie sich schließlich umdrehte, als hätte sie etwas gespürt. Aus dem nachfolgenden Blick ergaben sich alle Konsequenzen. Viel Zeit blieb uns nicht, uns wirklich kennenzulernen. Ein Theaterbesuch, ein gemeinsames Musizieren – die begabte Cellistin aus Freiburg im Breisgau studierte schon zwei Jahre länger als ich, bei Adolf Steiner –, und dann waren wir bereits dazu verdammt, uns nach einer Nacht im Wartehäuschen des Zehlendorfer Bahnhofs, wo wir scheu nebeneinander hockten, zu verabschieden, denn ich war einberufen.

Als Irmel aus Kowno wieder zurück nach Berlin gefahren war, ohne daß Hoffnung auf ein Wiedersehen bestand, beherrschte mich drängender als je der Wunsch, begraben zu sein. Aber die Oberhand behielt doch die Zuversicht, ich würde alles Ungemach überstehen und den fernen Tag erleben, auf den jeder sehnsuchtsvoll wartete.

Im leeren Güterzug rollten wir nach der Ukraine, um – unausgebildet, wie wir waren – einen Transport kranker Pferde zurück nach Deutschland zu bewerkstelligen. Während der vier Wochen, die wir bibbernd und immer wieder im Anblick sterbender Tiere durchstanden – keine Veterinärärzte weit und breit –, bekam ich eine Ahnung von den unmenschlichen Bedingungen, unter denen die Landser im Osten litten: Es fehlte an allem. Nach einer bedrohlichen Einkesselung unseres kleinen Haufens bei Shitomir (der Geburtsstadt Svjatoslav Richters übrigens) gelangte der endlos lange Güterzug mit den Hunderten kranker, ausgehungerter Pferde doch noch auf die Strecke nach Westen. Acht Nüsternpaare schnaubten über mir, der ich in der Mitte des Wagens meinen Liegeplatz hatte. Und alle paar Kilometer sah ich, wie ein sterbendes Pferd einfach in die Gegend geworfen wurde.

Nach der Ablieferung der übriggebliebenen Pferde hieß es dann plötzlich: Wir sind auf dem Weg nach Italien. So fuhr ich im Frühling 1944, als der Zusammenbruch des nationalsozialistischen Staates nur noch eine Frage der Zeit war, erst als Pferdeknecht, dann als Flugabwehr auf offenem Waggon, von der Ukraine nach Italien, quer durch Europa. Im Mai 1943 hatten die Briten die Reste des sich ehedem so triumphal durch die Wüste siegenden Afrikakorps unter Rommel zur Kapitulation gezwungen. Zwei Monate später landeten Briten und Amerikaner in Sizilien. Nun – bei amerikanischen Tieffliegerangriffen, die uns auf dem Weg in die Toscana immer wieder in den Straßengraben zwangen – sah ich das erste Mal Blut; der Anblick von Toten machte das Herz stocken.

Als wir in den Stellungen südlich von Bologna lagen, gab es Mahner, die zur Vernunft aufriefen. Mir ist, als hörte ich die Stimme von Klaus Mann aus den Lautsprechern über den Bergen bei Bologna; in seinem *Wendepunkt* las ich später, was er über seine Zeit als Abwehroffizier in Italien schrieb. Es klang ähnlich selbstsicher wie das, was aus den heimlich abgehörten, westlichen Rundfunkstationen zu hören war. Die deutschen Soldaten wurden aufgefordert, sich endlich bedingungslos zu ergeben. Aber wir lebten zwischen zwei Schrecken: den gegnerischen Waffen und den Erschießungskommandos der Feldgendarmerie. Um so mehr fühle ich mich den Offizieren des Widerstands verbunden. Nach dem Krieg lernte ich einige der Überlebenden kennen und fand, daß sie auffällig wenig Worte über jene Zeit verloren.

ALS MICH DIE ÄRZTE vor die Tür des provisorischen Lazaretts setzten, neun Schuß Munition in der Gürteltasche, war es der 1. Mai 1945. Da stand ich nun vor dem Schulhaus in einem Dorf in der Toscana, und ein paar vergleichsweise ruhige Wochen lagen hinter mir. Ich hatte

mich an der Front beim nahen Einschlag einer Granate ungeschickt hingeworfen und mir einen empfindlichen Seh-
nenriß am Fuß zugezogen. Er schmerzte noch immer.

Seit Wochen hatte ich keine Nachricht von meiner Mutter mehr bekommen. Ganz allein stand die nicht mehr
junge, seit langem verwitwete Frau bei Kriegsende in
Berlin – wenn sie überhaupt noch lebte! Klaus steckte
irgendwo zwischen Griechenland und Ungarn. Täglich
drangen neue Schreckensmeldungen über das Hinsterben
der Heimat zu uns durch. Aber auch das eigene Leben war
durchaus noch nicht in Sicherheit; von Süden näherten
sich die Amerikaner und durchkämmten auch bereits die
Po-Ebene, und jeden Tag konnte das Unvorstellbare
geschehen, ob es nun Gefangennahme hieß oder »Hel-
dentod«.

Da stand ich mit meinem Brotbeutel – drin ein Stück
Dauerwurst, steinhartes Kommißbrot und, höchster Luxus,
eine Zahnbürste –, den Karabiner über der Schulter und
auf dem Kopf einen schweren Stahlhelm. Der Befehl an
den verdutzten Gefreiten: Einheit aufsuchen! Also suchte
ich – erst einmal in Richtung Hauptstraße. Das Durcheinander war unvorstellbar; der gänzliche Mangel an
Organisation war wohl vor allem darauf zurückzuführen,
daß es an Offizieren fehlte, die sich in der Mehrzahl bereits
nach Norden abgesetzt hatten. Tote Pferde am Straßenrand, hie und da ein liegengebliebener Kraftwagen, und in
der Ferne bedrohliche Feuerstöße aus Panzerkanonen. In
Hast und Chaos trieb alles manisch nach Norden.

Unentschlossen, besser gesagt, völlig ratlos stand ich da,
und schnappte nur irgendwelche Rufe aus vorbeifahren-
den Wagen auf, deren Fahrer gar nicht daran dachten, sich
noch einen zusätzlichen Mann aufzuladen: »Ist ja sowieso
sinnlos.« – »Die Pontonbrücken haben sie längst erwischt.«
– »Über den Fluß kommen wir nie.«

Dann rollte eine Zeitlang ein schwerer, mit Fässern,

Kisten und großen Packen beladener Pferdewagen neben mir her, von vier schnaubenden Kaltblütern gezogen. Auf dem Bock hockte ein gemütlicher älterer Kutscher, neben ihm ein Gespenst von Beisitzer. Meine flehenden Blicke richteten sich auf den dritten Platz auf dem Bock, und der Kutscher hatte ein Einsehen: »Komm rauf, Jungchen, kannst mit uns mitkommen.« Sein ostpreußischer Tonfall weckte Vertrauen, und im Nu saß ich oben.

»Wart' nur«, sagte der Alte, »bei der nächsten Gelegenheit biegen wir ab und quartieren uns bei irgendeinem Bauern ein. Da kannste dich denn richtig sattfressen und warten, bis alles zu Ende ist.« So geschah es. Wir hielten vor einem offensichtlich unbewohnten, wahrscheinlich erst kurz zuvor verlassenen Gehöft. Die Pferde wurden ausgespannt und auf die Weide entlassen. Der Kutscher, das Gespenst und ich schlichen uns in die Scheune, wo wir uns ins Stroh warfen und sofort einschliefen.

Am nächsten Morgen verrieten mir die beiden, daß es sich bei ihrem Fahrzeug um einen Verpflegungswagen handelte, der zugleich als Umzugsgefährt für die Stabsschreibstube diente. In dem verlassenen Haus fand sich kein Mensch. Dennoch müsse man vorsichtig sein, meinte unser Senior, überall lauerten italienische »partigiani«, die schon viele Deutsche erledigt hätten. Es sei ratsam, den ganzen Papierkram zu schichten und anzuzünden. Dann sollten wir uns an die Lebensmittel machen und uns den Bauch vollschlagen; es stehe in den Sternen, wann wir wieder an so etwas kämen. Ich sah mit Staunen, was die beiden herunterschlangen, während ich mich selber zurückhielt, denn mein Magen hätte nach langer Magerkost sicherlich gestreikt. Dafür sprach ich dem Rotwein wacker zu.

Während der sternklaren Nacht wechselten wir die Wache ab. Nichts geschah, außer daß die Artillerie offenbar immer näher kam. »Wir nehmen die Laken aus den Schlafzimmern und breiten sie auf dem Dach aus«, meinte unser Kriegsveteran. »Mal sehen, ob sie's als weiße Fahne erkennen.« Nie zuvor und nie wieder bin ich so schnell auf ein gefährlich steiles Dach geklettert. Der Erfolg zeigte sich umgehend. Während es ringsum hart und furchtein-flößend knallte, blieb das Gebiet unseres Gehöfts ver-schont. Die amerikanischen Aufklärungsflugzeuge, die den ganzen Tag über uns kreuzten, nahmen unser Zeichen wohl wahr.

Gegen Abend ratterten einige Maschinengewehrstöße aus der Richtung des Hoftores herüber. Dann wurde es aufgestoßen, und fünf Schwarze stürmten mit vorgehal-tener Maschinenpistole herein. Wir hielten die Arme so hoch, wie es unsere Gelenke erlaubten, wurden abgeklopft und um unsere Brieftaschen und Armbanduhren erleich-tert. Die Waffen standen längst hübsch aufgerichtet auf dem Hof. Mit der Andeutung eines Lächelns reichte mir mein Eroberer ein kleines, abgegriffenes Foto meiner Ver-lobten Irmel zurück.

Jeder von uns wurde auf einen anderen Wagen gestoßen. Der meine war heillos überfüllt: etwa fünfzig Gefangene, aneinandergequetscht wie die Heringe in der Büchse. Es ging quer durch Italien, bergauf, bergab, Serpentinen und ungepflasterte Wege entlang. In jeder Kurve neigte sich der Menschenhaufen gefährlich in die Gegenrichtung; einmal fiel einer hinunter, aber keiner kümmerte sich um ihn. Am Straßenrand rotteten sich immer wieder wütende Italiener zusammen, die in Erinnerung an deutsche Konfiskationen »Bicicletti, bicicletti!« schrieen, mit Steinen warfen oder hinter uns her spuckten.

Eine ganze Nacht wurden wir hin- und hergeschüttelt. Es war Neumond, und nur selten konnten wir Einzel-heiten unterscheiden. Einmal zog das nächtliche Panorama einer traumhaften Stadt an uns vorüber. An den Umrissen und der fernen Riesenkuppel erkannte ich Rom. Die mei-sten waren völlig übermüdet und viel zu geschwächt, als daß sie dem Anblick Aufmerksamkeit hätten widmen können.

In der Nähe der Geisterstadt war unsere irrwitzige Reise zu Ende. In einem Areal, das nach einem Sammellager aussah, wurden wir ausgeladen. Ein amerikanischer Offizier las strengen Tonfalls und in gebrochenem Deutsch eine Briefbotschaft Thomas Manns an die Deutschen vor. Kaum jemand verstand, was uns hier vorgeworfen wurde, geschweige denn, daß es irgend jemandem einleuchtete.

Auch wenn ich mich persönlich nicht schuldig fühlte, empfand ich die Strafe dennoch als wohlverdient. Die Strafe, das waren Hunger und Hitze in einem mit sechs Mann besetzten winzigen Dreierzelt, in dem sich das Leben der folgenden Monate abspielte. Morgens schlug man sich um etwas Wassersuppe, mittags um zwei Kekse, abends um ein winziges Stück Schokolade und wieder eine Wassersuppe. Einigermaßen satt wurden wir erst, nachdem alle Orden, Ehrenzeichen und Dienstgradaufnäher mit den Wachen gegen Zigaretten getauscht und wir in ein Arbeitslager abkommandiert waren.

Als besondere Strafe empfand ich das Aufsuchen der Latrinen, die an den Sanitätsstandard des Mittelalters denken ließen. Über allen Lagern, die ich kennenlernte – es waren etwa zwanzig –, lag der Kloakengeruch wie ein böser Geist. Es kostete jedesmal gewaltige Überwindung, sich auf dem dünnen Balken über der Grube niederzulassen. Der Geruchsinn wird von den meisten Menschen unterschätzt. Dabei ist, was wir Heimat nennen, auch der Ort, dem man seinen Geruch als Vorzug anrechnet.

Einige Male faßte ich den mir heute noch schwer begreiflichen Mut und sang vor Tausenden – auf mit Sand gefüllten Kisten aus der Küchenbaracke stehend – ohne Begleitung Lieder, die mir in den Sinn kamen. Die Zuhörer lagen unter freiem Himmel und ließen sich durch meinen Gesang für kurze Zeit in eine andere Welt entführen.

Sonst gab es wenig Abwechslung: Fußball, gelegentliche Theateraufführungen und Vorleseabende. Seit den Tagen der Gefangenschaft ist mir die Liebe zum Vorlesen geblieben. Droht das Gedruckte mitunter auf dem Papier zu erstarren, so ist die Stimme des Lesenden das rechte Medium, Sätze zum Leben zu erwecken. Leider ist uns die Tradition des 18. und 19. Jahrhunderts, seine Abende mit Lektüre im Kreis von Vertrauten zu verbringen und das Gelesene anschließend zu angeregter Unterhaltung zu nutzen, heute weitgehend abhanden gekommen.

IRGENDWANN während der ersten Kriegsjahre waren aus Polen – man wußte nicht wie – Greuelnachrichten über Massenerschießungen gedrungen. Heute weigert sich der Kopf zu glauben, was der Vernunft durch Zahlen und Fakten klar bewiesen werden kann: daß solche Nachrichten der Wahrheit entsprachen. Wir starren heute auf die Befehle, wir haben die Berichte der Augenzeugen, die Aussagen der Täter, die Filme und Photographien, und doch vermag es sich die Phantasie nicht auszumalen. Die Gaskammern in den Vernichtungslagern, in denen Millionen Juden getötet wurden, waren in ihrer ganzen Unvorstellbarkeit wohl nur einer kleinen Zahl von Mordbeamten wirklich bekannt. Aber die Ahnung und das flüsternde Wissen um immer neue Greueltaten gingen seit der »Kristallnacht« 1938 in der Bevölkerung um, und niemand kann ernsthaft behaupten, ihm sei das Unheimliche der Vorgänge hinter den Kulissen der Propaganda gänzlich entgangen.

Als »Prisoners of war« sahen wir mit Grausen die ersten Filme mit den zu Bergen aufgeschichteten Leichen. Der Verbrecher, der sich der Verantwortung durch Selbstmord entzogen hatte, schien noch im Tode zu triumphieren, daß er die Welt, die er nicht erobern konnte, moralisch verwildert zurückließ. Das Ziel der Alliierten, die Streichung

Hitler-Deutschlands von der Landkarte, war erreicht, aber was sollte mit Deutschland geschehen, was war mit den Deutschen? Die Befreiung der Welt von Hitler war ein gewaltiges, aber, wie sich bald zeigte, rudimentäres Ziel, lediglich für jene Generation gültig, die, unter namenlosen Opfern, sich selber befreit hatte. Mit den Beschlüssen von Jalta und Potsdam hinterließ sie der nächsten viel Kummer.

Es ist schwer auszumachen, wie sich die Deutschen insgesamt im Mai 1945 fühlten. Ich für meinen Teil empfand nichts als Erleichterung darüber, daß das Blutvergießen und der sinnlose Kräfteverschleiß vorbei waren, daß ich nicht länger in einer Verkleidung herumlaufen mußte, die mir lächerlich und wesensfremd erschien, und daß ich meine Zeit bald auf weniger stupide und nutzlose Angelegenheiten würde verwenden können. Ich freute mich darauf, mein Studium fortzusetzen.

In der Gefangenschaft bot sich mir vielseitige Gelegenheit, mich als Musiker und Bühnendarsteller weiterzubilden, und ich zögerte nicht, mich jeder sich bietenden Möglichkeit zu stellen, als Sänger, Operettendarsteller, Rezitator und Klavierspieler. Bei den karg besuchten Liederabenden in vielen Lagern saß zumeist der Leipziger Gerhard Burgert am Klavier, ein braver, oft brummiger, durch den Rundfunk zum Routinier gewordener Pianist, von dem es immerhin einige Aufnahmen mit dem Gewandhauskapellmeister Hermann Abendroth gibt. Daneben gab es etwas Kompositionsunterricht bei Werner Hübschmann, einem Chemnitzer Original, dessen Lieder nach Weinheber mir immerhin so gefielen, daß ich sie mehrmals vor Mitgefangenen sang. Mit Detlev Jürges, dem Hamburger Pianisten, verband mich damals eine auch musikalisch fruchtbare, im Spiel auf zwei Klavieren bewährte Freundschaft.

Dank der Initiative des Lyrikers und Laienschauspielers

Eugen Andergassen, der sich später während der Schu-
bertiaden in seiner Vaterstadt Feldkirch als mir nahe
erwies, sahen wir in der Pisaner Hospital-Zeit das schöne
Apostel-Spiel von Max Mell. Es geht abseitige Wege, fern
den geräuschvollen, von Gegenwart durchtobten Straßen,
deren Staub die rüstigeren Dramatiker aufwirbeln. Es
weicht in großem Bogen der Problematik des Heute aus,
aber mit des Bogens Höhe rührt es an das Ewig-Pro-
blematische der Menschendinge. Die Reinheit der Ge-
fühls- und Gedankenwelt, aus der das Spiel stammt, wirkte
auf uns damals stark. Drei Laienspielern verdankten wir
das Erlebnis einer Erlösung des Menschen durch den Menschen: dem Leiter der Gefangenen-Bibliothek, einer Kran-
kenschwester und Andergassen.

Und wäre nicht der Pfarrer Walter Lacher gewesen, unter dessen befeuernder Leitung ich schon im PoW-Lager in
Livorno Chorstücke gesungen, lebhafte Diskussionen geführt und eigene Chorproben versucht hatte, wer weiß,
wann ich von zu Hause Zuverlässiges vernommen hätte.
Pfarrer Lacher war etwas früher entlassen worden; ich
schrieb ihm über mein Wohlergehen im Lager, und er
sorgte dafür, daß meine Grüße ihren Weg fanden zu meiner Verlobten nach Freiburg und zu meiner Mutter nach
Berlin.

ETWAS ÄHNLICH EPOCHALES wie das Kriegsende in
Deutschland gab es erst wieder 1989, als die Mauer zwi-
schen den beiden deutschen Staaten fiel. Dazwischen lagen
Ereignisse von historischer Bedeutung, die eher für die
ganze Menschheit gültig waren: der Wandel in China, die
Errichtung des Eisernen Vorhangs, der Triumph der Welt-
raumfahrt, die Auflösung der letzten Kolonialreiche, das
Zweite Vatikanische Konzil. Für uns Deutsche aber stellte
die Epoche zwischen 1945 und 1989 in vieler Hinsicht ein
Provisorium dar – meine Söhne zum Beispiel kannten in

der Zeit ihres Heranwachsens praktisch nichts als »Bundesrepublik« und »DDR« –, und deshalb sind die beiden Daten, die Anfang und Ende dieser Zwischenzeit markieren, für uns von so weitreichender Bedeutung.

Als ich nach zweieinhalb Jahren, im Herbst 1947, auf dem Umweg über Freiburg, wo ich Irmel besuchte, nach Berlin heimkehrte, war ich geschockt. Berlin glich einem ausgebrannten Krater, und die Menschen, die zum großen Teil noch immer in Ruinen und Kellern hausten, waren nach wie vor damit beschäftigt, den Schutt wegzuräumen. Berlin sah ungefähr so aus, wie wir es von Leningrad und Stalingrad immer vermutet hatten. Selbst besser ausgestattete Leute waren gezwungen gewesen, Bäume im Tiergarten oder im Grunewald abzusägen, so daß manche einst grüne Strecke nun völlig kahl lag. Meine eigene Ungeschicklichkeit beim Ausbuddeln von »Stubben« – zurückgelassenen Baumstümpfen mitsamt den Wurzeln – im Grunewald ist mir bis heute in Erinnerung: Ich war schnell erschöpft.

Dann stand ich meiner Mutter gegenüber und hatte, wie so oft schon, das Gefühl, nicht dankbar genug gewesen zu sein. Selbstlos bewältigte sie zeit ihres Lebens eine ungeheure Arbeitslast. Noch heute quält mich dieser Gedanke, und darüber kann auch die Erinnerung kaum hinweghelfen, daß sie, schon in halb bewußtseinsfernem Todeskampf, ein »Dank für alles!« flüsterte, bevor sie erschöpft entschlief. Nichts ist schmerzlicher als das Gefühl, sich solcher Versäumnisse schuldig gemacht zu haben, auch wenn es unbewußt geschah. Und müssen wir nicht befürchten, solche Fehler in der Gegenwart wieder zu begehen, ohne es zu wissen?

Das besetzte Land machte den Siegern keine Schwierigkeiten. Aber untereinander bekamen sie Streit, und die Deutschen standen nicht an, ihn in gewohntem Gehorsam nachzuvollziehen. Die Frage bleibt spekulativ, ob die

Deutschen nach 1945 überhaupt je Herren ihres Schicksals waren, ob die Dinge während der ersten Nachkriegsjahre hätten anders gelenkt werden können. Daß wir energisch versucht hätten, die Folgen des Kalten Krieges für unser Land abzuwehren, muß wohl bestritten werden. Statt dessen streiten wir uns mehr als ein halbes Jahrhundert nach den Ereignissen mit Inbrunst um die Gestaltung eines Mahnmals.

Die Versklavung durch Diktatur und Krieg war zwar zu Ende, aber mit der Blockade begann für den Westteil der Stadt nach einer kurzen Schonfrist im Juni 1948 bereits wieder der Ausnahmezustand. Der Lärm der amerikanischen »Rosinenbomber« unterbrach zwar jedes Gespräch, aber das Überleben der Bevölkerung war durch die Luftbrücke in ausreichendem Maß gewährleistet. Die Westalliierten blieben nicht, um die Deutschen unter Kontrolle zu halten oder sie zu »erziehen«, sie wollten sie plötzlich beschützen. West-Berlin wurde zum Vorposten der Freien Welt, zu einem Symbol, das es gegen alle Agitationen des Ostens zu verteidigen galt. Die Zuversicht der Kommunisten, daß der Zusammenbruch des kapitalistischen Systems historisch zwangsläufig sei und wohl bald erfolgen werde, schwand allmählich. Zudem unterschätzte Stalin das Engagement der Westmächte – insbesondere der USA – gerade in Berlin und für Berlin.

Es war damals und auch später viel von der Dankbarkeit der Berliner die Rede, von ihrer Begeisterung für die »Amis«. Aber viele Berliner, die die höllische Zeit durchlebt hatten, fanden nicht mehr zu ihrem alten Selbst. Es schien, als sei die innere Verbindung zwischen der Stadt und ihren Menschen geschwunden, als kämen viele nicht über die Schrecken des Kriegsendes hinweg. Ich schaute in manches leere, ausgebrannte Gesicht. Viele waren voller Entmutigung und Bedürftigkeit, aber nur die wenigsten sprachen über ausgestandene Leiden. Vergiftet wurde die Atmosphäre zusätzlich durch die erbarmungslose Jagd nach Befriedigung der primitivsten Bedürfnisse; im täglichen Kleinkrieg um Nahrung und Kohle, bei dem oft gerade die Besten versagten, wurde mancher Charakter verbogen.

Berlin – das bedeutete damals genau wie heute, mehr als zehn Jahre nach der Wiedervereinigung, zwei Städte. Im östlichen Teil herrschte und herrscht eine vollkommen andere Atmosphäre als im »freien« Berlin der Westsektoren. Die Funzeln, mit denen drüben die Straßen erleuchtet wurden, sind inzwischen zwar ersetzt, und die Auslagen in den Läden sind nicht mehr mickrig, aber dennoch ist Berlin nach wie vor eine zweigeteilte Stadt. Farben, Formen, Gerüche, Geräusche – im ununterscheidbaren Ungefähr des Ostteils wirkt noch heute vieles anders. Im übrigen ist anzunehmen, daß es in den zwanziger Jahren dort schon ganz ähnlich ausgesehen hat.

Auch wenn Fahrten in den Ostteil alles andere als vergnüglich und jedesmal mit Angst vor Schikanen verbunden waren, ließ ich mich doch immer wieder vom kulturellen Angebot »drüben« verlocken. Ich sah Lessings *Nathan der Weise* mit Eduard Winterstein am Deutschen Theater und anderntags mit Ernst Deutsch am Schillertheater: ein reizvolles, völlig unterschiedliches Nebeneinander gültiger Interpretationen. Die Städtische Oper im heutigen Theater des Westens mußte sich mit dem berühmten Staatsopern-Ensemble im Osten messen. Im Admiralspalast, dem vorläufigen Heim der Staatsoper, gaben sich große Namen am Pult wie Furtwängler oder Keilberth und auf der Bühne Sänger wie Tiana Lemnitz oder Jaro Prohaska ein Stelldichein. Ich saß in vielen Vorstellungen und knüpfte beobachtend und lernend an frühere Erfahrungen an. Dieses Hin und Her zwischen Ost und West war nur in Berlin möglich; hier wurde, bis zum Bau der Mauer 1961, trotz aller Einschränkungen und Gefahren tagtäglich gesamtdeutsch gelebt.

Was Berlin in den sagenhaften Glanzzeiten gewesen war, von denen ich hatte schwärmen hören, das schien zu Beginn des kalten Krieges noch einmal Wirklichkeit zu werden. Zur Zeit der russischen Blockade wurde die Stadt mehr als andere zerbombte Städte ihres Mutes und ihres Ausgesetztseins wegen geliebt. Bald schon hatte Berlin fast so viel Nostalgie um sich wie das alte Wien. Aber der kalte Krieg zeigte sich hier unverhüllter als anderswo, und viele Kleingläubige setzten sich ab; Industrieunternehmen verlagerten ihre Produktion, Versicherungen und Banken ihre Zentralen nach Westdeutschland. Das Geschäft ging vor. Wer sich dünne machte, mochte vom »Heimweh nach dem Kurfürstendamm« singen – man glaubte ihm nicht. Dennoch: Das Bild der Stadt saß unverrückbar auch im Gedächtnis derjenigen, die aus wohlerwogenen Gründen und nach einiger Überwindung in südlichere Gegenden zogen und dort den Erfolg suchten.

Da die östlichen Machthaber sich über den Grad ihrer Verhaßtheit keinen Illusionen hingaben, war der Druck des Ministeriums für Staatssicherheit bald noch stärker als der Zwang, den die Gestapo während der braunen Jahre ausgeübt hatte. Ein Schwippschwager von mir saß zehn Jahre wegen Spionage ein, nur weil er sich einige Male hatte im Westen blicken lassen. Während meiner ersten Besuche in Prag und Warschau spürte ich, daß das geistlose und muffige Ostberliner Regime bei intelligenteren Kommunisten sich kaum irgendwelcher Achtung erfreute.

Wenigstens hatte sich unserem Ohr durch die braune Zeit alles geklärt, was nach Willkür, Macht und Parole klang. Es verlangte uns nach Freisein. Von den eigenen Chancen ausgehend, überschritten wir in unseren Hoffnungen alle Grenzen. Berlin verlockte dazu, daß man sich in vielen Sprachen und vielen Epochen zu Hause fühlen konnte, daß man sich als Weltbewohner empfand. Die Vokabel Welt hatte das Kind nicht mitbekommen, sie hatte ursprünglich das Gegenteil von dem bezeichnet, was bekannt war, das Draußen, das Fehlende. Ich war ehrgeizig und vertraute zugleich meinen Träumen, die ich mit den Tönen und Worten anderer hinaustrompetete. Solche Naivität mochte manchem sonderbar vorkommen. Der geistige Auftrieb in Kunst, Literatur, Theater und Musik kam übrigens *vor* der Währungsreform, vor dem Wirtschaftswunder. Wohlstand setzte sich erst später an die Spitze der Wunschliste, das Reisen und Kennenlernen der Welt auch.

Wɪʀ ᴊᴜɴɢᴇɴ Mᴜsɪᴋᴇʀ, bei Kriegsende musikalisch ahnungslos, waren versessen darauf, nie Gehörtes, bisher Verbotenes endlich kennenzulernen, die ganze, inzwischen klassisch gewordene Moderne der ersten Jahrhunderthälfte zu entdecken, jene musikalische Strecke, die sich mit Riesenschritten ihrem Ende näherte, ihr Ende vielleicht sogar schon erreicht hatte. Diese Moderne war insofern schwierig zu überblicken, als ihre Entwicklung durch Naziherrschaft und Krieg schwer beeinträchtigt und verzerrt worden war. Die Folge war unstillbare Neugier auf alle Töne der eben noch Verfemten, um zu einer eigenen, angemessenen Bewertung zu gelangen.

Es herrscht in der jungen Musikergeneration von heute nicht mehr die Sehnsucht der Nachkriegszeit, das neunzehnte, das »romantische« Jahrhundert zu überwinden. Damals, als wir die Früchte der Schönberg-Schule entdeckten, sollten zwei Kleinigkeiten möglichst abgeschafft werden: Tonalität und Persönlichkeit. Heute beschränkt man sich auf den Verzicht der letzteren. Und doch beruht, was wir Musik nennen – sofern man nicht jegliche Fäden zum schubertisch-wagnerischen Zeitalter abzureißen gewillt ist –, auf der persönlichen Sprache des Musikers, das heißt, auf individueller Aussage.

Schönberg galt als Expressionist par excellence, was sei-

ne Haßliebe zu dem Malerfreund Kandinsky, der eine kurze
Zeit mit den Nazis sympathisierte, zu bestätigen scheint.
Zutreffender wäre der Name »Kompressionist« gewesen.
Er wollte »reinen Ausdruck« gewinnen – ein Begriff, der
Ideologie des Chemikers so gemäß wie der des Künstlers
fremd. Wir kennen Kompositionen von Schönberg oder
Webern, deren Ablauf eine Sache von Sekunden ist. Auch
ich habe solche im Konzert gesungen. Nach langer Ver-
tiefung mag der Analytiker des reinen Konzentrats teilhaf-
tig werden. Aber ein Großteil der Hörer fühlt sich häufig
um das Erlebnis Musik betrogen. Ich habe mich immer
darum bemüht, die »Grundgestalt« zu erkennen und wiederzugeben, aber diese sinkt, kaum exponiert, rasch in die
Rolle des »Themas«, das »verdichtet« wird.

Nun verschmähte Schönberg, um ein Thema wiederzugeben, weder die bewährten Kunstgriffe der symphonischen Anatomie, noch verbat ihm sein Gelübde gelegentlich den unmäßigen Gebrauch jener Mittel, mit denen von
je das Komponierhandwerk ein Stück Musik in Bewegung
setzt. In den meisten Fällen erwies es sich als fragwürdig,
das Urprinzip der Tonalität gänzlich zu negieren und es
durch seine Derivate ersetzen zu wollen. Zu oft verließ
seitdem die Musik ihren Boden. Musik ohne Boden aber
zerflatterte im Raum, kaum daß sie erklungen war, als ein
Nichts, das nicht die Kraft besaß, etwas zu werden – oder
sie klammerte sich doch ängstlich an die Gerüste, die nur
auf tonalem Grund errichtet werden konnten. Aber dort
war eben alles schon einmal gesagt.

Das beste Beispiel dafür bieten Schönbergs *Gurre-Lie-
der* nach Jens Peter Jacobsen. Mehrfach haben Julia und
ich daran mitgewirkt, und jedesmal war ich hin- und her-
gerissen: von Bewunderung für die raffinierte Instrumen-
tierung und Verzweiflung über die Verwendung nur weniger Themen über zwei Stunden, die allzu pseudo-kontra-
punktisch »verfeinert« dennoch an Wagners Harmonik

hängenbleiben. Kommt allerdings, wie kürzlich in Wien, ein Dirigent dazu, der kein Wort deutsch spricht, also auch kaum ermessen kann, welche Dynamik dem jeweiligen Text zuzuschreiben ist, dann ist das Resultat eine durchgehende Diskrepanz zu den – immerhin Lieder singenden – Solisten. Ich habe mich in diesem Werk immer bemüht, als »Sprecher« die von Schönberg ausdrücklich genau notierten Tonhöhen wiederzugeben, da sie thematische Bezüge aufweisen und nicht einfach durch naturalistisch ungefähre Sprechtöne ersetzt werden dürfen. Die Wirkung des kurzen Sprach-Intermezzos gegen Ende des Werkes erhöht sich dadurch auf frappierende Weise.

Alle Probleme der Deklamation zu mächtig aufbrausendem Orchesterklang kehren bei Schönbergs *Ein Überlebender aus Warschau* wieder. Hier kommt jedoch die wesentlich simplere Textvorlage, auch die weitgehend mißlungene Komposition dem Sprecher nicht zu Hilfe, um das jüdische Trauma nach dem Unaussprechlichen wirklich nachlebbar zu machen. In beiden Fällen, in denen ich dieses Opus zu interpretieren versuchte, waren es profilierte jüdische Musiker, Gary Bertini und Daniel Barenboim, die mich darum baten, und es hieß, sich ihrem Wunsche willig zu beugen.

Welcher Generation gehörte ich an? Meine eigene war für die Legende von der »einstigen Größe« von Sängern wie Rudolf Bockelmann oder Franz Völker vorläufig jedenfalls nicht prädestiniert, der Mythos versagte an ihr. Zwar hatten wir Ungemach erduldet, aber keine Folter, wir kannten die Ängste, aber kein Exil. Und wir hatten unsere Stimme in den Kriegswirren nicht verloren. Das Leben meiner Generation bis 1945 bedeutete eher Reibung nach innen, kaum geäußerte Zweifel. In der bis dahin erfahrenen Welt, nicht zuletzt aus dem Kriegsgeschehen, erwuchs die Erkenntnis, daß allein die Kunst ein Überleben, ein Übersteigen des nackten Entsetzens und des

Verfalls sichern konnte – wenn überhaupt. Am Ende hatten wir es dann leichter als die Älteren, denn wir durften in einem fünfzigjährigen Frieden unsere Lebensvorstellungen entwickeln und wenigstens zum Teil realisieren, nicht zuletzt auch in Kunst und Literatur. Es klingt vielleicht anmaßend, aber nie zuvor in der deutschen Geschichte hat eine so junge Generation kulturelle Maßstäbe setzen können – im Guten wie im Schlechten.

Die Folge ist leider auch ein Übermaß an Kultur, oder besser gesagt, an dem, was wir heute Kultur nennen. Viele haben von dieser Droge noch immer nicht genug; sie macht offenbar süchtig. Der Kulturzirkus, die zahllosen Festivals, die »events«, die pilzartig sich vermehrenden Wettbewerbe, alles ist Substitut für eine Substanz, die wir gläubig Kultur nennen und mit Hilfe einer eigenen »Kulturpolitik« immer neu zu definieren suchen. Wir sollten diesen Betrieb öfters in Frage stellen, denn die übersteigerte Idee von der Kunst gefährdet auf Dauer alles Lebendige.

Der Paradigmenwechsel fand Ende der sechziger Jahre statt. Als ich 1968 in die Bayerische Akademie der Schönen Künste berufen wurde, war auch diese ehrwürdige Institution von geistigen, moralischen und politischen Turbulenzen betroffen, die sich damals über die ganze Welt verbreiteten und meist als Folgen des Aufstands der studentischen Jugend bezeichnet werden. Diese radikale, utopische Jugendbewegung hat meinem Freund Heinz Friedrich, der mit mir in der Akademie saß, ebenso wie mir selbst immer wieder Rätsel aufgegeben; die »Revolte« versetzte uns in einen Zustand der Ratlosigkeit. Die Welt schien auf den Kopf gestellt: in Prag und anderen Orten der östlichen Hemisphäre demonstrierte man gegen den etablierten Sozialismus und für mehr Demokratie, in der westlichen Welthälfte ging man im Namen des »Sozialismus« gegen die etablierte Demokratie an.

DEN NACHGEBORENEN ist kaum mehr zu vermitteln, welch eigenartige Mischung von Pathos und radikaler Nüchternheit, von Verzweiflung und Aufbruchsstimmung, von Kasteiung und Selbstbewußtsein, von Entlarvung und Illusion die Töne der Geschlagenen zwischen 1945 und 1949 beseelte. Zwar war die Zeit chaotisch, aber ich, der ich in ihr lebte, wollte das Chaos überwinden, und meine Grundstimmung war eine wahrhaft optimistische. Trotz innerer Wunden und seelischer Katastrophen, trotz der Trauer um Dahingegangene: Uns prägte die Hoffnung.

Es war wichtig, gleich nach dem Wiederanfang in die wenigen Häuser eingeladen zu sein, deren Villenglanz alle Unbill überstanden hatte und in denen nunmehr gastfreundliche Besatzungsoffiziere untergekommen waren. Musikalische Abende, zu denen mich mein Lehrer mitnahm, veranstaltete unter anderen das Ehepaar Foggan im britischen Sektor. Ich ging ungern, denn ich fand das Treiben auf solchen Gesellschaften schon damals deprimierend. Die etwa sechzig Gäste waren auf verschiedene altmodische, schwach beleuchtete Salons verteilt; in einem traten die Solisten auf, und auch ich wurde einmal dazu kommandiert zu singen. Rasch war festzustellen, daß die erfahreneren Besucher strategisch günstige Positionen einnahmen, einerseits weit genug entfernt von der Musik, um unbeobachtet einschlafen zu können, andererseits nahe genug am Büffet, das mit dem letzten Takt der letzten Programmnummer eröffnet wurde.

Der Sturm aufs Büffet erinnerte an Ausschreitungen rund um die Küche in den Gefangenenlagern. Die Gäste schienen ihrem Ärger Luft machen zu wollen, wegen der Musik so lange gehungert zu haben. Innerhalb weniger Minuten war alles bis aufs letzte Krümelchen verputzt. Mr. Foggan und seine Frau, eine dilettierende Schülerin meines Lehrers, standen resigniert und ein wenig traurig am Ausgang. Offenbar kannten sie diesen Ablauf nur zu gut und waren darauf vorbereitet, mit einem flüchtigen »Gute Nacht« aus den noch kauenden Mündern verabschiedet zu werden.

Sehr anders muteten die Hauskonzerte bei der unweit von uns in der Lindenallee behausten Karla Höcker an. Mit der musikbesessenen Schriftstellerin war ich mir in der Verehrung Furtwänglers bei dessen Proben im Dahlemer Gemeindehaus schnell einig. Bei ihr versammelte sich eine kleine sachkundige Hörerschar; später tauschten wir uns in manchen Gesprächen über die Neue Musik aus und sprachen über unsere beiderseitigen Buchvorhaben. Karla Höcker blieb uns bis zu ihrem Tode freundschaftlich verbunden.

Auch in späteren Jahren gab es Hauskonzerte, bei denen ich mitzuwirken hatte, oft eingestreut auf Konzertreisen, wo irgendein Kaufmann von größeren geldgeberischen Qualitäten, dem die Förderung zeitgenössischer Kunst als schick galt, in eine Luxusvilla einlud. Die ehrgeizige feine Gästeschar folgte dem charakteristischen Zug der Zeit, ohne wirklich an künstlerischen Darbietungen interessiert zu sein. In meiner Erinnerung machte sich der Hausherr meist überhaupt nicht, die Hausfrau dagegen um so deutlicher bemerkbar. Ich schwankte zwischen Bewunderung und Minderwertigkeitsgefühlen, nutzte aber die Gelegenheit, Werke zu singen, auch einige Werke ehemaliger Studienkollegen, die in Konzertprogrammen unmöglich unterzubringen waren.

Die Teilnahme an gesellschaftlichen Festivitäten machte es notwendig, sich von Zeit zu Zeit einen neuen Anzug anpassen zu lassen. Das ist etwas Seltsames. Männer sind nie so komisch, als wenn sie für den Schneider vor dem Spiegel stehen; was an kokettem Magdtum im Manne steckt, kommt sprühend ans unbarmherzige Licht. Schön sind wir ja nicht, aber nachdenklich, während der schmächtig-dünne Schneider herumhüpft mit einer Menge

Stecknadeln im Mund – und manchmal einem scheuß-
lichen Schnupfen, den er mir sicherlich überlassen wird.

Während Herr Broeskamp sein Maßband um mich
schlang, an mir herumzupfte, auch da, wo es gar nicht
nötig zu sein schien, sah ich mich nach langer Zeit wieder
einmal im Profil. Das Profil, sagt der Weise, ist am auf-
schlußreichsten. Und mit so einem Profil laufe ich also
nichtsahnend wie selbstverständlich herum. Sehr unvor-
sichtig. Gerade piekt mich der Schneider in die Haut:
»Oh«, sagt er – das sagt er immer so. Bei der nächsten
Anprobe legt er mir Zeuglappen um, die eine ganz andere
Wirkung erzeugen, als ich es bei der Bestellung gehofft
hatte. Nichts mehr von den feinen Modeschnitten, auf
denen schlanke, elegante Herren vor Bäumen im Hintergrund promenieren, die leicht übergebügelt erscheinen.
Jetzt steht ein breiter, großer Kerl mit Stupsnase vorm
Spiegel.

Was den neuen Anzug betrifft, gibt es zwei Arten von
Menschen. Ich gehöre zu der anderen. Die einen meinen,
nun käme das große Glück, und sie sehen verächtlich auf
ihren alten Anzug herunter, ersehnen gierig den neuen. Ich
umfasse den trauten, alten mit zärtlichen Blicken – der
sitzt Gott sei Dank. Was wird mit dem neuen werden?
Kaum bin ich das erste Mal darin unterwegs, stopfe ich
etwas in die Brust- oder Hosentasche, zum Beispiel ein
Portemonnaie (es könnte ja sein, daß ich es einmal nicht
vergesse), noch einen Schlüsselbund in die rechte Jacken-
tasche, und schon sehe ich aus wie ein Filmboß, als er noch
nicht arriviert war. Zwar soll man einem neuen Anzug
seine Neuheit nicht ansehen, meiner aber sieht schon nach
dem ersten Abend so aus, als sei ich in ihm zur Welt
gekommen. Das ist nun angesichts der kulturpolitischen
und wirtschaftskulturellen Weltprobleme Ihre Einstellung,
Herr Kammersänger? – Ja, denken Sie mal!

Grosses und weltweites Interesse für die Zweite Wiener Schule, verspätet und deshalb um so eindrücklicher, drängte die Bedeutung mancher in diesen Jahren auf dem Höhepunkt ihres Schaffens stehender Komponisten zurück. Es schien verwunderlich, daß eine verstorbene Generation wie die der Wiener Schule für fortschrittlicher angesehen wurde als die ihr folgende jüngere. Unter den jungen Komponisten wurde die tonsetzerische Neuerung des seriellen Systems bald (zu ihrem Heil?) zur wichtigsten Wertkategorie. Es war wohl unausgesprochen allen klar: Mit der Nichttonalität, mit der Aufgabe harmonikaler Bezüge war eine sechshundertjährige Musikkultur an ihr selbstgewähltes Ende gelangt. Alle verzweifelten Wiederbelebungsversuche sind bisher gescheitert. Obgleich die Neue Musik aus den Kinderschuhen bald heraus war, manövrierte sie sich hierzulande flugs in neue Isolation. Sie fand nur selten den Weg in die Konzertsäle und verschwand im Verbannungsbereich von Nachtprogrammen oder Sonderreihen; die braven Hörer rührten pflichtbewußt die Hände, wenngleich sie so gut wie nichts verstanden. Durch die zeitliche Entfernung wurde später ein klareres Hören begünstigt, das die vorübergehend beiseite Gedrängten wieder in ihre Rechte einsetzte. Hoffentlich habe ich mein Teil dazu beigetragen. Berlin, so müssen wir gerechterweise konstatieren, tat dafür über die angestammten Turnierplätze Donaueschingen oder Darmstadt hinaus immer das Seinige, auf beiden Seiten der Mauer.

Hier konnte man die »Klassiker der Moderne« schon bald nach dem Krieg kennenlernen, vorgetragen von einsatzfreudigen Musikern wie Hans Erich Riebensahm oder Hans Rosbaud. Konzerte erklangen überall dort, wo von geeigneten Räumen etwas übriggeblieben war, in Gemeindehäusern, Kinosälen, verstümmelten Kirchen. Manchmal, beispielsweise am Hohenzollerndamm, rannen zarte Tropfen aus dem Dach. Weil ich's nicht besser wußte, hielt ich den Titania-Palast in Steglitz, ein Kino aus den zwanziger Jahren, für ein märchenhaftes Domizil. Es erfüllten sich für mich Träume in diesem Raum mit seiner angenehmen Akustik, und so machte es mir nichts aus, daß ein Miederfabrikant die Direktion innehatte.

Auch mein Debüt-Liederabend mit Schuberts *Schöner Müllerin* 1949, bei dem mich die gehörbehinderte, dennoch stets krisensichere Hertha Klust makellos begleitete, fand hier statt; ohne jede Ankündigung, per Flüster-propaganda, waren die zweitausend Plätze im Nu ausverkauft. Das Publikum hatte nach all den Schrecken noch nicht zu buhen oder zu jubeln gelernt, so wie es heute üblich ist, oder lautstark Bravo zu rufen. Nein, es hustete die halbe Musik zu Tode. Aber es stand Schlange nach Karten und ließ seine Lieblinge noch lange nicht nach Hause, wenn die Vortragsfolge längst vorüber war.

NACH BERLIN kamen die alten Könner, und junge Lernende hatten es nicht weit zu ihnen. Ich machte die Beobachtung, daß »Verstehen« keinesfalls zu reduzieren ist auf den momentanen Akt der Darbietung, auf den Augenblick transitorischer Wahrnehmung im Theater. Es umfaßt viel mehr Vor-Wissen, Traditions-Erfahrung, Vorbereitung und Nach-Denken in einem, eine qualifizierte Einstellung. Und bis dahin ist ein weiter Weg zurückzulegen. Denn wirkliches Verständnis über die Augenblicks-erfahrung hinaus wird in der begrenzten Zeit einer Theateraufführung kaum zu leisten sein.

Berlin ermöglichte die Begegnung mit einigen der bedeutendsten Musiker der Vorkriegszeit. »Institutionen« von einst kehrten heim. Furtwängler war wieder da, wenn auch nur mehr für kurze Zeit. Vehement begeisterten sich die Berliner an den magischen Werkbeschwörungen des Jupiters unter dem Dirigenten, der eine bis dahin unerhörte Stringenz symphonischen Stromes beschwor und damit totale Transformation der Musiker und des Publikums bewirkte. Ganz anders der 1951 aus Stockholm zurückgekehrte, quicklebendige Greis Leo Blech. Die Stimme, mit der er mich in einem nächtlichen Telefonat überredete, Liszts *Heilige Elisabeth* in der Oper zu singen, höre ich noch heute. Bei diesem Oratorium, dessen Bühnenaufführung sich Liszt ausdrücklich verbeten hatte, büßte ich übrigens viele Illusionen bezüglich des Komponisten ein.

Adolf Busch und Yehudi Menuhin durchstanden die psychische Belastung eines ersten Wiederauftretens in Berlin auf Einladung der Philharmoniker. Als ich einige Jahre später, nach ausgiebigen, ermüdenden Vorverhandlungen, endlich in die Lage kam, als erster deutscher Solist deutsche Lieder in deutscher Sprache in Tel Aviv zu singen, befand ich mich wohl in einer vergleichbar angespannten Situation.

So mancher jüdische Künstler zog es verständlicherweise vor, nicht wieder in Deutschland aufzutreten. Als ich 1966 in Holland gastierte, besuchte ich einen Klavierabend von Arthur Rubinstein in Scheveningen, der ein freundschaftliches Winken über die Grenze hinüber sein wollte, denn es fiel dem Pianisten schwer, das Konzertieren in Deutschland aufzugeben. Sogleich meldeten sich empörte Stimmen in der deutschen Presse, die den kleinen Schritt der Überwindung von ihm forderten, auch hierzulande sein phänomenales Spiel hören zu lassen.

Ich setzte mich hin und schrieb einen offenen Brief, in dem von Trauerarbeit und dem Respekt vor Rubinsteins Familie die Rede war. Daraufhin schrieb mir Rubinstein, wie schön es für ihn gewesen wäre, sich wieder vor dem deutschen Publikum hören zu lassen, und daß er mir dankbar für mein Verständnis sei. Er saß oft in meinen Konzerten, vor allem in Luzern, wo er sich sommers gern am Vierwaldstädter See aufhielt.

1957 kam Paul Hindemith nach Berlin. Ein Jahrzehnt zuvor hatte ich ihn zusammen mit seiner Frau aus sicherem Abstand in einem Frankfurter Hotel gegenüber dem Bahnhof gesehen, mich aber nicht getraut, ihn anzusprechen. Später war ich oft in Frankfurt, das aus unerfindlichen Gründen immer eine starke Anziehungskraft auf mich ausübte. Dort aufzutreten, sowohl in dem akustisch wohlgelungenen kleinen Saal der wiedererstandenen Alten Oper, in dem ich ganze Liederabendserien gab, als auch in dem schönen großen Saal des neuen Hauses, empfand ich immer als eine besondere Herausforderung. – Hindemith dirigierte im Berliner Hochschulsaal sein Requiem »für die, die wir lieben« (in eigener Übertragung aus dem Amerikanischen des Walt Whitman) und brachte mit seinen raschen Temponahmen die Berliner Philharmoniker immer wieder aus der Fassung.

Zu wichtigen Premieren erschienen schon 1949 Repräsentanten aus Westdeutschland in Berlin, um die Zugehörigkeit der »Insel« zur Bundesrepublik zu bekräftigen. Nach dem Schock der Blockade zeigten sich die West-Berliner empfänglich für solche Demonstrationen der Zusammengehörigkeit. Nach einem denkwürdigen *Fidelio*-Abend mit der großartigen Christel Goltz unter Ferenc Fricsay durfte das gesamte Opernensemble die Hand des Bundespräsidenten Theodor Heuss schütteln.

MEHR ALS 35 JAHRE LANG war es mir möglich, mich auf der Opernbühne wohlzufühlen, als Teil eines Teams, das vor allem in der Zusammenarbeit zwischen Regisseur und Dirigent allseits zufriedenstellende Resultate zeitigte. Anfangs hatte ich mich mit Bewährtem auseinanderzusetzen, nachdem mich Heinz Tietjen, der berüchtigte, aber auch tüchtige Bühnenherrscher aus der braunen Zeit, ins Auge gefaßt und gefördert hatte. Nach nur kurzer Acht wieder in die vollen Rechte eines Intendanzmächtigen erhoben, hatte er mich verpflichtet und versprach sich einen zündenden Erfolg von der Leistung des Neulings.

An der Stelle, an der sich heute die Deutsche Oper erhebt, klaffte die Ruine des alten, von Goebbels vereinnahmten Deutschen Opernhauses. Der Intendanztrakt daneben war in all seiner Häßlichkeit erhalten geblieben. So wie die Hausfrauen Berlins in der Blockadezeit nur für zwei Stunden am Tage Strom hatten, so gab es hier weder Aufzug noch Heizung, so daß manche Korrepetitoren bibbernd mit zwei Anzügen übereinander ihren Dienst versahen. Hier regierte Tietjen.

Mit *Don Carlos* unter Ferenc Fricsay, dem eben engagierten musikalischen Chef der Städtischen Oper, ging es 1949 mit Frische und Begeisterung los; danach sang ich in *Fidelio, Bohème, Freischütz* und *Margarethe* – alles kaum mehr als vielversprechende Anfänge für mich, die es auszubauen und zu erweitern galt. Immerhin: Fricsays durchhörte Orchesterbehandlung bei Beethoven machte Sensation, und Christel Goltz, aus Dresden herübergekommen, glänzte als Leonore.

Fricsay gehörte zu denen, die den Jahrmarkt der Eitelkeiten ignorieren dürfen. Weltgefühl und schöpferische Kraft paarten sich in ihm zu moralischer Einheit. Und er konnte in seinen Konzerten wirksam werden lassen, was alle große Kunst ausmacht: die Aufhebung der Isolation – so wie auch jedes Gespräch mit ihm eine Gemeinsamkeit hervorzauberte.

Der Schatten des Todes lag lange auf ihm und ließ einen manchmal frösteln, obwohl sich Fricsay unglaublich beherrschte. Alle Kraft schien sich in seine nahezu körperlosen Hände zu retten, die alles, was sie berührten, größer, reiner und reicher machten. Er dürstete nach Erkenntnis, es hatte noch lange nicht ausgeklungen in ihm. Auch war er von Dank an das Leben und an seine Freunde erfüllt,

einem Dank, den er aussprechen und ausleben konnte wie
wenige. Wurde er zornig, dann übertrieb er gern. Um so
mehr stützten ihn nach den Operationen, in der Rekon-
valeszenz, die keine war, Worte der Hoffnung und Zustimmung. Und sein Abschiedswort »bald irgendwo« klingt
mir immer noch nach. Eine Tournee wollten wir zusammen machen. Salzburg 1963 nahm er sich noch vor – und
durfte es nicht mehr erleben.

Als es Ferenc Fricsay 1952 wagte, mit Strawinskys *Oedipus Rex* vor das Berliner Publikum zu treten, regten sich
viele über die Premiere auf. Ich nahm nur an den ersten
Proben teil und schied aus Krankheitsgründen später aus
dem Ensemble aus. Aber in *Oedipus Rex* geht es um die
Problematik von Kunstformen generell, um das Schicksal
von Musik überhaupt, und so traf und bewegte mich dieses
Werk immer wieder auf meinem Weg.

Oedipus Rex gleicht einer Sphinx. Da wird vom Komponisten eine Oper geschrieben, die eingestandenermaßen
keine ist, sondern ein auf der Opernbühne aufzuführen-
des Oratorium. Den Text zu diesem Sagenstoff ließ Strawinsky in einer mausetoten Sprache schreiben, der lateini-
schen. Damit der Zuschauer ohne humanistische Bildung
auf dem laufenden gehalten wird, fügte er einen Sprecher
ein, der wenigstens sporadisch mitteilt, um was es sich
handelt. Dramatische Bewegung ist glücklicherweise ver-
pönt. Die Musik geht in schwerem, doch nicht prächtigem
Gewand einher, lockert sich selten zur dämonischen Unruhe des frühen Strawinsky auf, prätendiert eher masken-
hafte Starrheit und edle Größe.

Fragend blickte diese Sphinx auf das Parkett von Kauf-
leuten, Beamten und Industriellen, von denen sich viele nie
den Kopf ob ihres Rätsels zerbrochen hatten. Taten sie es,
so mußten sie erkennen, daß man sich dem Ungeheuer
irgendwie bewaffnet nähern mußte, nicht arglos als ein
Mensch, der sich hinsetzt und sich hingerissen der Gewalt

der Musik ergibt. Als ein mit Schlagworten und Kenntnissen bewehrtes Individuum sollte man auf alle Fragen
eine gescheite Antwort wissen. Der kundige Sprecher
äußert sich in Cocteaus Worten zunächst ob der Stoffwahl.
Feindschaft gegen alles Subjektivistische, Psychologische.
Lapidarstil. Epische Oper. Aber dieser Stoff konnte selbst
in dem zum Klassizismus neigenden Frankreich, in dem
Strawinsky lebte, nicht allgemeingültig sein. Seine tragische Symbolik ist nur noch für die Betrachtung mit einem
psychoanalytischen Teleskop vorhanden.

Bei der Musik dachte ich zunächst: Wie finden wir den
Weg zurück zum 18. Jahrhundert und zu Bach, ohne unsere
revolutionären Errungenschaften aufzugeben? In dieser
Oper des ursprünglich revolutionären Komponisten gibt
es Stellen, deren Bedeutung unmittelbar von Bach geborgt
erscheint, aber in einem Tonstoff, der sich dieser Bedeutung widersetzt. Am Ende des ersten Teils gibt es sogar ein
Gloria, das wie die verunglückte Imitation eines Bach-
schen Satzes anmutet. Andere Strecken führen zu arien-
haften Gebilden, die aus neuitalienischen Opern entnom-
men sein könnten, wären sie nicht durch bizarr gebrochene Harmonik verändert. Daneben gibt es die unverkenn-
bare Handschrift, die den Russen Strawinsky einst mit
Grund weltberühmt machte.

Oedipus Rex war der Versuch, der sich auf einer Linie
mit dem Bestreben einer ganzen europäischen Musikergeneration befand, das Heute und womöglich das Morgen
mit dem Gestern zu vereinen. Strawinsky verirrte sich – so
meine ich – in den Unbilden und Gefahren der Weltbe-
rühmtheit, im Intellektualismus europäischer Musiktheo-
rien. Als er, schon krank und alt, in die Lindenallee kam,
mühsam die sieben Stufen zum Eingang abzählend, war
seine Musik blasser und dünner geworden – bis hin zu
jenem atonalen Substrat *Abram und Isaac*, das ich damals
aufführte, sozusagen unter seiner Aufsicht und dem immer

wieder erhobenen Zeigefinger »sehr wichtig«. Strawinsky: ein Beitrag zur Krisis des schöpferischen Menschen in unserer Zeit.

DIE STÄDTISCHE OPER, aus der dann die Deutsche Oper in der Bismarckstraße wurde – damals noch im Theater des Westens beheimatet –, legte den Grund für Rollen-Auffassungen, die sich für mich später in aller Welt bewähren sollten. Es lohnte sich, die eigene, fiebernd wache Spannung lebendig zu erhalten und für neuen Lernstoff bereit zu sein. Erst eine Aufführungspraxis, die sich auf Bewährtes stützt, kann es sich allemal leisten, zu revolutionieren.

Viel weiß ich nicht mehr von der schwachen Anfängerleistung des Marchese di Posa in *Don Carlos*, die Heinz Tietjen mit dem Bemerken abqualifizierte, noch hätte ich es ja mit der Stimme »gemacht«. Gerade das scheint mir beim Anhören des Bandes zu fehlen! Eines aber ist mir jetzt noch im Bewußtsein: das Gefühl der Freiheit, das mich erfüllte, während das Publikum dazu schweigen mußte, der konzentrierte Kontakt, der mich belohnte, mehr als der folgende Applaus. Ich sehe mich noch durch lange, schmale Gänge laufen, in winzige, vollgestopfte Garderobenräume mich zwängen. Alte Möbel und Kulissen sandten ihre Gerüche aus; vertraute, vielgetragene Kostüme warteten frischgebügelt auf mich. Mit jedem Auftritt tauchte ich in ein Leben ein, das schon meines war, als noch kaum jemand etwas von mir als Person wußte. Mit dem Ende der Vorstellung war es mit der Hochform vorbei, Beifall und Ovationen blieben im Theater zurück – auf den Zuschauersitzen und auf der Bühne. Wie durch ein Zauberwort sind Publikum und Darsteller nach dem Verklingen der letzten Töne plötzlich auf der Hut voreinander.

Unter den Erfahrungen, die ich in den fünfziger Jahren

auf der Berliner Opernbühne sammeln durfte, zählen
einige besonders. 1954 saßen der Generalmusikdirektor
Richard Kraus, Sohn eines von meiner singfreudigen Mutter angehimmelten Heldentenors der Jahrhundertwende,
und der Oberspielleiter aus Tietjens Staatsoperntagen,
Wolf Völker, in unserem Wintergarten und redeten auf
mich ein. Sie wollten das einst in Dresden am Himmel-
fahrtstag meines Geburtsjahres in der Magie des Klanges
von Ferruccio Busoni wiederbelebte Puppenspiel vom
Doktor Faust mit mir in der Hauptrolle besetzen. Und ich
sträubte mich: zu viel Heldenbariton, der Sänger der
Uraufführung Robert Burg sei doch dunkler timbriert
gewesen – auch müsse ich schließlich erst einmal alle wich-
tigeren Hauptpartien meines Fachs studiert haben. Der
Magier Busoni, so verrieten sie mir, sei ein sublimer Geist,
der mir viel zu bieten habe.

Zwischen Kriegsausbruch 1914, Emigration nach Zürich
und mehreren Ozeanfahrten hatte er wie im Fieber in
wenigen Jahren die Dichtung entworfen, bewußt von der
mittelalterlichen Vorlage abweichend – »ins Altgewebte
flocht ich neue Maschen« –, zumal beim Tode Fausts:
Busonis Faust wird weder verdammt noch erlöst; nach seinem physischen Erlöschen wirkt sein Wille noch fort.
Sieben Jahre musikalischen Ausreifens folgten, in denen
Busoni, frühere Motive weiterspinnend, von Bach und
Berlioz befruchtet, sich so in seine Partitur vergrub, daß er
zudringliche Frager, die sich nach dem Stand der Arbeit er-
kundigten, mit einem »Wie geht es Ihnen?« abzuspeisen
pflegte.

Busonis letztes, von seinem Schüler Philipp Jarnach
geschickt, nur etwas unmetaphysisch opernreal ergänztes
Bühnenwerk geht neue Wege. Kürzlich legte mir Anthony
Beaumont eine Rekonstruktion noch vorhandener Skiz-
zen für eine eigene Fassung vor, die mir wiederum etwas
dünnblütig erschien. Die äußere Struktur des Werkes: Auf

eine suggestive Einleitung – Ostervesper und Frühlings-
keimen – und einen geistvollen Prolog folgen zwei Vor-
spiele in Fausts Studierraum, deren Wucht ich immer gern
erlag. Dann beginnt erst das Hauptspiel, und da wird mit
einem etwas durchhängenden Faden gesponnen, wenn sich
auch dem Regisseur vieles an Effekten bietet.

So traten mit mir, dem durch Mephisto (sehr eindrucksvoll: Helmuth Melchert) verjüngten Zauberer, Scharen von
Buben auf, die, unter meinen gewaltigen Mantel geduckt,
darauf warteten, sich als Dämonen unter die Choristen-
Zuschauer zu zerstreuen. Für alle Faust-Naturen muß die
Aufführung von Busonis Werk ein ergreifendes Erlebnis
gewesen sein, zumal am Pult ein Spezialist für Problem-
Opern, Richard Kraus, physisch an seine Grenzen gehend,
das Orchester zur Höchstleistung befeuerte.

Einige Jahre später sang ich die Partie in einer konzertanten Aufführung unter dem mir freundschaftlich zuge-
neigten, um viele Jahre älteren Ferdinand Leitner. Ob und
wie das Werk auf dem Konzertpodium zu machen sei,
erschien Leitner zunächst unklar. Großzügig besprach er
die notwendigen Kürzungen mit mir, korrigierte eigene
Vorstellungen und ging auf meine Anregungen ein – ganz
so wie der väterliche Sir Adrian Boult zuvor in London.
Ruhig und überlegen bewältigte Leitner die oft kompli-
zierten Klänge der so ungleichen Partitur.

Noch ein weiteres Mal stand unser Zusammenwirken im
Zeichen Busonis: bei der Uraufführung einer originalen
Orchestrierung von vier seiner Goethe-Lieder. Leitner war
zu dieser Zeit noch Chef der Stuttgarter Oper, und trotz
einiger Tücken der zur Dicke neigenden Instrumentali-
sierung konnten wir diesen Kompositionen zu Leben und
gutem Erfolg verhelfen. Später habe ich die Lieder in dieser Form nur noch ein einziges Mal mit Zubin Mehta in
Berlin gesungen. Zu der von Leitner und Hilde Schoeck
angeregten Aufführung des Orchesterlieder-Zyklus *Leben-*

dig begraben von Othmar Schoeck, ähnlich anspruchsvoll in der klanglichen Ausbalancierung wie die Goethe-Lieder, ist es aufgrund von Leitners Tod nicht mehr gekommen. Mit Erich Schmid und Fritz Rieger durfte ich dieses noch mit dem begeisterten Komponisten einstudierte Werk samt all seinen Schwierigkeiten bewältigen.

Neben den leicht zu erkennenden tonsetzerischen Schwächen des *Dr. Faust* störte mich, daß Busoni sich allzu streng an seine eigene Theorie der Oper hielt. Nichts habe die Oper mit Psychologie zu tun, meinte er und führte aus, daß diese Haltung im Widerspruch zu Wagners Lehren stehe. Die Oper dürfe sich nicht mit besonderen, »interessanten« Einzelfällen beschäftigen, sie ziele vielmehr auf typische, universelle, allgemein menschliche Erfahrungsbereiche. Die zum erstenmal in einer Oper auftretende Person müsse sogleich als König, Bettler oder Bösewicht zu erkennen sein und dürfe ihr Gesicht während des ganzen Abends nicht ändern.

Dieses Konzept stand in diametralem Gegensatz zu den Auffassungen des Intendanten Carl Ebert, der bald vor jeder Probe sein toi-toi-toi auf den Berliner Bühnenboden klopfte; er bestand sehr wohl auf der Gesichtsveränderung und -entwicklung seiner Protagonisten. Besonders gern erinnere ich mich an die Proben zu *Falstaff*, in denen der elegante, alte Herr es unternahm, mich in Verdis wie Shakespeares Figur einzuführen. Nirgends vielleicht spiegelt sich das vielseitige Genie des Briten mit solcher Mannigfaltigkeit wie im Falstaff, dessen Laster, eines mit dem andern verbunden, eine ergötzlich häßliche Kette bilden, einem antiken Bacchanal vergleichbar. Falstaffs Hauptcharakterzug, in der Oper durch Boito noch deutlicher herausgearbeitet, ist die Wollust. In seiner Jugend war wohl hauptsächlich billige, derbe Buhlerei seine Beschäftigung; nun ist er über fünfzig, dick und geschwächt. Die Völlerei und der Wein haben über Venus die Oberhand gewonnen. Überdies ist Falstaff ein Feigling. Da er aber sein Leben mit jungen Mutwilligen verbracht hat und fortwährend ihren Spöttereien und Streichen ausgesetzt war, verbirgt er seine Feigheit unter ausweichender, wiewohl witziger Frechheit, prahlerisch aus Gewohnheit und aus Berechnung. Falstaff ist kein Dümmling. Im Gegenteil, manche seiner Gewohnheiten lassen erkennen, daß er nicht selten gute Gesellschaft gesehen hat. Lebensmaximen hat er gar keine. Er ist schwach und braucht starken spanischen Wein, ein fettes Mittagessen und Geld für seine Geliebten; um es aufzutreiben, ist er zu allem bereit, nur nicht dazu, sich offenkundiger Gefahr auszusetzen.

Verdis begnadete, von Boitos Sprachkünsten gestützte Deklamation ließ mich leicht in die zunächst so fern erscheinende Figur hineinschlüpfen, besonders nach dem Einstudieren des originalen Italienisch für eine Aufführung in Tokio unter Lorin Maazel. Daß Lucchino Visconti nach anfänglichem Zweifel 1966 in der Wiener Staatsoper mit mir in dieser Rolle etwas anfangen konnte, gehört zu den Freuden meines Lebens.

Immer von neuem, wenn ich den Verdischen Falstaff sang – erst in der Oper die profilierte Figur, die uns einleuchtet –, hatte ich zu staunen, wie »Il vecchio« hier seine sonst gewohnten höchsten Sphären dramatischen Gesangs meidet. Wahrhaft abgründiger Schmelz sickert bei seinen anderen Werken in die Partitur, wenn es ans endgültige Abschiednehmen geht, wenn Schwindsucht die Sopranistin einholt oder ein Duell den Tenor. Denn Oper bedeutet die Kunst des schönen Sterbens, des grandiosen Verzichts – Elemente, die ich schon in Kinderspielen bevorzugte. Wo das wahre Leben weint und seufzt, da heizt uns, auch wenn sie sich »veristisch« gibt, die Gefühlsmaschinerie des betörenden Bühnengesangs dennoch dröhnend ein. Nichts ist gegen die – häufig zwischen drei und fünf Minuten dauernden – Ohrwürmer zu sagen, bei denen sich jeder über den Fortgang der Handlung im klaren ist: Es kann einfach nicht gut enden! Wer ein solches Stück, etwa *Suicidio* aus *La Gioconda* von Ponchielli, vielleicht von Julia Varady gesungen, einmal hörte, kann danach süchtig werden.

Wie anders dagegen dies Ineinandergreifen, diese Stringenz in Verdis Spätwerk, wo sich alles dem dramatischen Fluß unterzuordnen liebt und sich die Individualitäten auf der Bühne klar abzeichnen. Das hat der Alte aus Sant' Agata von dem Bayreuther gelernt, und er wußte es in die Kehlen heimatlicher Sänger zu verpflanzen. Es wurde eine nationale Kunst daraus, ein der ganzen Welt begreifliches, nachvollziehbares *Italianicum*.

Im neuen, durch seine Nüchternheit mir nie ganz – auch in unzähligen Liederabenden nicht – zur vertrauten Heimat gewordenen Haus der Deutschen Oper galt es den Doktor Schön in Bergs *Lulu* unter dem diesmal erstaunlich duldsamen Karl Böhm zu bewältigen. Gustav Rudolf Sellner führte Regie. Meist macht es sich der Regisseur zur Pflicht, auch das Stummste eines Stückes laut zu machen und sein Innerstes wie aus einem alten Rock nach außen zu wenden. Nicht so Sellner. Auch in Alban Bergs Opernfragmenten nach *Büchse der Pandora* und *Erdgeist* strich er nichts mit grellen Farben an, sondern ließ einen Stummfilm mit prächtiger Musik an uns vorbeiziehen, in schwarzweiß. Er hat versucht, die Menschen Menschen sein zu lassen. Heute ist Frank Wedekind wieder da, wo er zu Lebzeiten lange genug gewesen ist, in der Hand kalauernder Regisseure, die seine groben Briefe jetzt allerdings nicht mehr zu fürchten brauchen. Man kommt aus einem Stück von Wedekind, wenn es etwa Peter Zadek inszeniert, wie aus einem Varieté.

Sellner kam vom Schauspiel, ganz wie sein Vorgänger Carl Ebert. Es ging beiden darum, das »andere Ufer des Theaterstroms« (Sellner) zu erkunden. Bei einem freundlichen Besuch in der Lindenallee sprach er von seiner naturgegebenen Liebe zum musikalischen Theater, wie er es in seiner Jugend in München intensiv erlebt hatte und wie er es nach dem Krieg bei regelmäßigen Inszenierungen während der Berliner Festspiele kennenlernte. Als gutes Vorzeichen nahm er seinen Erfolg mit Schönbergs *Moses und Aron.*

Zum Gründungsteam der neuen Opernära gehörten Ferenc Fricsay, Egon Seefehlner (später selbst Intendant der Deutschen Oper), Sellner und Elisabeth Mahlke, die das Musikreferat beim Senator für Volksbildung leitete; im Hintergrund, aber mit gewichtiger Stimme, wirkte Elsa Schiller, Produktionsleiterin bei der Deutschen Grammophon und zudem mütterliche Freundin Fricsays. Mich selbst möchte ich in diesem Zusammenhang ausnehmen, auch wenn ich von den Vorbereitungen für den Einzug in das neue Haus in der Bismarckstraße einiges miterlebte – einschließlich der diversen »Überraschungen«, mit denen wir alle gesegnet wurden.

Das Konzept lief darauf hinaus, die Oper über Berlin hinaus wirken zu lassen, wobei die Zusammenarbeit mit einer großen Schallplattenfirma opportun sein mußte. Elsa Schiller und Elisabeth Mahlke regten an, lenkten, bremsten, wo zu weit gegangen wurde, und korrigierten behutsam eine gewisse Hybris in Fricsays hochfahrendem, schon von Krankheit bestimmten Wesen. Seine Sprunghaftigkeit wurde durch seinen Humor und eine immer bereite Phantasie zum Glück ausgeglichen.

Dem Ensemble der ersten Stunde verbunden waren des weiteren Heinrich Hollreiser, mit dem ich einige besonders stimmige Wagner-Aufführungen erlebte oder selbst sang, und Walter Hagen-Groll, das Ideal eines Chorleiters, ein nachdenklicher und dem Opernbetrieb eigentlich abgewandter Mann. Sellner gewann als ständigen Gast auch Karl Böhm, mit dem mich bereits zahllose Auftritte und Aufnahmen verbanden. Der Mann aber, dem es gegeben war, auch die unentwirrbarsten Knäuel von Absagen und Eifersüchteleien zu entwirren und zu ordnen, Siegfried Müssig, im Gefolge Sellners aus Darmstadt gekommen, konnte seine Unermüdlichkeit bis 1999 in den Dienst des Hauses stellen. Dann mußte er eine lapidare Mitteilung zur Kenntnis nehmen, daß seine Tätigkeit beendet sei, und wenige Tage danach verstarb er.

Fricsay, schon gekennzeichnet durch die Vorboten seiner Krankheit, konnte das Amt des Generalmusikdirektors nicht antreten. Nach seinem eindrücklichen *Don Giovanni* zur Eröffnung des neuen Hauses, der neue Hoffnungen auf Zukünftiges eröffnete, ließ sich, zu meiner Trauer und Bestürzung, nichts von dem Geplanten mehr realisieren. Daß Lorin Maazel als musikalischer Chefdirigent berufen wurde, stellte sich dann nicht allein für mich als Glücksfall heraus, sein Engagement sicherte dem Haus auch jene künstlerische Ausstrahlung weit über Berlin hinaus, die es nach dem Mauerbau unbedingt brauchte.

Besonders eindrücklich waren die drei großen Japan-Gastspiele der Deutschen Oper 1963, 1966 und 1970. Jedesmal, wenn wir zurückkehrten, obsiegte das Gefühl, wir hätten es im fernen Tokio mit einem sehr viel bereiteren und anders vorbereiteten Publikum zu tun gehabt. Das japanische Publikum, ob jung oder alt, war durch eine Vielzahl von Diskussions- und Informationsveranstaltungen sowie in musikwissenschaftlichen Seminaren, die bereits ein halbes Jahr vor unserer Ankunft an allen 48 Universitäten Tokios stattgefunden hatten, auf jedes einzelne der vielen zur Aufführung gebrachten Werke eingestimmt worden. Nicht auf Fotos und Programmhefte schrieben wir unsere Autogramme, sondern viel öfter auf zerlesene Partituren oder Klavierauszüge, natürlich auch auf Schallplattenhüllen. Die Neugier auf Neues ließ keinen Japaner auf die Idee kommen, sich vom Bewährten, von der Tradition abzuwenden.

Hilfreich für mein künstlerisches Weiterkommen waren auch die Erfahrungen früher Plattenaufnahmen. Am Anfang standen die *Perlenfischer* von Bizet, die mich mit dem liebenswerten, aus dem Berlin der dreißiger und vierziger Jahre nicht wegzudenkenden Dirigenten Arthur Rother zusammenbrachten. Er sorgte für eine ruhige, vornehme Gediegenheit, erst am Deutschen Opernhaus, dann an der Deutschen Oper. Im bereits schwer zerbombten Berlin, kurz bevor das Deutsche Opernhaus selbst den Luftangriffen zum Opfer fiel, hatte ich eine mir unvergeßliche Aufführung des *Lohengrin* erlebt. Zum einen wankte an jenem Abend 1943 im zweiten Akt der Dom aus Pappmaché bedrohlich. Die vier zarten Edelknaben standen zwar auf festem Podest, aber hinter ihnen senkte sich das Portal immer weiter nach vorn. Zwei der Damen im Pagenkostüm brachten es zum Glück fertig, das Gebäude bis zum Aktschluß mit ihrem Rücken zu stützen.

Zum anderen horchte ich auf, als die Stimme des jungen Josef Metternich den Heerrufer schmetterte. Da kündigte sich etwas Großartiges an, und so war es auch. Später haben wir in einem Münchener *Falstaff* zusammengewirkt, umschichtig einmal er als Falstaff, ich als Ford – in der Plattenaufnahme unter Fricsay –, einmal ich als Falstaff und er als Ford, letzteres in der Inszenierung von Hans Hartleb. Auf einer Vortragsreise durch Ostasien hatte Hartleb in Bangkok eine reizende Thailänderin kennengelernt, die seine Rede übersetzte. Befragt, woher sie so gut deutsch könne, erzählte sie, daß sie ursprünglich nach London gegangen sei, um Englisch zu lernen; im Radio habe sie jedoch einen Deutschen Lieder singen gehört und daraufhin beschlossen, die Sprache dieses Mannes zu lernen. Sie zog von London nach München und besuchte von dort mit ihren letzten Spargroschen alle seine Konzerte in Deutschland. Der Sänger hieß

Fischer-Dieskau, und der Leser verzeihe ihm diese hübsche Beigabe.

Arthur Rother betreute auch meinen ersten Jochanaan mit Ljuba Welitsch, Inge Borkh und dann Christel Goltz. Wir gastierten damit bei den Wiesbadener Opern-Festspielen, zu denen wir den Regierenden Bürgermeister Ernst Reuter mitnahmen. Die dicke Orchestrierung der *Salome* profitierte von Arthur Rothers Körperhaltung; sein gekrümmter Rücken zwang ihn nämlich dazu, den Blick meist nach unten zu richten, und dies hatte ein wesentlich gedämpfteres Orchester als sonst zur Folge, den Stimmen freundlich und der Durchsichtigkeit hilfreich. Als er später bei Klavierproben zu Gounods *Margarethe* (zu Recht bei den Deutschen auf die Frauengestalt konzentriert, die Gounod mit den gelungensten Stücken ausstattete) einmal eine falsche Note bei mir bemerkte, kam er auf mich zu und lächelte mich in seiner typisch gebückten Haltung an: »Ich würde Ihnen empfehlen, an dieser Stelle es statt e zu singen!«

Erwähnt sei zuletzt noch meine lange Verbundenheit mit dem RIAS-Kammerchor seit den ersten Aufnahmetagen im Winter 1947/48. Zu dem erfreulichen Gelingen dieser Zusammenarbeit trug nicht unwesentlich Dr. Wolfgang Geiseler bei, der noch bei meinem Vater sein Abitur absolviert hatte und seiner immer wieder begeistert als eines wirklichen Mentors gedachte.

An der Opernepoche zwischen Michael Bohnen und Carl Ebert hat ganz Berlin lebhaft Anteil genommen. Weshalb sind diese zwölf Jahre Opernleben bis zum Umzug in die Bismarckstraße so total vergessen? Weshalb wurde bei der Hundertjahrfeier des Theaters des Westens mit keiner Silbe jener Ära gedacht, die nicht nur für mich den entscheidenden Durchbruch bedeutete? Sind Musteraufführungen von Hindemiths *Mathis der Maler*, Busonis *Doktor Faust* oder Bergs *Wozzeck* nicht erinnernswert? Mir

wurden gerade bei solchen Problemopern die Abgründe
deutlich, die sich zwischen Kunst und Leben auftaten –
bei diesen Komponisten mehr als bei anderen.

IN- UND AUSLÄNDISCHE ANFRAGEN häuften sich,
was bedeutete, aus gepackten Koffern zu leben. Als ein im
Grunde seßhafter Typ mochte ich das Reisen nicht; unterwegs zu sein, verstieß gegen mein ruhiger Arbeit zunei-
gendes Naturell. Mit Hilfe aller möglichen Tricks mußte
nachts im Hotel die Ruhe gesichert werden, damit ich am
nächsten Tag frisch war. So führte ich meterweise schwarze
Glott-Bahnen im Gepäck, die bei zu dünnen Vorhängen
die Fenster lichtundurchlässig machten. Türen, die am
Boden nicht richtig schlossen, wurden mit Würsten aus
Handtüchern abgedichtet. Ich kannte sogar Kollegen, die
ins Badezimmer flüchteten als den ruhigsten und dunkel-
sten Raum – und sich in die Wanne legten.

Ich reiste zwar nicht zum Vergnügen, aber der Hunger
nach Welt war groß. Ich genoß den Ruhm, der so hell über
mir aufstrahlte, akzeptierte dankbar die Ehren, mit denen
ich in England, Frankreich, Dänemark schon früh überhäuft wurde. Besonders in Frankreich, wo mich auch die
Presse außerordentlich freundlich behandelte, fühlte ich
mich wohl. Ich ließ mich von der halbdurchsonnten, mil-
den, silbrig nebligen Pariser Luft verwöhnen, lauschte den
eleganten Causerien, stöberte mit angemessenem Eifer in
den Ständen der Bouquinisten an der Seine und erstand
außer Büchern, die über bei uns unbekannte Komponisten
unterrichteten, so manchen hübschen alten, handkolorier-
ten Stich.

Natürlich ging es bei den vielen Reisen, die nun anstanden, nicht ohne Frustrationen ab. 1951, bei meinem ersten
Besuch in Paris, redete ein Tischnachbar eifrig auf mich
ein, ohne sich darum zu kümmern, daß ich kein Wort verstand. Zweimal versuchte ich ihm zu sagen, daß mein

durch zeitweilige Verbannung aus dem Unterricht mini-
males Schulfranzösisch meinem Gedächtnis längst ent-
schwunden sei. Unermüdlich sprach er weiter. Manchmal
lächelte ich ihn blöde an und nickte vorsichtshalber mit
dem Kopf; lieber erwiderte ich die Blicke einer gut aussehenden Frau am Nebentisch.

Die intellektuelle Elite Frankreichs neigt in paradoxer
Eigentümlichkeit dazu, geachteten ausländischen Besuchern
mit höflichster Aufmerksamkeit gegenüberzutreten und
dennoch vollkommen unter sich zu bleiben. Man lebt,
ganz auf sich selbst bezogen, in geschlossenen Zirkeln, die
sich so leicht dem Fremden nicht öffnen. Ganz im Gegensatz zu der Dichterin Claire Goll, der selbstbewußten Dame
mit der knallroten Perücke, die mich nicht bloß mit schwachen Gedichten bombardierte, sondern auch im letzten
Augenblick einen Platz im ausverkauften Saal von mir
wünschte – »ganz an der Seite«. Da ich ihr nicht helfen
konnte, ließ sie sich einen Stuhl so neben das Podium stellen, daß ihr Anblick den ganzen Saal und den ganzen
Abend beherrschte.

WELT BEDEUTETE FÜR MICH DAMALS einen Zustand
irrealen Glücks, eine Art Euphorie. Aber es war nötig,
nach langen Wegen, auch Umwegen, immer wieder »nach
Hause« zu kommen. Heimkehrend in Berlin einzutreffen
bedeutete ein einzigartiges »Déjà entendu«. Um die Stadt
wiederzuerkennen, brauchte es der Augen kaum, kehrte
ich in meine Geburtsstadt doch jedes Mal als ein Revenant
zurück. Ging ich hinaus, trug ich Berlin mit mir, im
Hinterkopf: Das Schicksal der zerstörten, der sich wieder
erholenden, der schließlich durchtrennten Stadt, deren
Menschen, der Eingeschlossenheit zum Trotz, durchzuhalten versuchten, blieb mir immer ein Maßstab.

Das Haus in der Lindenallee, in das Irmel und ich 1949
eingezogen waren und das wir uns Zimmer für Zimmer er-

oberten, um es dann zu erwerben, war wie ein rettendes Schiff für mich, eine zweite Arche Noah. Dabei handelte es sich um einen Kompromiß, denn das ideale Haus, wie ich es wollte, war ein freischwimmendes Gebäude, autonom, absolut, ohne Nachbarschaft, die Umgebung negierend, ein Haus, das sich ganz der Technik des Imaginären verdankte. Dieses absolute Haus war nicht zu haben, aber das Haus in der Lindenallee kam meinen wohl unbewußten Vorstellungen völliger Haftungslosigkeit sehr nah.

Ende der siebziger Jahre lernten Julia und ich den Sohn der Erbauer und Vorbesitzer, der Familie Buchthal, kennen, eine weltweit anerkannte Autorität auf dem Gebiet der Byzantinistik. 1933 war die gesamte Familie emigriert. Buchthal erzählte, daß der radikal expressionistische Bau auf Passanten derart verschreckend wirkte, daß sein Vater einen abmildernden Umbau durch den Architekten Ernst Freud, einen Sohn Freuds, vornehmen ließ. Als ich die Buchthals in London besuchte, stellte sich heraus, daß Frau Buchthal die Schwester des von mir hochverehrten Rudolf Serkin war. Die beiden klagten, wie schwierig es sei, in England in die Gesellschaft integriert zu werden. Aber das stellt sich wohl überall auf der Welt als ein Problem dar.

Bevor ich, der ich das Steuer nie selbst in die Hand nahm, in größeren Vehikeln bequem chauffiert wurde, zwängte ich die Beine in einen Volkswagen. Bei Anfahrten auf Berlin über die Avus-Rennstrecke konnte man die hohe und schlanke Silhouette des Funkturms schon aus großer Entfernung sehen. Wie ein gespitzter Bleistift hob sie sich gegen blaßblauen, grauen oder schwarzen Himmel ab, zunächst ohne, später mit Nachtbeleuchtung. Nie versäumte ich es, nach dem Funkturm Ausschau zu halten, der für Augenblicke zwischen den Bäumen des Grunewalds sichtbar wurde. Jedesmal erfüllte mich der Anblick mit Hoffnung und Freude.

Dem Reisen im Auto gehört meine Liebe, wenn ich auch als Beifahrer oder auf dem Rücksitz schutzlos den Eigenwilligkeiten des jeweiligen Fahrers, besonders der Sportlichkeit Julias, ausgeliefert bin. Ich genieße es, die Zeit des Aufbruchs selbst bestimmen zu können, nicht der Sklave irgendeines Fahrplans zu sein. Gräßlich war mir immer das Fliegen, die Angst davor verfolgt mich noch jedesmal. Wenn das Flugzeug erst einmal in der Luft ist, füge ich mich der Unabänderlichkeit des Eingeschlossenseins und fange an, Menschen und Dinge wieder zu unterscheiden – ich sehe die Stewardeß oder einen Japaner. Und das bedeutet offensichtlich, daß das Flugzeug nicht abgestürzt ist; ich denke daran, mir wie früher eine Zigarette anzustecken, und lasse es dann lieber.

Der Verleger Hamish Hamilton schickte 1969 aus London das freundliche Angebot, mir an jedem Wochenende Flugstunden bei einem erfahrenen Piloten zu vermitteln. Ich hatte ihm vom Trubel auf den Flugplätzen und vom Diktat der Flugpläne vorgejammert. Er selbst sei außer Übung, aber der Mann, den er mir empfehle, sei ein idealer Lehrer. Aber selber zu fliegen oder heute gar von Julia geflogen zu werden, würde meine Flugnerven wohl noch mehr strapazieren, als mich zwischen die Passagiere zu zwängen.

Meine Begabung, Natur zu genießen, ist nur schwach ausgeprägt. Hatte mich Julia hinausgefahren, sah ich die Landschaft oft gar nicht, besessen von dem Gedanken, in den mir verbleibenden Jahren genügend Essentielles schaffen zu müssen. Hielt ich mich in Berlin auf, so zwang ich mich oft zu Ausflügen in die geliebte märkische Umgebung, mindestens aber zum täglichen Spaziergang um einige Straßenecken. Hier zeigten mir Kastanien, Linden und Eichen, in welcher Jahreszeit man sich gerade befand – auch die Krähen, die mir bis zum Frühling treu blieben und von denen ich in Süddeutschland nur wenige zu sehen bekam. Sie saßen meist auf einem bestimmten Baum in Scharen beisammen und warteten auf Abfall. Ihr Leben verlief nach strengen Regeln. Jeden Tag ließen sie sich nach langem Kreisen und aufgeregtem Geschrei auf ihrem Baum nieder. Am Nachmittag erhoben sie sich nach kurzer Ruhezeit und zogen wieder kreisend und schreiend über die Baumkronen ab.

Einmal kam ich aus Finnland und hatte am nächsten Mittag in München zu sein. Da wurde mir die Mittellage Berlins so recht bewußt, nicht nur geographisch, sondern vor allem auch hinsichtlich des Erscheinungsbildes in den Straßen. Es war ulkig, den Unterschied in Wesen und Charakter zweier Gemütlichkeiten zu erleben. Handelt es sich bei den Gestalten des Nordens vielfach um klare, schlanke Figuren, dabei wuchtig und stark, so sind die Münchner Bräus zum Bersten gefüllt mit einer dunstigen Menge fetter Leute. Man kaut Radis und Salzbrezeln, um beim Trinken nur ja nicht zu ermüden, und ergeht sich im Qualm der Zigaretten und Pfeifen. Bringt die Kellnerin das Bier nicht schnell genug, so holt man es sich selber. Im Schein der elektrischen Birnen blitzen dicke silberne Uhrketten auf Bäuchen, umspannt von grüner Weste.

Gleich hinter München beginnen jedoch die Berge, und am Morgen nach einer Vorstellung über die Hochebene zu fahren, mit den kalkigen Kuppen im Hintergrund, war jedesmal ein Erlebnis. Ein schmaler See, die Höhen hinauf braune Holzhäuser mit Blumen – grüne, freundliche Stimmung. Tegernsee. Wie kommt es, daß alles wirkt wie aus der Schachtel? Alles ist sorgsam gepflegt, gut gestrichen und poliert wie die Theaterdekoration des *Weißen Rössl*. War das vielleicht das Original und die Wirklichkeit nur eine Kopie? So habe ich mich trotz der Trümmer auch in Nürnberg einmal gefragt, ob nicht Richard Wagner zuerst dies Nürnberg auf die Bühne brachte und nachher die Leute die Stadt danach kopierten. Aber während in

Nürnberg die Kostüme fehlen, ist in Oberbayern alles ko-
stümiert: blaue oder gelbe Janker, grüne Hosenträger mit
dem Edelweiß, Lederhosen, nackte Beine, wenigstens im
Sommer, dazu das grüne Hüterl mit dem Gamsbart und
den Medaillen. In der Kehle der Juchzer, auf dem Leibe der
Bauch.

Auf dem Weg in den Süden habe ich immer gern Station
in Oberfranken gemacht. Hier läßt sich die Geschichte der
Architektur Mitteleuropas anschaulich erleben. Eine der
am wenigsten zerstörten Städte Deutschlands, Bamberg,
suchten sich die Musiker der Deutschen Philharmonie
Prag nach dem Krieg zum Domizil, und es wundert niemanden, daß sie sich nicht wieder haben aus diesem
Paradies vertreiben lassen. Verschiedentlich durfte ich mit
den Bamberger Symphonikern arbeiten, zuletzt 1999 an
einigen großen Strauss-Opernszenen, die Julia sang und
die ich dirigierend begleitete. Immer wenn ich in der Stadt
bin, gehen mir die Augen über. Was sich von 800 bis 1790
an interessanten Stilvarianten und Ausformungen finden
läßt, nimmt der staunende Besucher hier wahr und erlebt
so die Degeneriertheit und Phantasielosigkeit unserer hek-
tischen Zeitläufte.

Seit den siebziger Jahren gibt es am Starnberger See ein
großes Grundstück mit herrlichen alten Bäumen, auf dem
eine abenteuerliche Vielfalt von Pflanzen gedeiht, und dadurch wich wenigstens ein Bruchteil meiner Blindheit. Ich
vermied es jedoch, in den verdorrten, unordentlichen Wald
zu sehen, der angrenzt. Lange versuchten Julia und ich, mit
mickrigen Kleinfichten den Blick auf diesen Wald zu ver-
stellen, aber ohne rechtes Licht wollten die nicht gedeihen.
Eines Tages besannen sie sich und wuchsen: Wunderbarer-
weise fanden sie einen Grund, ihre Wurzeln zu erweitern,
und bald zog sich als Wand ein grüner Zaun dahin. Ich
würde mich in diesem Wald auch bei Dunkelheit nie
fürchten, während ich in der Stadt, besonders beim Vor-

beigehen an hoch aufragenden Kirchtürmen, immer ängstlich war.

Manchmal raschelt es im Dunkeln durch die Büsche des Gartens; der Vorübergehende weiß eine Menge kleiner Tiere unterwegs. Vom Teich her findet in fast jedem Jahr eine der vielen Kröten ihren Weg zur Haustür, weil sich dort besondere Ansammlungen appetitanregender Insekten auftun. Aufgebläht sitzt sie in der Dämmerung und schaut aus halbgeöffneten Augen, während sich ihre gelbe Kehle auf und nieder bewegt. Wehe, wenn sich einer beim Öffnen der Haustür nicht vorsieht; dann kann es vorkommen, daß Kasimir, wie der Besucher von uns getauft wurde, in die Klemme gerät und sich danach humpelnd ins Dunkel verliert. Da steigt ein würgender Schmerz in der Kehle auf.

Irgendwo unter feuchten Steinen in der Nähe des Teiches wohnen auch Schlangen. Manchmal sehe ich sie hoch auf den Rosenbüschen geringelt sich sonnen, lange, schwarze, gerippte Geschöpfe, die man nicht anzufassen wagt. Man kann sie nicht lange beobachten, denn schon nach kurzer Zeit gleiten sie lautlos und hurtig an einem vorüber in ihre feuchten Höhlen. Sie sind ganz ungefährlich, und Freunde behaupteten, sie brächten Glück ins Haus. Früher haben Julia und ich in fremden Städten gern zoologische Gärten aufgesucht, nur um uns jedesmal mit Schaudern von der öffentlich ausgestellten Gefangenschaft der an Freiheit gewöhnten Lebewesen abzuwenden.

In einem kalifornischen Hotel hörten wir stetes, lautes Klopfen an das Fenster des *Sitting room*. Es war ein kleiner, bunter Vogel, der mit seinem Kopf ohne aufzuhören gegen das Fenster anflog und dabei schrie. Wild vor Angst und Hunger riß das Federhäufchen Schnabel und Augen auf, aber keine Vogelmutter war in der Nähe. Ich öffnete das Fenster, der Vogel kam jedoch nicht herein. Einige Tage lang setzte er seinen Dauerangriff fort und störte den Musiker empfindlich in seiner Konzentration. Es ist lächerlich, sich von einem Vogel stören zu lassen. Ich zwang mich, an eine Beendigung des Spuks zu glauben, und redete mir ein, daß meine Unfähigkeit dazu das Unheil erst anzog. Der Spuk dauerte bis zur Abreise.

Besonders intensiv erlebe ich Natur bei Unwetter. Seit mich im Krieg die urplötzlich hereinbrechenden Donnerschläge der Geschosse in Furcht und Schrecken versetzten, verfolgt mich eine panische Angst vor akustischen Kraftentladungen. Bei aufziehendem Gewitter auf dem Land – Gewitter in der Stadt sind dagegen harmlos und fast gemütlich zu nennen – verspüre ich fast unvermindert ähnliche Ängste, wie sie mich damals überkamen. Bei einem der ersten Unwetter, die ich in Berg erlebte, war ich allein im Hause, Julia befand sich bei einem Gastspiel in Wien, das sie für Wochen fernhielt. Seither habe ich dieses Schauspiel oft beobachten können.

Der Himmel ist noch wolkenlos, aber fast bleigrau, und die Luft liegt heiß und dick wie ein Brei über den Sträuchern. Vierzehn Tage hat es nicht geregnet. Bisher ist die Gegend von heftigen Gewittern verschont geblieben, aber ich weiß, wie wild sich Gewitter an den bayerischen Seen gebärden können. Oft dauert es allerdings einige Zeit, bis sie sich entladen. Einmal, erzählte der Postbote, habe sich ein Gewitter drei Tage lang über dem Starnberger See gehalten.

Gegen vier Uhr nachmittags steigt plötzlich eine schwarze Wolkenwand hinter den Fichten auf. Ich beschließe, Staffelei und Farben in Sicherheit zu bringen. Wespen und Fliegen haben mich schon eine Zeitlang belästigt und giftig summend meinen Kopf umkreist. Auch einige Hornissen in der Nähe der Blumenstauden, die sich sonst eher zurückhaltend benehmen, werden heute zudringlich und schießen wie wütende Weberschiffchen durch die Luft. Sie sehen aus, als wären sie aus reinem Gold. Die Wespen verfolgen mich noch ein Stückchen durch den Buchenwald. Unter den Bäumen hängt die Hitze wie unter einer großen grünen Glocke gefangen. Bedrohlich nähert sich die Wolkenwand, die Sonne liegt jetzt hinter Schleiern. Das letzte Stückchen Weg laufe ich schnell.

Gegen sechs hat sich der Himmel fast ganz verfinstert, und sein Grauschwarz zeigt einen häßlichen Hauch von Schwefelgelb. Das sieht beängstigend nach Hagel und Sturm aus. Das Atmen fällt schwer. Ich trinke einen Schluck kalter Milch und sichere die Fenster in allen Etagen. Die Küchentür steht noch offen, aber kein Luftzug ist zu verspüren. Ich verstehe nicht, was das Gewitter daran hindert, endlich loszubrechen. Die Dunkelheit gleicht dem späten Abend, das Hemd klebt mir an der Haut.

Dann zerreißt der erste Donnerschlag die Stille, und in den Wolken erhebt sich ein tobendes Gebrüll. Bei flüchtigen Blicken aus den Fenstern sehe ich es gleißend gelb niederzucken. Aus der Dunkelheit taucht eine aus dem Nachbarhaus zugelaufene Katze auf, bleibt mit gesträubtem Fell mitten im Zimmer stehen, stößt einen klagenden Schrei aus und verkriecht sich unter dem Flügel, wo ich ihre Augen gelbrot leuchten sehe. Als ich dazu ansetze, das Tier zu beruhigen, verschluckt der nächste Donnerschlag meine Stimme. Das Gebrüll erscheint endlos. Ich kann – außer bei der Musik – Lärm sehr schlecht vertragen: Die Ohren tun mir weh, ganz innen im Kopf, und sogar die Zähne schmerzen.

Dann ist es plötzlich eine Minute lang ganz still, und diese Stille beklemmt mehr als der Lärm. Mir ist, als stünde über dem Haus ein Riese mit gespreizten Beinen und schwinge einen feurigen Hammer, um ihn auf das Dach niedersausen zu lassen. Der Sturm hat sich erhoben und fegt fauchend über das Haus. Obwohl ich weiß, daß es lächerlich ist, zähle ich krampfhaft die Sekunden zwischen

Blitz und Donner, um die Entfernung abzuschätzen. Da plötzlich läßt ein Donnerschlag alles Geschirr im Schrank und auf dem Herd klappern. Es hat wohl ganz in der Nähe eingeschlagen. Ich fange an, im Zimmer auf und ab zu gehen, die Hände auf dem Rücken verschränkt, aber vor Müdigkeit taumelnd. Ich gehe zur Tür und öffne sie weit: Unter dem breiten Vordach hinweg peitscht mir der Regen ins Gesicht. Als es endlich soweit scheint, sich beruhigt niederlegen zu können, kommt erfrischende Kühle ins Zimmer. Am nächsten Morgen sind die Büsche sturmzerzaust, viele geknickte Zweige sind auf die Wege geworfen.

In der bayerischen Enklave, die einst den gesteigerten Anforderungen in der Landeshauptstadt wegen eingerichtet wurde, glaubte ich mich vor dem nie nachlassenden Druck städtischer Verpflichtungen, auch dem andauernden Bürokram und Telefonzwang geschützt – sah mich aber jedesmal enttäuscht. Je schläfriger die Aufmerksamkeit wird, desto höher türmt sich Unerledigtes auf den Tischen; zugleich sinkt die Zuversicht, die Papierberge je zu bewältigen.

Der Stadt München habe ich viel zu verdanken, nicht nur den Anlaß zur Idylle am Starnberger See. Seit 1951 war ich regelmäßiger Gast an der Bayerischen Staatsoper, sowohl im Prinzregententheater als auch im wiedererstandenen National-Theater. Von der *Salome* bis zum *Lear*, von *Cardillac* bis zum *Figaro* konnte ich mich künstlerisch ausleben, im *Falstaff* allein bei drei Neuinszenierungen. Und wer alles an herrlichen Partnern mit mir auf der Bühne stand: von Birgit Nilsson bis Fritz Wunderlich, von Hans Hotter bis Margaret Price! Ich kann sie hier nicht alle auflisten. Mit den Regisseuren Rudolf Hartmann, Günther Rennert und Jean-Pierre Ponnelle (neben Heinz Arnold und Hans Hartleb) machte ich die angenehmsten Erfahrungen auf der stets phantasiebeflügelten Bühne. Die Aufnahmen, die Konzerte, die Oratorien, die ungezählten Dirigenten: Sie alle bilden einen Schrein der Erinnerungen.

Einem unter den Dirigenten war ich besonders intensiv verbunden: Karl Richter, der die Klimax seiner Laufbahn erst noch vor sich hatte, als er mit 54 Jahren an Herzversagen starb. Die Bestürzung allerorten war groß, denn die von ihm geschaffene neue Bach-Tradition und seine Schöpfung des weltberühmten Bach-Chores, eines Laien-Chores von professionellem Zuschnitt, hatten eine geradezu hymnische Verehrung in allen Weltteilen geerntet, wie sie kein anderer Kantor des 20. Jahrhunderts – außer vielleicht seinen beiden Lehrern Karl Straube und Günther Ramin – je für sich in Anspruch nehmen konnte.

Als ich ihn kennenlernte, machte er auf mich den Eindruck eines einsamen Menschen. Und er war sicherlich noch »auf dem Wege«, was seinen großartigen Bach-Stil betraf. Noch vermochte ich damals wenig von der Spontaneität und dem Elan zu spüren, mit dem er Bachs Werke füllen konnte. Unglaublich aber immer wieder die Gedächtnisleistung: Das gesamte Tastenwerk wie alles, was Bach der menschlichen Stimme anvertraut hat, war ihm im Kopf und sofort verfügbar. Oft schien er bis kurz vor Konzertbeginn nicht genau zu wissen, was auf dem Programmzettel stand.

Im Grunde konnte erst auf dem Weg über seine Interpretationen auf der Orgel oder dem Cembalo wirklich ermessen werden, wie seine Bach-Auffassung sich von Jahr zu Jahr rundete. Von äußerster Strenge und Sachlichkeit ausgehend, wuchs sein Spiel zum Ausdruck jener glutvollen Frömmigkeit, die ihn beseelte. Wenig kümmerte sich Richter um musikwissenschaftliche Revolutionen, um die jüngere Bach-Forschung. Er ließ sein Bach-Orchester auf modernen Instrumenten spielen und richtete sein ganzes Bemühen daran aus, jene Intensität zu vermitteln, die eine seiner spezifischen Qualitäten ausmachte. Während

der Aufführungen enthusiasmierte er Ausführende wie
Hörende, und nie konnten Musiker und Sänger sicher sein,
ob sie nicht geheimnisvoll in ganz andere Ausdrucks-
sphären und damit andere Tempi und Lautstärken geführt
wurden.

Kein bequemer Künstler war er, folglich auch kein bequemer Mensch. So hat er nicht bloß Anstöße gegeben,
sondern auch Anstoß erregt. Wer wie er sein ganzes Leben
einsetzt, ohne Rücksicht auf das Herz oder die immer
gefährdeten Augen, der kann leicht unduldsam bis zur
Härte werden, wenn es um das Werk, die Leistung – und
nicht zuletzt ums Ansehen geht.

Des Sonntags saß er an der Orgel der Markus-Kirche,
die er sich zum Ausgangspunkt für die Münchener
Tätigkeit erkoren hatte. Denn der Pastorensohn war an der
Orgel groß geworden, hatte schon als Halbwüchsiger
manchmal auf der Orgelbank genächtigt, um morgens
gleich üben zu können. Es muß sich als eine Selbstverständlichkeit ergeben haben, daß man dem Thomasorga-
nisten Richter in Leipzig in sehr jungen Jahren schon den
Posten des Thomas-Kantors anbot. Mit sicherem Gespür
für seine eigene Zukunft und die politische Entwicklung
zog er den Westen vor und schlug seine Zelte in einer
katholisch bestimmten Stadt auf, die eine Tradition in
Bachs Sinn erst noch aufbauen mußte. Das konnte nicht
besser untermauert werden als durch Richters Tätigkeit an
der Münchener Musikhochschule, die ihn 1956 zu ihrem
jüngsten Professor machte.

In kürzester Zeit wandelte er den Namen Münchens
zum Synonym für Bach-Pflege ohne Wenn und Aber. Da
stieß er manchmal auf Widerstand, was zur Folge hatte,
daß er diejenigen, die nicht mit ihm arbeiteten, ungern an
sich heranließ. Die Arbeit war ihm alles, und welchen
Schwung und welche Kraft der erobernden Nachschöp-
fung er dafür aufbrachte, das wurde mir erst allmählich

deutlich. Denn neben der in den frühen fünfziger Jahren üblichen Trockenheit aller Musikausübung unter den Jungen störte mich am Anfang eine gewisse Brummigkeit, die Richter im alltäglichen Miteinander zu eigen war. Das ging freilich beileibe nicht bis zum Streit, wie er uns in der Presse damals angedichtet wurde. Bei der Erwähnung nur des geringsten musikalischen Details leuchteten seine Augen auf, und sein Interesse war geweckt. Und keiner wird den Ausdruck erfüllter Hingabe vergessen, den die von ihm interpretierte Musik auf sein Gesicht zauberte, auch noch lange nach der Aufführung.

Richter hat das Leben aller, die Musik lieben, reicher gemacht. Und er wäre noch zu damals nur geahnten symphonischen Ufern aufgebrochen. Meine letzte Begegnung mit ihm bei einem *Deutschen Requiem* von Brahms in Baden-Baden ließ den großen Atem und die Ausdruckstiefe spüren, die er als Dirigent verwirklichen konnte. Auf dem Gebiet der Oper – ich durfte Händels *Cesare* und Glucks *Orfeo* mit ihm musizieren – bewährte sich außer seiner improvisatorischen Spannkraft jener Umgang mit der menschlichen Stimme, den ihm das große, aber durch ihn selbst für beendet erklärte Kantaten-Projekt auf der Schallplatte beschert hatte.

Der süddeutsche Garten brachte Julia und damit auch mir ein neues Erleben der Nacht, wenn wir sommermüde unter den Bäumen saßen. Wir dachten nicht, erinnerten uns nicht und fürchteten uns auch nicht; müde und wach zugleich sahen wir in den Himmel. Schloß ich die Augen zu einem Spalt, dann waren die unendlichen Abgründe zwischen den Sternenhaufen zu sehen, riesige schwarze Höhlen hinter geballten Lichtnebeln. Manchmal hob ich ein Glas vors Auge, fand den Ausschnitt jedoch schnell verwirrend und sah lieber »unbewaffnet« in den Himmel, denn so war das Ganze zu überblicken. Die

Nacht, die ich immer gescheut und der ich oft mit Festbeleuchtung getrotzt hatte, verlor in diesen Stunden ihre Schrecken. Nie zuvor hatte ich sie wirklich erlebt; in den Kriegsnächten war ich voller Ängste gewesen, später meist eingesperrt in Häusern hinter Rolläden und Vorhängen. Aus Finsternis wurde Schönheit.

Unvergeßlich aber wurde jene Nacht am Tage, die Sonnenfinsternis vom August 1999. Alles stand mit Sonnenschutzbrillen und betrachtete das schwindende Fragment der Lichtscheibe. Fasziniert spürte ich das Licht und die Farben von allem Sichtbaren schwinden, anders als im Winter, anders als bei schlechtem Wetter. Wie in einem miserablen Schwarzweißdruck erschienen Gebüsche und Bäume. Herrlich dann die Wiederkehr der Farben und des Lebens, das Wiederanstimmen des Vogelgezwitschers – »herrlich wie am ersten Tag«.

Einmal mußten wir bei einer Rückkehr nach Berg feststellen, daß eine der wenigen Eichen auf dem Grundstück unter der Last des Schnees am oberen Stamm zersplissen war; es sah aus, als hätte sie sich um sich selbst gedreht. Vielleicht war es auch eine mächtige Sturmbö oder ein Blitz, der ihn spaltete; der Baum jedenfalls war rettungslos verloren. Auch unser ältester Baumriese, eine vielleicht vierhundert Jahre alte Buche, zeigt neuerdings Spuren eines sie von unten und innen her zerfressenden Pilzes. Noch trägt die Riesenkrone gesunde, starke Äste und viel Blattwerk. Aber die Wurzeln, die um den Stamm herum aus dem Boden greifen, sehen schwarz, wie verkohlt aus und lassen sich mit der bloßen Hand zerlegen. Es kann nicht lange mehr dauern, bis der ganze Riesenwächter unseres Gartens in sich zusammensackt, keinen Halt mehr findet. Um es ihm leichter zu machen, haben wir sein Gewicht durch radikalen Schnitt in der Krone mindern und anschließend eine Füllung des herrlichen Stammes vornehmen lassen.

Manchmal stelle ich mir vor, wie schön es gewesen wäre, hier in Berg meine Kinder großzuziehen, vielleicht ein Paradies. Aber zum einen war es dafür schon beim Erwerb des Grundstücks zu spät. Zum andern zweifle ich daran, daß es auch meinen Kindern so gut gefallen hätte – nein, es wäre wohl nicht das Paradies gewesen. Ein Paradies kann nur außerhalb der Natur liegen, und ein derartiges Paradies kann ich mir nicht vorstellen.

Es leuchtete mir nur allmählich ein, daß Musik das Leid der Welt nicht heilen kann, obschon sie häufig das persönliche Leid des einzelnen lindert. Zwar eröffnen die Töne eine adäquate Möglichkeit geistiger Durchdringung, aber es war mir von Anfang an deutlich, wie verschwindend wenige es waren, die an dem, was ich machte, wirklich Anteil nahmen. Aber durch sie lernte ich allmählich begreifen, daß ich einzelnen etwas sein konnte.

Noch sagte mir niemand, daß es nicht genügt, schöne Bücher zu lesen und gute Gesangsleistungen zu absolvieren. Der Versuch, wie ein »normaler« Sterblicher zu leben, ließ sich mitunter schwer an. Aber die Basis war nun einmal nicht zu beeinflussen, seinen Wünschen kann niemand entkommen, immer ist er ihnen ausgesetzt, denn Augen und Ohren, alle Sinne behaupten ihr Recht.

Aber was wurde von mir erwartet? Auf keine der neuen, mit wechselnden Überschriften versehenen Moden war zu bauen. Mit den orthodoxen Parolen der Traditionalisten wollte ich ebensowenig paktieren. Die Sprache des ausübenden Musikers, so sagte ich mir, muß sich ausschließlich daran halten, ob er es mit Kunst zu tun hat oder nicht.

Als ich 1947 zum erstenmal die eigene Stimme aus dem Lautsprecher im Studio hörte, stockte mir der Atem. Dennoch konnte kein Zweifel darüber bestehen, daß mit eben diesem schwer wiederzuerkennenden Organ in Zukunft Geld verdient werden mußte. Unaufhörlich brauste der Tonschwall, der mich verfolgte und den ich doch über die Pflichtarbeit hinaus immer mehr intensivierte – mit dem Ergebnis, daß ich mir schon bald Ruhe wünschte, nichts als Ruhe. Aber wenn es mir gelang, einige Tage der Ruhe zu leben und Frieden zu denken – wenn schon nicht für die streitlustige Welt, so zumindest für mich selbst –, so entstand doch bald neuer Hader, neuer Zwang, mich den Tönen anzuvertrauen. Wo auch hätte ich meine Mißstimmungen und Verzweiflungen anders darstellen sollen als in der Musik? Darstellung hieß mein Lebensdiktat, durch alle Ängste hindurch. Ich lernte einsehen, daß jegliches Verzagen auf eigenem Versagen beruht und ich mich nur selbst dafür verantwortlich machen konnte.

An Sommernachmittagen war manchmal alles da: die Gedankenstille, Ruhe im Haus, geöffnete Fenster mit hereindringendem Fliederduft; nur gelegentlich das Herübertönen dumpfen Brausens von der Avus oder die Wellen des Jubels der Fußballfans im Olympiastadion. Höchster Genuß: im Anhören der Massen von drüben allein zu sein, ohne Bewährungszwang und Begegnungsunsicherheit. Die Augen der Frau, der Kinder und – die in den ersten 25 Jahren »unentbehrliche«, vom Halsarzt genehmigte Zigarette. Nach einer langen alkoholdurchtränkten Festnacht für den Begleiter Günther Weißenborn hörte ich morgens mit dem Rauchen auf und rührte nie wieder eine Zigarette an.

Im Alleinsein konnte man am besten Stimmen nachhören, Tonfällen, Betonungen, Eigentümlichkeiten. Im Erinnern entschlüsselten sich Geheimnisse, die Menschen hatten mitteilen wollen, wenn sie ein paar belanglose Worte an mich richteten. Wenn ich dennoch vor lauter Aufgaben konfus wurde, auf der Suche nach etwas, das ich selbst nicht definieren konnte, fiel mir zuverlässig ein bestimmtes Buch in die Hand und kam auf mich zu als Freund – mit all den Antworten, nach denen ich Ausschau gehalten hatte.

Was ich mit der Musik vorhatte, ging weit über den Wunsch nach »Perfektion« hinaus. Kein lebendiger Laut in der Musik darf uns zu scharf, zu still, zu unüblich oder zu fremd sein, wenn es um ein neues Kunstgebiet geht. Was soll ein Werk, wenn es keine Zumutung ist? Entweder ist es Zumutung, oder es bleibt beim Parfüm. Die Gebrauchsmusik dagegen überließ ich ihren eigenen Könnern, ich konnte Dünger für sie nicht liefern. Sie ist zu schematisch, sie verlangt zu wenig Geist, sie bringt keine Seele in Verlegenheit.

Als das Leben vor und mit dem Publikum begann, glaubte ich ernstlich, die Sinne der Menschen müßten sich mit der Zeit so sensibilisieren, daß der Interpret eines Tages nur ein durchschnittlich aufnehmender Mensch sei. Aber das Schöne ging den Menschen seit je – bald schneller, bald langsamer – immer von neuem verloren. Das zu Tode genutzte geistige und technische Material fällt den Schöpferischen als erstes vor die Füße; ich kannte eine ganze Reihe bedeutender Komponisten, und große Ratlosigkeit sah ich sich ihrer immer wieder bemächtigen. Frank Martin gehörte ebenso dazu wie Benjamin Britten.

Die Vergänglichkeit fiel mir besonders bei der Betrachtung von jeweils gegenwärtiger »bildender Kunst« auf. Aber ich selber verspürte den Drang, mich mit Pinsel, Stift, Palette und Tuben zu beschäftigen, gerade weil alle Welt plötzlich den Standpunkt vertrat, die Malerei sei nun endgültig am Ende. Dies war um 1960 und bezeichnet ziemlich genau den Zeitpunkt, an dem es für mich zwingend wurde, ein anderer Mensch zu werden. Zu lange hatte ich damit zugebracht, mich ausschließlich nach dem zu richten, was andere von mir erwarteten. Es wurde Zeit, mein Leben neu zu ordnen. Die Angst, nicht zu genügen, die Furcht vor Autorität, eingeimpft während der Zeit der braunen Gesinnung, am meisten aber das Bedürfnis nach

Liebe hatten mich in innerliche Hoffnungslosigkeiten gebracht. Ich fing an, mein Leben neu zu planen. Dabei zählte Planlosigkeit eigentlich nie zu meinen auffälligsten Fehlern, nur kam ich selten in die Lage, außerhalb aktueller beruflicher Anforderungen einen meiner Pläne nach Wunsch zu verwirklichen, weil sich mit tödlicher Sicherheit immer etwas fand, das sich dagegen stellte.

War eine Aufgabe mehr oder weniger erfolgreich hinter mich gebracht, kam es mir sonderbar vor, wie gering meine Freude jedesmal ausfiel. War etwas getan, so vergaß ich es schnell und dachte statt dessen an neu Vorzunehmendes. Ich glaube nicht, daß das besonderem Fleiß entsprach, denn von Natur aus muß ich mich vielleicht sogar als träge bezeichnen. Wahrscheinlich war es Selbstschutz, denn was hätte ich in der Ruhe anderes getan, als mich erinnert und die Zeit mit Grübeln vertan? Suchen mußte ich die Arbeit nicht, sie bot sich an, oft aufdringlich genug. Gegen Ende der fünfziger Jahre stand der größte Teil des Repertoires dem Kehlkopf und dem Hirn zur Verfügung, und zwar in einem solchen Übermaß, daß ich später jedesmal dankbar war, wenn mich ein Angebot zum Dirigieren erreichte. Trotz mangelnden Trainings akzeptierte ich und wurde jedesmal reichlich dafür belohnt.

Wie der Vogel singt auch der Sänger, damit er in weitem Bereich zu hören ist. Dafür heißt es sich von engherzigen, einengenden Gedanken und Gefühlen freizumachen. Von innen wie von außen muß die Stimme danach streben, im Wortsinn einen möglichst großen Raum zu beherrschen. Die schönste Stimme hat die größte Tragfähigkeit. Auch ein Pianissimo kann im entferntesten Winkel eines großen Saals gehört werden; viele tausend Menschen können wie verzaubert sitzen und sich gefangennehmen lassen vom zarten, schönen Klang, der die Herzen berührt. In der Constitution Hall in Washington vor sechstausend Hörern Subtilität und feinste Abstufung erklingen zu lassen, gehörte allerdings zu den Diktaten der Manager, denen ich in den Vereinigten Staaten zunächst ausgeliefert war.

Das Packende und Anregende eines Gesangs ist in erster Linie natürlich Ergebnis der sensitiven Empfindlichkeit des Singenden. Wo diese Sensibilität fehlt, wird ein Sänger dazu neigen, das Werk des Komponisten und sich selbst zu vergewaltigen. Die Strafe sind Enttäuschungen, physische und geistige Verunstaltungen; das gilt für viele, die mit dem Kopf durch die Wand wollen. Forderungen an mich durfte und mußte ich stellen, aber ich hatte in Geduld, Vertrauen und Ausdauer voranzuschreiten, nicht ungestüm und plötzlich angreifend.

Als wertvollsten Einfluß meines von mir bis zu seinem Tod regelmäßig aufgesuchten Lehrers Hermann Weißenborn möchte ich seine – dem völligen Versagen der eigenen Stimme trotzende – Fähigkeit benennen, Koloraturen in wohlbemessener Zusammenarbeit von Zwerchfell- und Atemröhrentechnik auszuführen. Des weiteren lenkte er meine Aufmerksamkeit auf die damals noch nicht ganz ausgereifte Festigung und Verschmelzung der verschiedenen Register, auf das von dem großen Gesangspädagogen Manuel Garcia immer angestrebte »Ein-Register«. Bestätigung freilich mußte ich mir vornehmlich auf dem Konzertpodium mit dem frisch Erarbeiteten holen. Denn Lob gab es bei Hermann Weißenborn nicht. Das war bei den wortkargen Herren, die kurz zuvor noch lange Bärte getragen hatten, nicht üblich.

Vor einem Liederabend oder Konzert mit Orchester habe ich mir bestimmte Regeln gesetzt. Zunächst hielt ich es für wichtig, während des Tages nicht zu viel zu essen, vor allem nichts, was den Magen belastete. Den diversen körperlichen Übungen, denen sich ein Instrumentalist aussetzen muß, brauchte ich mich nicht zu unterziehen und durfte statt dessen auf die entschlackende Wirkung der vertieften Atembetätigung vertrauen: Ich schlief mittags anderthalb Stunden bis circa 16.00 Uhr und sang mich anschließend ein, wenn ich das nicht für den zeitigen Aufenthalt im Künstlerzimmer zurückstellte.

Das Wichtigste: eine froh-gespannte Erwartungshaltung! Denn die Verfassung des Solisten strahlt auf das Publikum aus; das Betreten des Podiums vermittelt physische wie psychische Eindrücke. Ohne aufdringlich zu erscheinen, soll die Haltung überzeugen. Es muß nicht unbedingt der Ratschlag umgesetzt werden, den mir bei einem frühen Wolf-Abend im Markgräflichen Opernhaus zu Bayreuth die große Astrid Varnay mit auf den Weg geben wollte: »Machen Sie doch ein freundliches Gesicht zu den Anwesenden, die bezahlt haben. Sehen Sie nicht so gesammelt ernsthaft aus!« Es ging mir aber darum, nicht nur ruhig und ausgewogen zu wirken, sondern auch Sicherheit der Gedanken und Bewegungen zu erreichen. Das Publikum muß mich mit dem Werk eins wissen.

Für die Hörer bleibt die Musik zunächst etwas Zufälliges, vielleicht Nebensächliches. Deshalb darf ich das Publikum niemals über die Musik stellen, weil ich es sonst verliere. Beherrsche ich die Musik, werde ich das Publikum gefangenhalten können, und sei es mit dem zarten Faden eines kaum hörbaren Pianissimo, zumindest aber in lautloser Konzentration.

Darf der Künstler vollkommene Befriedigung wie zwangsläufig erwarten? Je überlegener er ist, je höher die Vorstellung seiner eigenen Kunstleistung, um so deutlicher die Kluft – wie klein sie auch sei – zwischen dem im Konzert Erreichten und der Idealvorstellung, die er in Kopf und Herz trägt. Leonard Bernsteins Verzweiflung und George Szells Wut nach Konzerten werden mir unvergeßlich bleiben.

Mit Rührung denke ich an die Zuschriften des Schlagersängers und Fersehmoderators Bruce Low. In seinem Wunsch nach »höherer« Betätigung hatte er bei Jacques

Stückgold in Berlin studiert, aber nur die »niederen« Weihen erlangt. Immer wieder beschäftigte ihn die Frage aller Fragen: Von welcher Seite das omnipotente Mezza-Voce zu entwickeln sei, diminuierend vom *forte* über ein *mezzopiano* zum *pianissimo* oder umgekehrt crescendierend. Daß in meinem Fall letzteres zutraf, muß nicht Allgemeingültigkeit beanspruchen. Es kommt darauf an, ob die Stimme von schwerem Charakter und deshalb flexibler zu machen ist oder ob es sich um ein schlankes lyrisches Organ handelt. Das Ziel heißt beide Male: ein *messa di voce* aus dem Bereich des Märchens in die Wirklichkeit zu retten, vom Leisesten über die *voix mixte* zum *forte* führend, nahtlos und auf jeder beliebigen Tonhöhe ähnlich schön klingend, als Ein-Register im Sinne Manuel Garcias. Wird es angetroffen, handelt es sich gewiß nicht um eine »Naturbegabung«, sondern ist Ergebnis ständigen Ausprobierens und Nachprüfens während eines ganzen Sängerlebens.

Große Verwirrung herrscht noch immer in vielen gesanglichen Teilgebieten, so auch was den Gebrauch des »geraden Tones« betrifft. Der Musikwissenschaftler John W. Large befragte mich in Südkalifornien einmal über den freiwilligen Einsatz vibratoloser Töne, und ich mußte ihm sagen, daß sie nach den Regeln des Belcanto nur in charakterisierenden, dem Ausdruck dienlichen Strecken angewandt werden sollten. Ich denke an »Lieb Liebchen, leg's Händchen« aus Schumanns Opus 24. Aber immer von neuem müssen die jungen Sänger darauf hingewiesen werden, wie tot und ausdruckshinderlich gerade vibratolose Töne mitten im »normalen« Legato aus natürlich vibrierendem Gesang herausfallen. Sie müssen unter kritische Kontrolle gebracht werden, vor allem, wenn es sich um ein Repertoire aus romantischer Zeit handelt.

Wenn der Gesangssolist im Oratorium zwischen distonierendem Chor und der eigenen Tonhöhe erst wählen muß, gibt es natürlich harte Arbeit. So werde ich nie das von Bruno Walter in Edinburgh sorgfältigst einstudierte *Deutsche Requiem* von Brahms 1951 vergessen, von dem in der Aufführung durch stetes Zutiefsingen des Chores wahrlich nichts übrigblieb. Selten strebte ich derart zornig einem Taxi zu. In Liszts *Christus* 1975 muß ich nach der Generalprobe völlig »zerknickt« gewirkt haben, weil an den a-capella-Stellen der »Seligpreisungen« sich kaum jemand erhoben fühlen konnte, da die Chorstimmen immer weiter nach unten rutschten und ich mit Energie jedesmal wieder höher intonierend einsetzte. Ich tröstete mich damit, daß den in solchem Fall eingesetzten Extrachören meist keine Berufssänger zur Verfügung stehen, und habe mich immer daran erfreut, wie die Laien an ihrer dem zivilen Beruf abgetrotzten Mehrarbeit hängen.

Häufig zogen mich Veranstalter als »Lokomotive« zur Eröffnung neuer Kunsttempelchen hinzu, deren ich eine ganze Reihe einzuweihen half. Die Deutsche Oper Berlin mit dem *Don Giovanni*, das Münchener Nationaltheater mit dem Barak in der *Frau ohne Schatten*, die Royal Festival Hall London mit dem ersten Solo-Abend, desgleichen die Berliner Philharmonie. Zur Eröffnung des Leipziger Neuen Gewandhaus-Saales hatte ich die Holofernes-Gesänge aus Siegfried Matthus' Oper *Judith* darzustellen.

Den einzigen Skandal, den ich erleben mußte, brachte die Uraufführung des Gesangswerks *Spätlese* im Münchener Herkules-Saal. Als die ersten Briefchen zwischen dem Komponisten Ernst Krenek und mir hin und hergingen, war noch nichts von dem niedergeschrieben, was ich später von ihm singen sollte. Er hatte zu bemängeln gehabt, daß in meinem Goethe-Programm die beiden seit langem vorliegenden Gesänge aus seiner Feder unberücksichtigt geblieben waren. Dann kristallisierte sich aus meinen zart angedeuteten Wünschen der Liedzyklus *Spätlese* auf eigene Texte des Meisters, den ich mit Lust und Liebe einstudierte, um ihn mit Krenek am Flügel in München und anschließend in Edinburgh zu interpretieren.

Ein orkanartiges Buh-Rufen folgte der Aufführung, wie ich es selbst in dem benachbarten, buhfreudigen Münchener Operntempel nie gehört hatte. Vielleicht war ich der etwas gestelzten Reimpracht des Dichter-Komponisten zu deutlich dienstbar gewesen, vielleicht brauchte der Komponist am Flügel sichtbar zu lange, um nach dem mühsamen Aufstehen im Bauch des Flügels die richtigen Saiten für's pizzicato zu erwischen und sich danach wieder vor der Tastatur zu etablieren.

Der *Dissembler* mit kleinem Orchester, wieder auf Worte des Komponisten, diesmal aber in englischer Sprache, erfreute sich, nachdem er in Amerika bereits einmal gegeben worden war, zwar nur schwachen Zuspruchs, aber dennoch ungeteilten Erfolgs, auch in der Presse. Wieder wurde mir Kreneks stilistische Vielfalt, um nicht zu sagen Unrast deutlich, die ihn im Laufe seines Lebens durch alle Höhen und Tiefen einer »Moderne« geführt hatte, zu der er sich am Ende selber kaum noch bekennen wollte. Ein Leben der Mühe mit dem Neuen, aber auch schöpferischer Unabhängigkeit lag hinter ihm.

MEINER ART, Musik in mich aufzunehmen, stehen Musiker und Kritiker gelegentlich verständnislos gegenüber. Sie meinen, ein Sänger dürfe das Wachstum eines musikalischen Organismus nicht beobachten, sich der Komplexität ihrer Struktur nicht bewußt werden, denn das schwäche oder verhindere den emotionalen Genuß jener Qualitäten der Kunst, die den meisten als die einzig wesentlichen erscheinen. Wenn ich mir aber die Ergebnisse meiner Arbeit auf Tonträgern anhöre, so kann meine Herangehensweise nicht ganz falsch gewesen sein; sie erscheint mir spontan und einfach, da sie den musikalischen Prozeß selbst betrachtet, ohne unangebrachten Assoziationen Raum zu geben, aber auch der Stimme kein Ungefähr zu erlauben, das so vielen fälschlich als musikalische Objektivität des Vortragenden erscheint.

An vielen Plätzen in Berlin konnte »Verantwortung« gründlich gelernt werden, ein furchterregender Begriff, in dem die ganze Anspannung eines Konzerts mitspielt. Denn der Solist eines Liederabends muß sich nur der Musik, dem Gedicht und sich selbst verantwortlich fühlen, mithin seinem stets wachen Gewissen, und es kann nicht darum gehen, irgendwelche schönen Töne zu produzieren. Und doch: Es sind divergente, ja widersprüchliche Interpretationen möglich, obwohl die Worte dem Sänger den Sinn in den Mund legen.

Eine lange Reihe von Konzerten zwang mich und viele Musikerfreunde in den Konzertsaal der Musikhochschule in Berlin. Dieser Musentempel birgt eine tückische Akustiklücke, die meine Kritiker, wie gewöhnlich auf den ungünstigsten Sitzen plaziert, manchmal morgens nach Konzerten anrufen ließ, um sich nach dem genauen, im Programm nicht gedruckten Text zu erkundigen. Bei solcherlei akustischen Ablenkungen kann es allerdings geschehen, daß einem Strophenanfänge frisch gelernter Lieder partout nicht in den Sinn kommen wollen, wenn sie sich nicht in der Sekunde des Einsatzes doch noch einstellen.

Ich nahm mir vor, denen, die eigentlich am besten zuhören müßten, den Kritikern nämlich, zu sagen, worin sie sich irrten und daß Vorwürfe wie der des Manierismus genau wie andere Festlegungen auf bequeme Begriffe bei mir nicht zuträfen, wissend, daß solche Proteste zum Scheitern verurteilt sind. Fassungslos aber stellte ich eines Tages fest, daß ich unversehens zu denen gehörte, die sich unverstanden fühlen. Kaum je wurde meine künstlerische

Leistung, so meinte ich, in der Weise geschätzt, wie sie es eigentlich verdient hätte. Ein Gefühl des Angefeindetseins breitete sich aus, eine Art Verfolgungswahn des sich öffentlich Äußernden, dem auch die Erkenntnis nicht helfen konnte, daß es vielen anderen ebenso erging.

Mit einem Wort: Ich trug schwer an meiner Verantwortung. Was ist das aber auch für ein Beruf: Bühnenkünstler? Ich male mir aus, wie es wäre, hätten auch andere Berufe, Marktverkäufer etwa, Bahnhofsvorstände oder Zahnärzte, das gleiche durchzustehen: am nächsten oder übernächsten Morgen zu lesen, ob sie es geschafft haben oder nicht: »Beim Anpreisen der Fische nicht überzeugend – und noch dazu heiser«, »›Zurücktreten bitte!‹ – nicht mit dem gebührenden Nachdruck gerufen«, »Seine Prothesen sind auch nicht mehr, was sie waren«. In keinem dieser Berufe braucht man sich derart bloßzustellen, wie es die Sänger tun müssen. Kritiken ähneln Schulzeugnissen; auch »lobenswert« ist bisweilen dabei, aber ein Kritiker, der sich solcher Noten zu oft bediente, wäre in den Augen seiner Kollegen bald keiner mehr.

Ein besonderer Fall ist der »Lexikograph« Jürgen Kesting, dessen mit wenigen Ausnahmen negative Beschreibung der großen Sänger mir nicht gleichgültig war. Ich hatte ihn in einem Fernseh-Quiz beobachtet, wo er nicht imstande war, zwei so individuell geprägte Stimmen wie die von Martha Mödl und Astrid Varnay auseinanderzuhalten, geschweige denn sie zu erkennen. Um so mehr verwunderte mich, mit welcher Penetranz er in einem Artikel über mich an meinem Tun herumsägte, nur um meinen Namen bei anderen Sängern im Vergleich lobend hervorzuheben.

Es hatte in gewisser Weise beruhigende Wirkung, daß selbst Julia tief unter verständnislosen oder gar bewußt irreführenden Rezensionen litt. Auch die unscheinbarsten Konstitutionsschwächen öffentlich preiszugeben wie die kranken Stellen eines wunden alten Baumes, ist unser selbstgewähltes Los. Dennoch stellt Kritik zweifellos eine der neuralgischen Zonen dar, in denen sich das künstlerische Leben auf der ganzen Welt bewegt. Interpretatorischer Unsinn wird allzuoft als alleinseligmachend reklamiert, und die Folgen haben die gehorsamen Künstler auszukosten.

Es fängt schon damit an – und darüber sind sich alle einigermaßen objektiven Betrachter einig –, daß niemand wirklich die legitime Funktion von öffentlichen Besprechungen kennt, sieht man einmal von der Werbung ab. Beschränkten sich die Zeitungen auf Berichte darüber, was geschah, so würde es genügen, bei Schilderungen von Konzerten einfach die Programme aufzuführen und die Namen der Ausführenden aufzuzählen. Aber über solche Berichte hinaus verbreitet jede Zeitung auch Meinungen, gern gelesene und oft mit Schadenfreude genossene; so werden Einstellungen geschaffen und einer großen Zahl von Menschen nahegelegt. An einer Kritik interessiert die meisten Leser nur, ob sie »für« oder »gegen« etwas oder jemanden ist. Eine so ausgeübte Macht ist mehr als fragwürdig. Das Maß, in dem sich die wenigen an Musik interessierten Leser beeinflussen lassen, variiert nach dem Grad der Beliebtheit des einzelnen Kritikers, natürlich auch nach der Beschaffenheit der Leser, auf die sich die Zeitung einstellt.

Trotz der von ihnen bekundeten Mißachtung der Musikkritik sind die betroffenen Künstler daran interessiert, besprochen zu werden, nicht nur, weil es sie verständlicherweise fasziniert, ihren Namen und das sie betreffende Urteil gedruckt zu sehen, sondern mehr noch, weil sie instinktiv vermuten, daß alle, die den Bericht lesen, ihm auch Glauben schenken. In der Meinung, die Kritik beeinflusse ihre Karriere wesentlich, haben sie insofern recht, als es in der Zunft noch eine zweite Gruppe gibt, die das Tagesprodukt eifrig liest und sich davon beeinflussen läßt,

Konzertveranstalter nämlich, Medienleute, Verleger und andere. Sie handeln in der Annahme, das Publikum wähle entsprechend den Ratschlägen der Kritiker. Nur wenige scheinen diesen Kreislauf durchbrechen zu wollen und bereit zu sein, die Kritik zu ignorieren.

Kritiker, die sich mit musikalischer Ausbildung brüsten, wurden oft – wir wollen es uns doch eingestehen – auf musikalischem Betätigungsfeld frustriert: Komponisten ohne Bestätigung, Instrumentalisten ohne Bewährungsmöglichkeit, Musiker jedenfalls mit unbefriedigtem Ehrgeiz. Mit selten geleugnetem Zynismus genießen sie gegenüber demjenigen, der mit Risiken leben muß, ein Gefühl der Überlegenheit und Sicherheit, da sie kein Wagnis mehr einzugehen brauchen. Als ich Kurt Westphal, vor langen Jahren Kritiker des Berliner *Tag*, nach dem Grund einer Zeitungsrüge fragte, erkundigte er sich erstaunt: »Sie lesen so etwas?« Dies zeugt von der Selbstachtung und Selbsteinschätzung des Kritikers, der in seiner Redaktion oft gering geachtet wird und meist unter hanebüchenen Umständen, möglichst an mehreren Orten zugleich, zu arbeiten gezwungen ist.

Lese ich eine böswillige Besprechung, so sage ich mir, daß im politischen Bereich die Attacken gewöhnlich noch weitaus giftiger und mit viel dezidierteren persönlichen Herabsetzungen verbunden sind. Man versucht, sich einen Gleichmut anzugewöhnen, der solchen Verrissen keine große Wichtigkeit beimißt. Es gelingt nicht immer. Wer sich an die Öffentlichkeit begibt, muß nun einmal auf Neid, Mißgunst und Widerwärtigkeiten mancher Art gefaßt sein. Sich in irgendeiner Form darzustellen, bedeutet, viel befehdet zu werden, aber auch: rabiater Kritik die Stirn zu bieten und statt dessen zu beständiger Experimentierfreude an sich selbst bereit zu sein, wobei eine gewisse Immunität gegenüber unerwünschten Kommentaren sich anzuziehen geboten scheint. Die Gegnerschaft wird um so drohender, je durchgreifender und radikaler das Erbe der Vergangenheit zu den Akten gelegt wird.

Ausnahmen gibt es natürlich immer. Klaus Geitel gehört dazu, der meine Lebens- und Liederjahre mitgezählt hat und ein getreues Echolot war. Er begleitete auch einen meiner Japan-Besuche und den aufregenden in Israel. Einmal schickte ich ihm auf seinen Wunsch einen alten Direktmitschnitt der Met, weil auf ihm Jean de Reszke zu hören ist. Leider ist er aber nicht zu hören. Geitel bedankte sich bei mir: »Es ist schon ein Jammer! Also bitte: beschweren Sie sich nicht über Stereoaufnahmen ... Der Ärmste – er mußte offenbar immer bei Gewitter singen!«

Musik in Worte zu fassen, ist des Kritikers Aufgabe, Bedeutung, Qualität und Wert eines Künstlers zu erfassen, nicht nur für diejenigen, die das Konzert versäumten, sondern auch für die vielen Zuhörer, denen an einer anderen Meinung durchaus gelegen ist. Zum Glück gibt es mehr als nur eine Meinung, und nichts amüsiert mehr, als einander widersprechende Rezensionen ähnlich kompetenter Kritiker zu lesen. Mehr als alle anderen urteilt der Musikkritiker subjektiv. Seine Stimmung muß ihn beflügeln, das Werk muß ihn ansprechen, auch wenn er es schon tausendmal gehört hat. Zeitdruck oder ungünstiger Sitzplatz (beides leider Normalfälle), Abneigung gegen den Komponisten, Aversion gegen eine Vortragsweise, die seinem Temperament nicht entspricht, all das mag ihn beeinflussen. Umgekehrt mag er etwas wunderbar finden, sich verblüfft zeigen, was ihm selbst beim Wiederhören unter Umständen mißfällt.

Auch der fähigste Kritiker, in der Musikliteratur bewandert, auf das Konzert vorbereitet durch Partiturstudium oder Plattenhören, auch ein solcher kann niemals den wahren Grund für eine besondere, gute oder schlechte Aufführung angeben, eher die Erörterung des Endergebnisses. Dem Musiker bleibt nur, sich selbst immer exakter kennenzulernen, sich mit Akribie zu kontrollieren, sich objektiv und kritisch selbst zu beurteilen. Sich nicht über Kritiken zu ärgern, muß das Motto nach sich ziehen: Erlauben wir es uns nicht, uns von Kritikern die Arbeit oder die Einstellung zur Musik beeinflussen zu lassen. Zu raten ist auch, niemals auf kritischen Tadel mit einer Gegendarstellung zu antworten. Joachim Kaiser ließ sich einmal über mein Tempo des ersten Liedes aus der *Winterreise* aus, das ihm »zu gehend« erschien. Da ist es dann eventuell gestattet, wortlos eine Notenseite zu schicken, auf der Schuberts Anweisung »In gehender Bewegung« steht.

Alles in allem habe ich das Gefühl, daß sich die Zahl meiner Gegner, an denen es aus verständlichen Gründen nicht mangelt, in den letzten Jahren verdoppelt und verdreifacht hat. Ein wie fragwürdiges Glück sind doch Auszeichnungen! Alles ist Zufall, besonders auch der Erfolg, und das einzig Erquickliche nicht der Ruhm, sondern die innere Ruhe. Den weniger Beständigen freilich dient der Ruhm, auf den die Mitwelt erst durch die Intensität der Scheinwerfer aufmerksam wird, als billiger Aufputsch. Mitunter hilft ihnen so etwas auch, schwierige künstlerische Pläne in die Realität zu zwingen. Aber solche Hervorbringungen erleben selten eine Blüte, die länger als der öffentliche Auftritt selber dauert.

Es verwirklicht sich in unserer Zeit ein unheiliger Vorgang: Mit Hilfe technischer Gelenkigkeit, einer weit entwickelten, zu sublimer Fertigkeit geschraubten Wissenschaft, kann alles, was bisher ein Dilemma bedeutete, das der Mensch mutig durch die Zeiten mit sich schleppte, abgeworfen werden. Verzweiflung oder Tröstung, Nachsinnen oder Besinnungslosigkeit: Für die meisten ist dies keiner Beachtung mehr wert. Was einst Unglück hieß, scheint vergeblich durchlitten. Selbst gesundheitliche Leiden lassen sich zunehmend in hohem Grad einschränken.

War die Bewährungsprobe eines Auftritts vorbei, stand ich mit einem Arm voll Blumen und guten Wünschen im Grunde allein. Und niemand, auch die mit mir Nachfeiernden nicht, zu denen überall in der Welt nähere oder periodische Freunde gehörten, konnte meine freudige Erwartung hindern, endlich wegzukommen von den Menschen. Von feucht-fröhlichen Nachfeiern im Stile eines Fjodor Schaljapin hielt ich wenig. Das Beste an allen Feierlichkeiten – zuletzt zum Siebzigsten – war, daß sie vorübergingen.

Geburtstage waren mir nie besonders wichtig, dennoch geben sie dem Dasein, das so leicht ins Regelwidrige, ins nicht mehr Überschaubare wuchert, einen Anschein von Ordnung. Erinnern die Festdaten auch an den Zeitfluß, mit dem das Leben dahinschießt, unwiderruflich dem Abschluß entgegen, so haben sie doch zugleich Pathos genug, es wenigstens für die Stunden des Feierns aufzuhalten. Zu der Empfindung eines ernsthaft »Gefeierten« bin ich allerdings keinen Augenblick gekommen, jedes Hochgefühl, auch bei wunderschönen Ansprachen, blieb mir fremd, von dem berühmten »Schwellen der Brust« keine Spur. Eher war's ein Stück, in dem ich in einer bestimmten Rolle mitspielte; zugleich aber saß ich im Parkett, und alles zog wie eine Bayreuther Wandeldekoration an mir vorüber.

Das Jahr meines 75. Geburtstags verlangt mir besonders viel ab, das meinem Wesen zuwiderläuft. Ich werde zwangsläufig innehalten und mich der Rückschau auf bisher Geleistetes hingeben müssen. Wann immer man mich mit jener eigentlich grauenerregenden Werktotalität konfrontiert, wie sie sich in der von Monika Wolf veranstalteten, gerade erschienenen Diskographie manifestiert, werde ich versuchen, die davon ausgehende Lähmung zu überwinden und den lebendig-erfüllten Augenblick über die eherne Dauer der Vergangenheit triumphieren zu lassen. Das

»Jubeljahr« kann insgesamt nur dann als positiv erfahren werden, wenn aus solchen Konfliktmomenten neue Kreativität erwächst.

Mir wird bange, wenn ich hochtrabende Reden höre, auf die niemand etwas gibt, wenn sie gehalten werden, und die niemand liest, wenn sie tags darauf zusammengefaßt in der Presse erscheinen. Manchmal wünsche ich mir, nicht dazuzugehören, zu all den Ministern, Generaldirektoren, Bankiers, Prälaten, Stiftungs- und Verbandsvorsitzenden, zu denen ich aber zähle, weil ich selber drei renommierten Akademien angehöre. Bin ich also eine von den »Koryphäen«, die um ihr Image besorgt sind und ihre geistigen Fähigkeiten herausstreichen wollen, obwohl diese von niemandem beachtet werden?

Muß ich selber reden, fühle ich dieselbe Beklommenheit wie damals in der Schule, als ich vor den Lehrern im Zusammenhang sprechend improvisieren sollte. So ging es mir seit jeher auf Versammlungen oder bei den mancherlei Ehrungen, die mir zuteil wurden: Ich brauche nur der Blickpunkt einer Handvoll Zuschauer zu sein, und mein Geist ist verflogen. Vor der Menge werde ich dümmer als selbst der Dümmste in der Menge. Da helfen auch das mehr oder weniger routinierte Verwenden eines Spickzettels oder das Ablesen einer vorbereiteten Wortfolge wenig. In keinem Augenblick fühlte ich mich als Herr meiner Lage wie jeder halbwegs unirritierbare Mensch, sondern registriere sie als Gefangennahme.

Bei den Franzosen ging es in dieser Hinsicht meist sehr ungezwungen zu. So gefiel mir die Idee, mich nach einem Mahler-Liederabend in der Salle Pleyel, von Hartmut Höll begleitet, in einem Nebenraum zum Chevalier der Ehrenlegion ernennen zu lassen. Kulturminister Dumas hielt eine Rede in deutscher Sprache; ich bedankte mich, so gut es ging, auf Französisch. Seltsamerweise berührte mich das anschließende Gewimmel nicht unangenehm.

Einem Leben in Glanz und Glorie aber traute ich nie. Ich wäre womöglich der Versuchung erlegen, meine Seele gegen Ehren einzutauschen, indem ich Bewunderung gesucht und mit dem Charme des Siegers spekuliert hätte. Mir will es zwar scheinen, es sei auch heute noch lohnend, in meine Gaben zu investieren. Aber was wird geschehen, wenn ich eines baldigen Tages zu alt sein werde? Wenn ich keine begehrte Ware mehr bin? Wenn es still um mich wird?

Wie erging es dem einst allgewaltigen Berliner Theatermann Boleslav Barlog? Er schrieb mir 1982: »Mir geht es ans Fell! Kein Theater in Berlin hat eine Aufgabe mehr für mich.« Walter Franck dagegen blieb erspart, was so manchem einst Berühmten heute schon in jüngeren Jahren widerfährt: daß er einfach zur Seite geschoben wird. Aus vollen Händen schenken sie, verschwenden ihre oft mit Mühe aufgebrachten Kräfte, kämpfen für die Sache – aber im Grunde möchte niemand mehr etwas von ihnen wissen. Franck starb 1961 in der Zeit des größten Festspieltrubels, und ich konnte ihm aus Bayreuth nur einige Zeilen des Gedenkens widmen. Sie wurden im Schiller-Theater von Hanns Lietzau verlesen, was mich aber kaum darüber hinwegtröstete, daß ich an der Trauerfeier nicht teilnehmen konnte.

Mitunter kommen Interviewer aus dem In- und Ausland zu mir und wollen mich in einem »persönlichen Porträt« verewigen. Da gibt es dann vieles, was ich sagen will und was den engsten Bereich meines Berufes überschreitet. Jedesmal schwinge ich mich zum Bekenntnis meiner Überzeugungen auf. Aber wenn die Damen oder Herren wieder gehen, stehe ich auf der Schwelle und winke zum Abschied; innerlich fühle ich mich eher gedemütigt, nicht selten töricht und vor allem – allein. Selbst bei Bruno Monsaingeon drohte mir das, obwohl dieser große Filmemacher sich durch unendliches Verständnis und Hilfsbereitschaft beim Herstellen der Filme auszeichnete, die wir zusammen drehten. Konzerte wurden gefilmt, und es gab ein großes Porträt zum 70. Geburtstag, das meinem Vorschlag folgte, lediglich meine Antwortsätze aus einem sehr langen Gespräch wiederzugeben.

Noch immer wird die Arbeit viel zu oft durchkreuzt. Die Besprechung mit den Fernsehleuten dauert nun schon eine halbe Stunde länger als vereinbart. Der Steuerberater braucht auf verschiedenen Papieren meine Unterschrift. Insistierend klingelt das Telefon, eine Einrichtung, die ich hasse. Direkt nach einem Konzert, man ist noch völlig durchgeschwitzt, steht ein Photograph in der Tür und sagt:»Sie hatten mir doch eine Aufnahme gestattet!« Unter den Postsendungen liegt ein vielfach als Kostbarkeit verpacktes und mühsam zu öffnendes, nach einer Photographie ungeschickt gefertigtes Porträt, dessen Zeichnerin mich unbedingt das nächste Mal im Künstlerzimmer sprechen will, um zu fragen, wie es mir gefällt. Noten liegen ungelesen oder ungespielt auf dem Flügel. Ich habe versprochen, mich bis zu einem bestimmten Termin zu äußern, und noch keine Ahnung, was ich sagen könnte.

Künstlerische Tätigkeit ist für mich eine Frage des Überlebens, und ein gewisses Heldentum liegt in der Ausdauer, in dem Willen weiterzuleben. Immer Disziplin zu wahren, der Kontrolle durch die eigenen Ohren standzuhalten, sein Leben so zu organisieren, daß sich nie jemand über das klingende Ergebnis zu beklagen hat, an sich selbst einen gewissen Absolutheitsanspruch zu stellen, das muß insgesamt heißen: Verzichte auf menschliche Glücksformen der normalen Art. Zu Freundschaften taugen die sporadischen Begegnungen mit Kollegen ohnehin wenig. Nähere und verständnisvollere Beziehungen knüpfte ich spät und anderswo.

Die Ämter, die mir im Laufe der Jahrzehnte zuwuchsen, nahm ich ernst: die Gestaltung eines großen Schubert-

Festspiels in Köln, eine ähnliche Veranstaltung über Hugo Wolf in New York, beide von dem unermüdlichen Xaver Ohnesorg initiiert. Diesem Mann gehört die Bewunderung aller Musiker, die sich ja immer auf der Suche nach einer akustisch befriedigenden, sie umsorgenden und – finanziell lohnenden Beheimatung befinden. Für andere Ämter bezahlte ich mit einer Fülle von Unbequemlichkeit oder Ärger, den ich aber mit Gleichmut ertrug. Handelte es sich doch in allen Fällen um eine Sache, die ich liebte und für die mir keine Mühe oder Anstrengung zuviel war. Über die Geschäftigkeit eines Sir Yehudi Menuhin oder Mstislav Rostropovich allerdings konnte ich nur staunen.

Besonders strapaziös war der Beginn der amerikanischen Laufbahn: Tag um Tag neue Interviews, Luncheons, Cocktails, Dinners in großem wie kleinem Kreis. Überall fand ich mich von »Fans« umringt, die mich mit meist recht naiven Komplimenten überhäuften, mit überwiegend törichten Fragen bedrängten oder mit Einladungen winkten, die überhaupt nicht ernst gemeint waren (»See you on Sunday«). Ich mußte in Turnhallen oder Reitställen singen, bei unmöglicher Akustik und mäßigem Widerhall eines zwar willigen, aber doch naiven Publikums.

Die Termine meines ersten Besuches in den Vereinigten Staaten 1954 waren von dem Agenten Stein eng gebündelt worden. Zwei Jahre später wurde die alternde Madame Colbert in New York diejenige, »in deren Stall ich lief«. Sie erwies einem mit größter Bereitwilligkeit jeden Gefallen, versäumte aber nicht, ihr Verdienst herauszustreichen und einen noch Monate und Jahre später daran zu erinnern. Sie bestand darauf, daß man ihr Geschick und ihren Einsatz würdigte.

In Europa hatte ich zu dieser Zeit keinen Agenten mehr. In den unmittelbaren Nachkriegsjahren hatte ich mich von einem Dr. Funk vertreten lassen. Er war mein erster und zugleich mein letzter Agent. Er pflegte zu sagen »Mal sehen, was sich machen läßt« oder »Ich werde mal darüber nachdenken« oder »Lassen Sie das nur meine Sorge sein«. Dann dachte er nach, meist nur ein paar Sekunden, denn er war ein Mann der Tat: Entweder dachte er schnell oder gar nicht. Als ich mich nach zwei Jahren zu einem Privatsekretär aufraffte, war meines Bleibens bei ihm nicht länger.

Die erste Station der 54er Amerika-Reise war Cincinnati. Nach schwer zu ertragendem Dreißigstundenflug mit der Propellermaschine kam ich mir vollkommen überfordert vor. Von der gemütlichen Stadt im Süden Ohios, die von deutschen und irischen Einwanderern geprägt ist, sah ich fast nichts, nicht einmal das wunderbare Museum der Familie Taft. Was mich am meisten in Staunen versetzte, war der ungewohnte Anblick des zu großen Teilen schwarzen Chores und dessen fabelhafter Klang im *Deutschen Requiem*.

In Chicago interviewte mich der originelle Studs Terkel fürs Radio, aber solchen Spaß gab es nicht oft. Chicago mit seinem glänzenden Orchester und zwei akustisch sehr brauchbaren Sälen, gefüllt mit sachverständigem Publikum, entschädigte auch sonst. Dabei offerierte ich den Amerikanern keine biederen, möglichst scherzhaften Mischprogramme, mit denen die Sänger so oft den Boden zu lockern pflegen, um Wohlwollen und Aufmerksamkeit zu erhaschen. Leontyne Price und Birgit Nilsson – letztere kannte ich schon aus Bayreuth –, saßen in der ersten Reihe. Hinterher kamen sie zu mir und meinten, sie hätten sich von der fordernden Strenge, die sowohl mein Auftreten im Smoking als auch die Vortragsfolge suggerierte, gern mitnehmen lassen. Sicherlich war ich einer der unamerikanischsten Stars, die jemals in diesem Land umjubelt wurden. Ich erholte mich in dem Komfort, mit dem Amerika, damals wesentlich luxuriöser als Europa, auch in den entferntesten Winkeln verwöhnte.

Chicago war für einen Deutschen schwieriges Terrain. So erzählte mir der Dirigent Edwin Mc Arthur, fünfundzwanzig Jahre lang Begleiter der großen Kirsten Flagstad, von den Protestkundgebungen gegen Furtwängler; der Widerstand gegen seinen Nachkriegsauftritt in der Orchestra Hall war so heftig, daß die Einladung an ihn rückgängig gemacht werden mußte. Zu den Patronen des Orchesters zählte Mrs. Charles Swift, die vor ihrer Heirat eine große Karriere als Sängerin gehabt hatte: Mrs. Swift war niemand anders als die weltberühmte Claire Dux, die vor dem Krieg auch an der Berliner Staatsoper aufgetreten war – und einmal sogar in den Abonnementskonzerten, die mein Vater in der Aula seiner Schule veranstaltete.

Claire Dux war so empört über den Boykott gegen Furtwängler, daß sie sich eine Zeitlang weigerte, die Orchestra Hall zu betreten. Zu den Wortführern des Protests zählten die Sängerin Lily Pons und ihr Mann André Kostelanetz, die damit drohten, nie wieder mit dem Chicago Symphony Orchestra aufzutreten, falls Furtwängler käme. Der unvergeßliche Kommentar von Claire Dux: »Nun, die beiden sind nie mit unserem Orchester aufgetreten, und es hat auch niemand die Absicht, sie dazu einzuladen.«

Höhepunkt meiner ersten Reise war New York mit einer begeisterten Town Hall, und von dort führte die Konzerttour dann durch weitere Städte. Im Laufe der Zeit wurde mein Englisch ein wenig besser, obwohl es sich nie zur Natürlichkeit bequemen wollte, und die USA-Reise schon fast zur Routine. In Mitteleuropa unbekannte Wetterumschwünge, Hitze im Wechsel mit arktischer Kälte, waren durchzustehen; ich denke an die eisigen Temperaturen etwa in Minneapolis, der nördlichen, durch deutsche und skandinavische Siedler geprägten Metropole, oder an die Hitze in Los Angeles, wo ich gegen stark kühlende Kunstluft zugleich dankbar wie sorgenvoll ansingen mußte.

Nur kurz konnte ich einen Blick auf eine der eindrucks-vollsten Szenerien des amerikanischen Kontinents werfen: die malerischen Zypressen am Seven Miles Drive in der Bucht von Monterey, wo ich nach der Annäherung an den Klippenrand die Seelöwen entdeckte, die draußen in der Brandung lagerten.

Besonders die Carnegie Hall mit ihrer fabelhaften Aku-stik, dem festlichen Ambiente und einem geistig höchst le-bendigen Publikum wurde immer wieder zum besonderen Erlebnis. Was gemeinsam mit der gestaltungsmächtigen Elisabeth Schwarzkopf und Gerald Moore durch das *Italie-nische Liederbuch* von Hugo Wolf eingeleitet wurde, führte später durch die ganze Breite des Repertoires, einschließ-lich halb konzertant aufgeführter Opern (*Doktor Faust* und *Orfeo*). Karl Engel, Jörg Demus, Paul Ulanowsky, Jean-Pierre Rampal und schließlich der greise Vladimir Horowitz waren die höchst unterschiedlich profilierten Wegbegleiter.

Waren auch die Erlebnisse gemeinsamen Musizierens fulminant, so lief doch manche persönliche Begegnung mit gefeierten Musikern auf eine Enttäuschung hinaus. Auch mein Vertrauen in Freunde wie Leonard Bernstein schwand in Augenblicken scherzhafter Annäherung oder Ablenkung seines Interesses. Vielleicht, so sagte mir mein Instinkt, werden Bindungen an solche Berühmtheiten in der Realität von wechselseitiger Abhängigkeit bestimmt; sie bieten beiden Seiten zwar Vorteile und Annehmlich-keiten, sollten aber besser nicht allzu streng auf Zuver-lässigkeit überprüft werden.

ÄHNLICH PRÄGEND wie die Eindrücke, die ich von meinen Amerika-Reisen mitbrachte, war mein Auftreten als erster, in deutscher Zunge singender Solist in Israel im Juni 1966. Fast schien es für einen solchen Besuch zu spät zu sein. Zu lang zogen sich die Verhandlungen über ein mögliches Kommen hin, zu schwerfällig gestaltete sich der Briefwechsel. In diesem Zusammenhang muß die Vertrauen schaffende, eindeutige Politik Adenauers Anfang der fünfziger Jahre gepriesen werden. Wie waren die Juden zu »entschädigen«? lautete die Frage; im Kern ging es um »Wiedergutmachungen« dessen, was nicht wiedergutzumachen war. Das wenige, das überhaupt möglich schien, setzte der Kanzler durch. Der im Jahre 1952 geschlossene Vertrag zwischen Deutschland und Israel stellte nur einen kleinen Teil des nicht immer funktionierenden, dennoch großartigen Systems dar und gab auch mir die Chance, neue Fäden zu knüpfen.

Zum Glück begleitete mich Daniel Barenboim in drei Liederabenden und mit dem Israel Philharmonic Orchestra durch die Feuerprobe und wußte mit mir: Vor diesem musikbesessenen Publikum gilt nur Qualität. Mit Barenboims Hilfe durfte ich dann bald auch am Pult des Israel Philharmonic stehen, dessen Chef Zubin Mehta täglich in Tel Aviv anrief, um sich besorgt nach den Probenresultaten zu erkundigen; nach der Tournee aber lud er mich als Gast zur Leitung seines Orchesters in Los Angeles ein.

Was auch immer ich mit Daniel Barenboim in Angriff nahm, es trug stets die Hoffnung des Gelingens in sich. Der »ganze« Brahms, der »ganze« Wolf, der »ganze« Mahler: Mit vielen Preisen bedachte Aufnahmen wären ohne seine ingeniöse Klavierbehandlung nicht denkbar gewesen. Dieser wunderbar intuitive Musiker muß vom Morgen bis zum Abend Musik in sich hinein trinken, oder er fühlt sich nicht wohl. Daß er es in zwei Sparten tut, als Dirigent und als Pianist, wurde vielen Neidhammeln zum willkommenen Anlaß, ihn an der jeweils anderen Seite zu zausen. Aber ein »Zuviel« an Musik, einen Verlust an Substanz durch vielseitige Betätigung gab es für Dany nie. Musikausübung bedeutet ihm Lebenselixier. Wir anderen eifern ihm, ob wir wollen oder nicht, darin nach.

Es war naheliegend, Gustav Mahler in die israelischen Programme einzubringen, obwohl ich den Eindruck hatte, das Verständnis für sein Werk sei in Tel Aviv trotz der Vorarbeit Paul Kletzkis oder Leonard Bernsteins nicht allzu weit gediehen. Mit Stolz erinnere ich mich, in Deutschland ähnliche Vorarbeit sowohl mit Orchestergesängen als auch mit reinen Mahler-Liederabenden zu einer Zeit geleistet zu haben, nämlich zu Anfang der fünfziger Jahre, als sich noch kaum jemand in der breiten Hörerschaft über die Bedeutung dieses Komponisten im klaren war.

Über einen meiner Israel-Auftritte erzählte mir Alfred Frankenstein, ein bekannter Musikjournalist in Tel Aviv und New York, folgende Anekdote. Einem Ingenieur in Tel Aviv wurde das Auto gestohlen: Am nächsten Tag stand es wieder am üblichen Platz. Wie groß aber war erst seine Überraschung, als er im Auto einen Briefumschlag fand mit folgender Notiz: »Ich bitte um Verzeihung, daß ich gezwungen war, Ihr Auto zu nehmen: Meine Frau stand vor einer Entbindung. Als Zeichen meines Dankes und um mich erkenntlich zu zeigen, erlaube ich mir, Ihnen einliegend zwei Karten für das heutige Konzert von Dietrich Fischer-Dieskau zu überreichen.« Der gerührte Autobesitzer ging begeistert ins Konzert. Als er nach Hause kam, war seine Wohnung ausgeraubt.

1996 hielt der Filmemacher Bruno Monsaingeon vor engagiertem Publikum in Tel Aviv einen Vortrag über seine Musikfilme. Am folgenden Tag sollte eines dieser bemerkenswerten Dokumente vorgeführt werden, und die Zuhörer hatten die Wahl. Sie entschieden sich für den Film über mich, was mich um so mehr bewegte, als zahlreiche der Anwesenden selber Pianisten oder Streicher aus Rußland waren und auch Filme über Svjatoslav Richter und David Oistrach zur Auswahl standen.

Kein Zweifel ist möglich über die Untaten, die für alle Zeiten ihren Schatten auf das Bild des Deutschen werfen.

Als Konzertierender mußte ich mich diversen Feind-
seligkeiten und Antistimmungen im ehemals von uns
gepeinigten Ausland stellen. Dank der Musik gelang es mir
zum Glück meist, so etwas wie ein nostalgisches Bewußtsein des »Vorher« zu erzeugen. Dies gilt sicher auch für
meinen ersten Holland-Besuch 1952.

Dort, in Amsterdam, sah und sprach ich eine Legende
aus vergangenen Zeiten: den Liedbegleiter Conraad van
Boes. Er konnte von dem großen Schauspieler-Sänger
Ludwig Wüllner erzählen, mit dem er viele Jahre unterwegs gewesen war, auch in Amerika: Niemand sei der
Faszination dieses Mannes entkommen. Dann saß van
Boes am Flügel, wenn Eugen Gura sang, jener frühe Münchener Sachs, mit dem Wagner die Partie noch selbst ein-
studiert hatte. Damals konnte ich nicht ahnen, daß ich
mich einmal auf einem Teil von Guras Grundstück in Berg
niederlassen würde. Seit 1896 hatte van Boes den für die
erste öffentliche Aufführung von Brahms' *Vier Ernsten
Gesängen* vorgesehenen Sänger – der dann wegen Indis-
position durch Anton Sistermans ersetzt worden war –,
nämlich den aufgrund seiner Programmgestaltung für
mich vorbildlichen Bariton Johannes Messchaert begleitet.
Noch viele andere Namen schwirrten in van Boes' Erinnerung durcheinander: Elena Gerhardt, von der ich mir
einmal in London die fehlenden Noten zu einem Wolf-
Liederabend auslieh; Julia Culp, Frieda Hempel, Emmy
Destinn, deren Tochter in meinen ersten RIAS-Produk-
tionen als Aufnahmeleiterin tätig war; Gerhard Hüsch,
Rose Bampton, Maria Ivogün, Sigrid Onegin, Lotte Lehmann; in weniger weit zurückliegenden Tagen der Amerikaner Mac Harrell, der seit 1933 mit van Boes gearbeitet
und dessen *Dichterliebe* ich mit großem Genuß im Titania-
Palast gehört hatte, sowie Helen Traubel, die van Boes von
ihrem ersten Liederabend an begleitete.

Einer der Höhepunkte musikalischer Bemühungen um

Versöhnung zwischen den Völkern war die Uraufführung des *War Requiem* von Benjamin Britten in Coventry. Mehrfach gastierte ich in Aldeburgh und fühlte mich in der Gesellschaft von Benjamin Britten und Peter Pears wohl, auch wenn bei Britten schon eine gewisse Erschöpfung und pianistisches Nachlassen infolge seines Herzleidens spürbar war. Nach ersten Planungen für einen gemeinsamen Liederabend fuhr ich in einer »Wolke der Depression« ab, weil sich herausgestellt hatte, daß wohl kein vollständiges gemeinsames Programm inklusive zweier Schubert-Gruppen zustande kommen würde. Nur seine eigenen *Songs and Proverbs* nach William Blake, die er auf liebenswürdigste Weise »Dieter, dem gegenwärtigen und dem zukünftigen« nach Irmels Tod mir zugeeignet hatte, wollte sich Britten noch zutrauen; an Schubert aber, der doch einen so wesentlichen Teil seiner Arbeit mit Peter Pears ausgemacht hatte, wollte er sich nicht mehr heranwagen. Ich bettelte weiter, und eine zusätzliche Schubert-Gruppe von zehn Liedern, leider das einzige Schubert-Erlebnis mit Britten, kann noch auf einer kürzlich erschienenen CD bewundert werden.

Der desaströse Brand der eben erbauten, akustisch eminenten Konzerthalle während des Aldeburgh-Festspiels 1969 und die hohe finanzielle Belastung ihrer schon bald begonnenen Wiedererrichtung trugen zu Bens schlechtem Befinden bei. Auch ein geplantes *Lied von der Erde* unter Brittens Anleitung fiel dem Unglück zum Opfer, nicht anders eine Einladung meiner kleinen Kammermusikgruppe zu barocken Werken. Aber vielleicht ist es besser, wenn nicht alle schönen Pläne ausgeführt werden.

——————— Teil II ———————

Leben in der Bewährung

DAS PHÄNOMEN der Interpreten-Persönlichkeit gehört zum Heikelsten bei jeder Musikwiedergabe. Mit der Orchesterkultur fing die Unterscheidung zwischen Freiheit und Genauigkeit bei der Befolgung des Notentextes an. Sie suchte, in falsch verstandener Nachfolge von Toscaninis Präzision und Strenge, ihr Heil in der Metronomik und findet noch heute in manchen gläubigen Kapellmeistern folgsame Kronprätendenten. Anders die Erfüllungsgehilfen unter den Sängern, die sich damit begnügen, einen Ton wie den anderen zu singen, dem Gesangsideal, der Spiegelung von Seelenvorgängen, Hohn sprechend.

Nicht mehr als das, was der Komponist weiß, sollte sich der Interpret zu fördern anmaßen. Was nicht heißt, daß er sich über die geistesgeschichtliche Situation der Entstehung eines Werkes einfach hinwegsetzen darf; auch muß er sich auf eine noch so chimärenhafte Dichterintention festlegen, die ihm selbst plausibel erscheint. Aber er soll sich dem Publikum nicht anbiedern, sich dessen Meinung als Kontrollinstanz nur bedingt unterwerfen. Er soll über die werkimmanenten Gegebenheiten deutend hinausgehen, musikalischen Formverlauf ebenso verdeutlichen wie Sinn vermitteln, natürlich ohne jeden pädagogischen Beigeschmack.

Vielleicht ist für unsere Kunstmusik die Zeit nahe, in der sie verstummt, in der neue Musik nicht mehr nachwächst. Aber niemand unter uns ist befugt noch willens, ihr Todesurteil zu sprechen. Es gibt für den Künstler nichts Unbotmäßigeres als Untergangsprophetie. Zufuhr frischen Bluts tut not, aber Musik läßt sich nicht kommandieren, gerade von denen nicht, die ihr Hilfe bieten wollen. Nichts ist übrigens unverständiger als ein modischer Märchenglaube, von den »unverbrauchten« Kräften der Popmusik sei eine Renaissance zu erhoffen. Denn die »Krise« unserer Musik gründet in einer größeren der Gesellschaft. Die Alternative lautet: Auflösung und Ende oder weitergehen, und ich durfte noch immer letzteres tun. Jeder gehe seinen Weg – vorausgesetzt, er hat einen. Schlimmer als Revolution, die zuzeiten notwendig sein mag, ist Pseudorevolution, mit der nur allzu oft Stagnation kaschiert werden soll.

»Kulturmanager« von heute meinen, aus einem Konglomerat von Kunst und Unterhaltung nach amerikanischem Vorbild ließe sich ein neuer Ansatz für die Musikkultur finden. Neuerdings füttert der Hörfunk in alter Stokowsky-Manier das Ohr von Halb- oder Garnicht-Interessierten mit Klassik-Häppchen. Ich kenne allerdings auch ernst zu Nehmende, denen das sogenannte »Klassik-Radio« Spaß bringt, zumindest Zeitvertreib beim Autofahren. Mir ziehen sich immer die Gedärme zusammen, wenn ich zufällig auf diesen Sender stoße. Was die Macher anstreben, machte mir schon vor Jahren die Plattenproduktion deutlich, indem sie mich immer wieder einmal um »Halb-Seriöses« für die Schallrillen bat. Immerhin existieren zwei Operettenaufnahmen mit mir, von Johann Strauss und »halb klassisch«. Beide dirigierte – etwas schläfrig und gar nicht zu vergleichen mit seiner Agilität als Konzertmeister der Wiener Philharmoniker – Willi Boskowsky, den ich oft genug, als Solist direkt hinter oder neben ihm plaziert, aus der Nähe bewundern konnte. Bei den Operettenaufnahmen freilich stand ihm schon der Tod vor Augen.

Die Plattenindustrie, das muß jedem klar sein, der für die Vermischung der »E-« und »U-Musik« wirbt, wünscht sich an den eigenen Haaren aus dem selbstgeschaffenen

CD-Sumpf herauszuziehen. In den neunziger Jahren sickerte das Ergebnis einer Marktanalyse durch, die Hälfte potentieller Klassik-Hörer beträte niemals einen Plattenladen. Woraufhin die Köpfe in den Chefetagen heißliefen. 450 Millionen D-Mark geben die Deutschen für Tonträger mit »klassischer« Musik aus. Also mußten die Nichtkäufer als »sleeper« aus ihrem Schlummer gerüttelt werden und den Umsatz verdoppeln. Nun haben aber diejenigen, die früher schon fleißig kauften, ein Basisrepertoire bereits mehrfach im Regal oder im CD-Turm stehen und suchen – in Ermangelung von Neuem – die Kataloge nach Raritäten ab. Es ist paradox genug, daß diese Klientel kaum an den Staubhäufchen aus den Ecken der Musikgeschichte interessiert ist, zugleich aber von Dubletten des ernst zu nehmenden Repertoires übersättigt erscheint.

Im Hochpreis-Segment, so kalkulieren die CD-Produzenten, müssen »Crossovers« her wie die sexy Vanessa Mae oder der arme blinde Tenor Bocelli; berühmte Klassik-Interpreten werden vertraglich verpflichtet, Volkstümliches aller Couleur zu bieten. Die Idee des Ganzen: Mit Pseudoklassik läßt sich die Grenze zum Pop-Markt, bisher von Idealisten ehern verteidigt, unauffällig verwischen; den Überläufer-Interpreten winken satte Honorare.

Aber es gibt einen Haken: Haben die CD-Abnehmer einmal die Dreißig überschritten, verzeichnen die Firmen ein spürbares Nachlassen der Kauffreudigkeit solcher Mischproduktionen. Hier soll per Crossover überbrückt werden, indem durch Klassiksender künftigen U-Musik-Käufern der jüngeren Generation klassisch angehauchte Pop-Ware als Köder ausgelegt wird. Es wird darauf spekuliert, solche Kunden kämen später immerhin als Abnehmer für poppige Produktionen mit Hochkultur-Anstrich in Frage, für Walzer-Folgen von großen Pianisten oder Kuschel-Serenaden mit allbekannten Violinspielern.

Aber das Argument, man könne mit der Crossover-

Tricktechnik, mit einer »Art von Klassik« die Masse an die wirklichen Meisterwerke heranführen, sticht nicht. Trifft ein Häppchen-Konsument unversehens auf schwerer verdauliche Kost, so reagiert er zumeist verschreckt und versucht es nicht ein zweites Mal. Das Ergebnis: Der Crossover-Markt entwickelt sich neben dem alten Markt. Wer aber solcherlei Promenadenmischungen befehdet, muß sich klarmachen, daß ähnliche Verfallserscheinungen wie die im Musikmarkt zu beobachtenden in vielen anderen Bereichen der Kultur längst akzeptiert wurden. Das System zersplittert, die Zielgruppen unterteilen sich immer neu – auch dies Folge des Verlustes eines für alle verbindlichen Wertekanons.

Es handelt sich eigentlich nicht um die »Kulturgesellschaft«, die sich hier erneuern will. Bestimmenden Einfluß, ja ein gewisses Diktat übt vielmehr die Technik aus; ihrer Forderung, auf dem jeweils neuesten Stand zu sein, ist auch der Musikmarkt unterworfen, und er folgt willig. Mikrophone zum Beispiel, deren höchste und tiefste Frequenzfänge die Industrie begeisterten, nur weil es wieder einmal etwas Neues war, obwohl damit der Originalklang praktisch verbannt wurde, unterjochten Ausübende wie Hörende schon früh. Auch ich litt unter den übertriebenen Hoch- und Tieffrequenzen und den zugleich überzogenen Unterschieden zwischen *piano* und *forte*. Niemand hat es den beanstandenden Kritikern je gesagt, wieviel an Überpointierung auf Kosten hochempfindlicher Schallsensoren geht. Als Sänger einer vergangenen Aufnahmeperiode bin ich glücklich, mich in den meisten Fällen auf ausgewogeneren Wiedergaben zu hören. Und an diesen Aufnahmen darf ich mich, auch wenn sie inzwischen auf CD überschnitten wurden, einigermaßen ungehindert freuen.

ICH HABE MICH IMMER als Fremdling in meiner Zeit gefühlt. Mochte ich zunächst auch als ihr verwöhnter Liebling gelten, so hieß die Aufgabe doch: den Zeitgenossen einen Spiegel vorzuhalten und sie an das Ideal zu erinnern, das sie so gern ignorieren. In den Werken neuzeitlicher Künstler bekundet sich dieses Ideal nicht so sehr inhaltlich als in der Form. Ich hielt mich an Kants Definition der Schönheit als einer »Zweckmäßigkeit ohne Zweck«, und mit Zeugnissen solcher Schönheit hatte ich es vornehmlich zu tun. Auch die zweckmäßige Organisation meines eigenen Lebens diente nur dazu, dem Losgehen auf einen Endzweck Valet zu sagen.

Mit der Darstellung des Häßlichen habe ich es schwer. Mein Vater, in seiner Sehnsucht nach dem antiken Götterhimmel, zitierte gern Schillers Zeile »Schöne Welt, wo bist du?«, und ich habe sie später mit Schuberts Musik auch oft gesungen. Ich wollte nicht glauben, daß die Götter – die Schönheit, für die sie standen – von der Geschichte einfach hinweggefegt worden waren. Mit dem Eintritt ins 21. Jahrhundert scheinen die Koordinaten kultureller Äußerung nunmehr vollends durcheinander geraten zu sein.

Scheppernd ideologisch, aber im Grunde hilfesuchend wurden vor einem Vierteljahrhundert gesellschaftlicher Aufbruch und Gemeinschaftsgeist unter den Kulturschaffenden beschworen. Dabei dachte jeder nur an sich und diente niemandem. Bei den Individualisten, die Künstler nun einmal sein müssen, stieß das Trompetengeschmetter in der Regel auf taube Ohren, sofern sie sich nicht selbst schmerzlichen Verstehensprozessen unterwarfen. Da stand die Mitbestimmung auf dem Theater ebenso zur Diskussion wie die didaktische Umformung von Museen, und manche Vorstellung war in Berlin mitgeboren.

Als die Kunst stockte, als sie den Progress verweigerte, als sie flüchtete, wurden Losungsverkünder laut, die Willy Brandts auf die politischen Entscheidungsprozesse gemünzte Devise »Mehr Demokratie wagen« auf die Kunst und Kunstausübung zu übertragen suchten, worüber Orchestermusiker nur zähneknirschend reden können. Die wenigen Intendanten-Regisseure, von denen noch Schauspieler-Theater zu erwarten stand, wurden im Laufe der Jahre entfernt. Es braucht heute nur mehr einen einzigen Theaterbesuch, um festzustellen, daß in modernen Inszenierungen die Ästhetik kein Mitspracherecht mehr für sich beanspruchen darf.

Um die Kulturpolitik bisheriger Prägung wird es erfreulicherweise jedoch zunehmend stiller – jedenfalls in Berlin –, denn es gibt einen fatalen Zusammenhang zwischen den verstummenden Utopien aus dem Munde der Kulturverwalter und den einst klingelnden, heute gänzlich tonlosen kommunalen Kulturkassen. Bezeichnend für die Ablösung schien mir die Schließung des Schiller-Theaters, der eine lange Zeit des Harrens auf halbherzige Wiederverwendung folgte. Hatte man denn die Zeit des Welttheaters an diesem Ort vergessen? Die Beckett-Mirakel, die von Barlog geleiteten Welturaufführungen, die von ihm heimgeholten Fritz Kortner, Ernst Deutsch oder Lucie Mannheim und die glanzvolle Reihe unvergeßlicher Spitzendarsteller? Barlog hatte ohne Mittel angefangen und vielleicht gerade in der Zeit vor der Großsubventionierung sein Bestes geleistet. Aus der Talsohle des Sparenmüssens werden wir in gemeinsamer Anstrengung herausklettern, sollten es damit aber nicht zu eilig haben. Denn das Kuriosum behauptet sich, daß schmale Budgets gutem Theater nicht hinderlich sind.

Viele geldschluckende Inszenierungen der letzten fünfundzwanzig Jahre hinterließen den unabweislichen Eindruck, Schauspiel und Oper sollten verulkt werden. Es hieß, zunächst einmal sollte alles Zeitgebundene der Stoffe abgestreift werden. Aber warum? Meist doch wohl, um aktuelle Zeitbezüge herzustellen und damit ein neues

Publikum in den Zuschauerraum zu locken. Da durfte sich
das Auge schon freuen, wenn nicht in schlampigem All-
tagshabit von heute agiert wurde, sondern in Gewändern,
die sich auf nichts festlegten und allen möglichen Zeiten
entsprungen sein konnten. Das fast überall bevorzugte
moderne Kleid soll den Zuschauern die alten Konflikte,
die alten Menschheitsprobleme näherbringen. Aber es
rückt sie eher in Distanz, denn ein Kleid ist ja nicht nur
ein auf bestimmte Weise geschnittenes Stück Tuch, das vor
Kälte schützt, sondern es hängt in ihm Geruch, Geschmack,
Gefühl einer Epoche. In diesem Sinne wirken der Lohengrin im Frack oder die Elisabeth im Straßenfummel als
fortwährende parodistische Distanzierung von der Welt
des Stückes – sie müssen so wirken. Das scheint mir wesentlich in den vom Clownesken über Pornographisches
bis zu Blutschmierereien reichenden Kostüm- und Regie-
einfällen des Augenblicks.

Eines der Hauptbedürfnisse heutiger Intendanten und
Regisseure scheint darin zu liegen, authentische Requisiten
zu meiden, und um dies zu erreichen, sind ihnen alle
Textänderungen, Streichungen und sonstigen Bearbeitun-
gen gerade recht. Aber seltsam: So viel Scheu die Thea-
termacher empfinden, ein für die Gegenwart nicht stilge-
mäßes Requisit – etwa ein Schwert, eine Leier oder eine
Laterne – auch nur zu benennen, so tolerant zeigen sie sich
gegenüber Widersprüchen in ihrer eigenen »Logik«. Und
der Intendant schleicht während der Buhrufe durch das
Vestibül und reibt sich die Hände: Ein Eklat mehr kann
der Kasse nicht schaden. Mein Onkel Philipp würde gesagt
haben: »Nichts als Übermut.«

Das autonome Kunstwerk gibt sich nicht ohne weiteres
preis, die Kultur vergangener Epochen steht nicht zur
freien Verfügung. Der seltene Regisseur, der freiwillig
einer solchen Einschränkung folgt, vollstreckt in erster
Linie den Willen des Autors, ohne Abstriche, ohne pene-

trante Aktualisierung und ohne die stets auf fortschreitenden Wahnsinn deutende Bemerkung: Ich sehe das so. Sich in dieser Disziplinierung zu üben, beginnt aus den Begriffen des Kulturlebens gänzlich zu verschwinden, und jeder Intendant würde zögern, einen solchen Regisseur heute noch zu engagieren.

Ich selber stand einmal kurz davor, Regie und Bühnenbild einer Neuinszenierung zu übernehmen. 1981 schickte der noch aus Bayreuther Probentagen mit mir befreundete Hans-Peter Lehmann, inzwischen Intendant des Opernhauses in Hannover, die technischen Pläne seiner Bühne. Nachdem ich ihm ursprünglich eine, wenn auch zaghafte, Zusage gegeben hatte, *Tristan und Isolde* neu einzustudieren, ließ ich das Vorhaben wohlweislich dann doch wieder fallen. Zu deutlich sah ich die Gefahr, eine schwache Arbeit, noch dazu ein »konventionelles« Konzept abzuliefern. Lehmann nahm meine Absage mit Respekt und Verständnis entgegen.

Auf einen Theater-Menschen zu treffen, der nicht nur in seiner Bühnenarbeit, sondern in seinem Zugang zu den Stoffen die Überzeugung vermittelt, daß er mit magischem Gespür begabt ist, mit einer unmittelbaren, ursprünglichen Beziehung zu den Geheimnissen der Seele und des Geistes, grenzt an ein Wunder, zuletzt erlebt in den Schaubühnen-Aufführungen von Peter Stein. Aber ich halte an dem Gedanken fest, daß es so etwas gibt wie Bühnenmagie, wenn auch – vielleicht ja zum Glück! – sehr selten.

Bei dem viel zu früh verstorbenen Günther Rennert bekam ich immerhin eine Vorstellung davon, was Theater sein kann. Mit ihm Mozart oder Verdi zu erarbeiten, bedeutete in jeder Geste, jedem Gedanken ein Nachvollziehen musikalisch vorgegebener Bedingungen. Ein Darüber-hinaus konnte es ebensowenig geben wie ein Davonweg. Typisch schien mir Rennerts häufig dirigierender Gestus während der Proben, als hätte er ein imaginäres

Orchester und nicht Einzelpersonen vor sich. Dennoch ließ er sich zunächst einmal vielerlei persönliche Auffassung anbieten, wie auch ein guter Kapellmeister zunächst den Willen und die Fähigkeiten des Orchesters abtastet, bevor er eigene Vorstellungen kundtut. Ganz anders drangen die vornehmlich bildnerisch, vom Bühnenraum her konzipierenden Regisseure Wieland Wagner oder Jean-Pierre Ponnelle zum Zentrum einer Partie vor. Da gab es einen visuellen Rahmen, der ihnen für die ganze Probenarbeit nicht aus dem Sinn wich und jede Bewegung mitbestimmte. Natürlich hieß das auch: Nun bringt eure gesangliche und darstellerische Phantasie ein, sie werden sich dann schon ins Spiel fügen lassen.

Jean-Pierre Ponnelle gelang es, die Darsteller zu intensivieren. In der Uraufführung von Aribert Reimanns *Lear* schien es zwar mitunter, als hätten die Sänger den Kothurn verschluckt, denn Laute und Gebärde reckten sich zur gerade noch erreichbaren Höhe – jeder in jedem Augenblick seine eigene Statue. Aber die Bühnenwirklichkeit spottete der offenen Hinterbühne, wirkte wie ausgespart aus Unwirklichem, gab im Blick auf technisches Gestänge nur Andeutungen, Stichworte für die Phantasie des Auges, wenn auch sehr deutliche.

Ich hatte den *Lear*, dieses Stück voll Blut und Wunden, dem Komponisten aufgedrängt, und es lohnte sich. Längst bevor zwischen dem Komponisten (Reimann), dem Librettisten (Henneberg) und mir eine endgültige Beurteilung des Textes zustande kam, hatte ich meine Überlegungen zur Form angestellt. Alle Seitenstränge der Aktion, die nicht zur Haupthandlung der sechs führenden Personen (Lear, Gloster, Narr und die drei Töchter) gehörten, waren von mir zwar irgendwie berücksichtigt worden, aber in ziemlich unprofessioneller Weise skizziert. Henneberg ließ mich 1973 dann wissen, er habe die Nebenszenen sehr stark gekürzt. Bei keinem Werk – und er hatte bereits eine

Reihe Libretti geschrieben – habe er eine so große Angst
vor dem Wort »zu lang« empfunden wie beim *Lear*. Wie
recht er damit hatte und wie sinnvoll er dem Problem
mit gleichzeitig darzustellenden Szenen zu Leibe rückte,
erwies sich als äußerst hilfreich für die Ausführung. Wir
sahen uns 1978 zu den Proben wieder und waren sicher,
daß seine Lösung wirksam werden würde.

Der *Lear* spielt in legendärer Vorzeit. Wie das organische
Leben früherer Erdperioden in Riesenformen zur Erscheinung wurde, so manifestieren sich in der Vorzeitwelt des
Lear Empfindung, Wort und Tat als überlebensgroß. Um
diese Monumentalität rang Reimanns Musik, um sie warb
auch Ponnelles Regie – sein Leitgedanke hieß: gesteigerte
Natur. Musik konnte die vordringlicheren Linien des
Geschehens verwischen, in ihren Wellen den dunklen,
sternenlosen Himmel des Werkes schwermütig widerspiegeln.

Rolf Boysen war mein Narr. Shakespeares Narren eignet
etwas geheimnisvoll Unpersönliches, auch wenn sie in
Reimanns Tönen singen. Es ist schwer zu glauben, daß sie
außerhalb ihres Narr-Seins noch ein anderes Leben besitzen. Man kann sie liebenswürdig und mit sanftem Bernhardinerblick darstellen, man kann sie sardonisch außerhalb des Geschehens Gemeinheiten sagen lassen oder in
ihnen, wie Boysen es tat, Warnung und Prophetie zu einer
die Titelfigur spiegelnden Rauheit gerinnen lassen.

Julias Cordelia war eine Symphonie in Weiß und Weich.
Wahrlich, ich armer Lear durfte diese Cordelia ein Schmerzenskind nennen. Auf ihren Lippen brannte das süße Salz
der Tränen, ihre Augen saßen wie Stigmata des Leids im
durchsichtigen Antlitz. Immer war ich gewärtig, die zarte
Erscheinung Flügel aufspannen und entschweben zu sehen. Blick und Stimme taten das ja auch.

Während der letzten *Lear*-Vorstellungen machte ich
übrigens die Erfahrung, daß sich meine Bühnenexistenz

fast unmerklich von mir zu verabschieden begann, daß »sie dem Mimen keine Kränze flocht«. Kaum eine öffentliche Erinnerung wird ihr nunmehr gegönnt, der Name des Liedersängers nimmt leider, weil zehn Jahre länger aktiv, absoluten Vorrang ein.

So glücklich die Umstände der Uraufführung des *Lear* 1978 waren, so unglücklich gestaltete sich der Zwischenfall, der zehn Jahre zuvor *Das Floß der Medusa*, Henzes Che Guevara-Huldigung, nicht zur Aufführung gelangen ließ, so daß es bei der Plattenaufnahme der Generalprobe vom Dezember 1968 blieb. Ich wußte nichts von dem Vorhaben Ernst Schnabels und Hans Werner Henzes, aus dem Konzert eine Kundgebung mit roter Fahne und Guevara-Bild zu machen. Als West-Berliner vor einem West-Berliner Orchester und ebensolchem Chor stehend folgte ich der allgemeinen Empörung, als die Vorstellung nicht begann, und verließ nach zwanzig Warteminuten mit den Mitgliedern von Chor und Orchester das Podium. Edda Moser und Charles Regnier, die anderen Solisten, blieben einigermaßen verdattert stehen. Ziemlich erbost – nach soviel Vorarbeit – ging ich zu Henze in die Garderobe und sagte ihm, ich würde mich nicht wieder derart hinters Licht führen lassen, womit natürlich die fehlende Unterrichtung vorher gemeint war. Daraufhin war es mir viele Jahre nicht mehr vergönnt, neue Stücke Henzes aufzuführen, bis er für sein Oratorium *Laudes* nach Berlin kam und wir die emotionalen Barrieren umwarfen. Ein von mir zusammengestellter Prosaliederzyklus nach Heine und die Hauptrolle in einer groß angelegten Oper gingen mir auf diese Weise jedoch verloren.

Durch Hans Werner Henzes Aufrichtigkeit wurde mir andererseits ein großer Fehler auf meiner Seite bewußt. Ich hatte ihm nämlich nie dargelegt, wie eindrucksvoll und phantasiereich ich seine Musik fand, besonders ihre klangliche und melodiebildende Qualität. In einem Brief machte er mir die Frustration deutlich, von einem seiner Protagonisten nie ein Wort darüber vernommen zu haben. Ich glaube, solche Unterlassungssünde auch bei anderen Freunden – vielleicht auch bei meinen Söhnen – begangen zu haben, und ich bedauere das in jedem einzelnen Fall. Weiß ich doch, wie niederschmetternd es ist, wenn ein Dirigent nach durchgestandener, guter *Meistersinger*-Vorstellung, also nach einer Singleistung von etwa zweieinhalb Stunden, seinen Sachs keines Wortes würdigt und sich höchstens zu einem Händedruck versteht.

Noch eines dritten zeitgenössischen Komponisten will ich hier gedenken: Gottfried von Einem. Kennengelernt hatten wir uns 1972 in Wien; ich wohnte, wie damals meist, im Hotel Imperial, und von Einem, noch ohne Bart und ohne den Wuschelkopf eines Waldschrats, besuchte mich, um mit mir die Uraufführung seines Zyklus *Rosa mystica* nach Gedichten von H. C. Artmann zu besprechen. Mich hatte die strikte Tonalität seiner Musik immer etwas in Verlegenheit versetzt, bevor ich begriff, daß hier eine legitime Nachfolge der Klänge von Mahler und Pfitzner gesucht wurde. Den störrischen, nationaldeutsch gesinnten, politisch so törichten Meister Hans Pfitzner, von dem ich einzelnes wie die Eichendorff-Gesänge seit langem schätzte, hatte mir von Einem mit der Übersendung sämtlicher Lieder sehr viel näher gebracht. Seiner Anregung verdankte ich dann die Orchesterlieder-Aufnahmen mit dem Bayerischen Rundfunk, unter denen mir besonders die Wiedergabe von *Herr Oluf* und der Erzählung des Dietrich aus der Oper *Der arme Heinrich* unter Wolfgang Sawallisch Freude machte.

Von Einem besaß die bei einem Komponisten leider seltene Gabe, mit seinen Interpreten alle möglichen künstlerischen Fragen zu erörtern und sich dadurch eine gewisse Nähe zu erobern. Der Uraufführung der *Rosa mystica* – bei der mich Karl Böhm vor den Wiener Philharmonikern auf unvergeßliche Art begrüßte: »Den brauch' ich Ihnen nicht vorzustellen, der dirigiert jetzt a!« – folgten die (leider nur auf Platte realisierte) Uraufführung des Liederzyklus *Leb wohl, Frau Welt* nach Hesse und die für die Vereinten Nationen konzipierte Kantate *An die Nachgeborenen*, bei der sich Texte von Bert Brecht in traditionell oratorischem Chor- und Orchesterrahmen bewegen, was mich befremdete. Ich bewunderte die Musiker der Wiener Symphoniker, weil sie den Weg des geringsten Widerstandes, den der Dirigent Carlo Maria Giulini bevorzugte, indem er ganz einfach dem bereits im Orchester vorgegebenen Zusammenspiel folgte, souverän beschritten.

Als mir von Einem als Präsident der Mahler-Gesellschaft 1981 die Mahler-Medaille überreichte, berichtete er vom schlimmen Zustand seiner Augen. Er erkannte niemanden mehr und konnte sich in der Stadt nicht mehr orientieren. Auch Farben zu unterscheiden fiel ihm schwer: Licht sah er blau, die Wälder rot. Nur Noten konnte er noch schreiben. Nicht lange danach starb der Bedauernswerte.

Es ist kein Geheimnis, daß selbst Wohlmeinende zögern, dem, was über zeitgenössische Musik gesagt wird, irgendwelche Bedeutung beizumessen. In diesem Lichte ist die Behauptung, Darlegungen von Kritikern seien subjektiv, ein Gemeinplatz. Die meisten Kritiker geben das jedoch nur ungern zu. Deshalb gehört die Diskussion über zeitgenössische Musik, wie ich sie oft genug vor oder nach Wiedergaben erleben mußte, zum Unbefriedigendsten. Die Gefühle, die daraus resultieren, steigern sich häufig zu einer derart überwältigenden inneren Abwehr, daß man versucht ist, den Mund nie wieder aufzumachen und die Interpretation neuer Musik anderen zu überlassen. Jedenfalls sorgen die Kritiker dafür, daß der Respekt des Publikums vor zeitgenössischer Musik gewaltig ist. Vor einem gemeinsamen Auftritt fragte mich Ernst Krenek, ob ernsthaft oder ironisch, war nicht recht auszumachen: »Weshalb singen Sie nicht nur zeitgenössische Musik? Die Presse wird Sie feiern, das Publikum kann über falsch oder richtig nicht urteilen, und Ihre Nerven werden weit mehr als beim klassischen Repertoire geschont.«

Gerade weil meine Natur mich lange in der Bahn musikalischer Wiedererneuerung festhielt, gerade weil ich auf das gründlichste auskostete, was alles durch Abbruch von Tradition an neuen Funden, Aussichten oder Hilfsmitteln entdeckt worden war, empfinde ich heute gesteigertes Verlangen, die Tradition wiederzugewinnen und den »stehengebliebenen Trümmern und Säulengängen des Tempels mit der Phantasie wenigstens die alte Vollkommenheit und Ganzheit anzudichten«. Zumal sich die Kraft im Alter als viel zu schwach erweist zu bauen, »wo so ungeheure Gewalten schon zum Zerstören nötig waren«, wie Nietzsche über Goethe geschrieben hat.

Der Versuch einer Wiederentdeckung des Ohres jedenfalls, wie sie Luigi Nono forderte, scheint fehlgeschlagen. Oder ist es diesem Experimentator, der vor seinem Tod eine Zeit in Berlin verbrachte, gelungen, das in den Klanggewittern der Moderne ermattete Gehör wiederzubeleben? Ich bezweifle das. Mehr noch zweifle ich beim Anhören von Stücken jener Zeitgenossen, die sich zu einer scheinbar musikalischen Organisation der Geräusche flüchten.

Stille ist relativ. Zwar konnte Industrie- und Maschinenlärm in den Städten gedämpft werden, doch aufgrund des gewaltigen Autoverkehrs tönt es heute auf unseren Straßen unterschwellig diffus, sehr viel lauter jedenfalls als früher. Dem Klavierspieler, der bei John Cage regungslos vor der unberührten Tastatur sitzen bleibt, antworten Buh-Rufe. Jede Ruhezone sucht nach einem »Lautumfeld«, das sie umschließt. Im völlig schalltoten Raum sind immer noch ein hoher und ein tiefer Ton zu hören: das Sirren des

Nervensystems, das Rauschen des eigenen Blutes. Wenn die Schallakustik derart gründlich gedämpft wird wie in jener Bank an der Wall Street, wo die Kassierer die Kunden nicht mehr zu verstehen in der Lage waren, führt Stille als »Klangidyll« zu kommunikativer Verarmung.

So mancher »Versuch« mit noch nie gespielten Werken findet heute auf den führenden Bühnen des Landes statt. Vordem empfanden sich die Opernhäuser der großen Städte nie als Testbühnen; es waren vielmehr Häuser, in denen glänzend Oper gespielt wurde – mit einem Ensemble von Persönlichkeiten: anmutige Liebhaber (wenn auch gelegentlich mit Bauch), Pathetiker und schwungvolle Temperamente, (fast immer) glaubwürdige Darsteller menschlicher Größe und unwiderstehliche Herzensfänger. Könige, Bösewichte, Helden, sie alle standen wuchtig auf der Erde und rührten mit dem Haupt an die Sterne. Die Singenden sättigten das Gefühl des Zuschauers mit Schmackhaftem. Nirgendwo speisten Herz und Sinne besser als in der Oper, dafür ist sie nun einmal da.

Aber das gilt längst nicht mehr. In der sogenannten Provinz wird heute besser Oper gemacht oder mindestens ebensogut wie in den großen Städten. Kontinuität mit der ruhmreichen Vergangenheit wahren heute nur noch wenige Kulträume fernab vom Publikum, hier und da der Name eines großen Komponisten und schließlich die sogenannte Tradition, eine feine ätherische Substanz. Diese Substanz, die eigentlich nur als verwehender, gespenstischer Hauch fühlbar ist – und auch das meist nur älteren Leuten, die sich erinnern –, nennt so mancher Atmosphäre.

Aber für die Notwendigkeiten und Möglichkeiten der lebenden Opernbühne bedeutet Tradition sehr wenig. Sie wirkt sich höchstens aus als eine stärkere, sozusagen sittliche Verpflichtung zu niveauvollen Inszenierungen. Es ist eine rührende Illusion, zu glauben, daß von den Berliner Staatsoper-Brettern, auf denen Frida Leider, Maria Müller, Lauritz Melchior, Heinrich Schlusnus, Helge Roswaenge, Franz Völker, Max Lorenz, Margarethe Klose, Rudolf Bockelmann, Erna Berger oder Jaro Prohaska gestanden haben, ein besonderes, geheimnisvolles Fluidum durch jene ströme, die heute dort singen. Glaubt wirklich jemand, daß ein General, den man ins Bett Napoleons legt, auf kühnere strategische Einfälle kommt?

Einer, der sich an der Vermählung von Tradition und Moderne geradezu verbrannte, war August Everding. Es trieb ihn um, und für alle, die mit ihm zu tun hatten, kam die Begegnung einem Adrenalinstoß gleich. Geistsprühend, immer agil, Anregungen austeilend, notfalls die etwa retardierende Umgebung auf und hinter der Bühne antreibend und zurechtweisend und alles, was ihm notwendig schien – etwa die Bewahrung finanzgefährdeter Bühnen –, leidenschaftlich verfolgend: August Everding war vielen ein Dorn im Fleisch, wenn auch ein sympathischer. Wer mit ihm sprach, mußte sich von Zeit zu Zeit vergewissern, ob er die Aufmerksamkeit seines Gegenübers noch habe. Denn zu viele der gleichzeitig auf den Vielkönner und Organisationsfetischisten gerichteten Wünsche waren zu bewältigen. Immer saßen ihm Forderungen seiner Umwelt im gedrungenen Nacken. Aber seine Freunde waren ihm dankbar, daß er von seinem Lieblingstraum, der Wiedergeburt des »Prinze« in München, nicht abließ und ihn bis kurz vor die Vollendung führte.

Was fehlt, ist eine Planung, die über die zeitweilige Raumnutzung hinausgeht und den Nachwuchstalenten die bisher nur erwogene praktische Erweiterung ihres Könnens gewährleistet. Was der Kulturpolitiker Everding in die Wege geleitet hat, folgte seiner Bildung und seinem musischen Ingenium; was er trotz der Finanzmisere den Verantwortlichen abgezwungen hat, sollte nach seinem

Dahinscheiden nun nicht verwässert und aufs Spiel gesetzt werden. Auch wenn ihm die offiziell mit der »Kultur« betrauten Macher nur schwer das Wasser reichen können, sollten sie immerhin den Mut haben, seine Bestrebungen fortzusetzen.

Bei der Eröffnung des Münchener Prinzregenten-Theaters wurde zum weiteren Male deutlich, daß die alte Münchener Staatsoper, wenn auch nicht auf der Bühne, so doch im Zuschauerraum gegenwärtig ist, jedenfalls in den Herzen derer, die ihre vergangene Größe noch wahrgenommen haben. Ähnlich süße Erinnerungen und persönliche Opern-Erlebnisse schwingen wohl mit, wenn ein Älterer »Nationaltheater« denkt. Leider gibt es kein mystisches Verfahren, das Wunder jener von Rudolf Hartmann geleisteten Wiedereröffnung 1963 immer wieder zu erneuern. Was nützen Altäre und Priester, wenn die Götter weg sind. Auf dem Podium des »Prinze« saßen die Sänger als Zuhörer, in der vordersten Reihe die Senioren Hotter, Holm, Goltz, Borkh und wie sie alle heißen. Der etwas abstruse Einfall, mit Straussens Lied *Zueignung*, gesungen von Hermann Prey, in der »treuen Seele« Everding und das Theater anzurufen und dann mit chorischem Senioren-Ensemble ins »Habe Dank!« einzustimmen, wurde gehorsam befolgt.

SEIT DEN SCHWACHEN AUGEN Arturo Toscaninis ist es Brauch geworden, auswendig zu dirigieren. Es heißt, man könne sich nur dann völlig wohl und imstande fühlen, der Musik die gewünschte Intensität des Ausdrucks zukommen zu lassen, wenn auswendig musiziert wird. Wie viele Musiker begegneten mir dann aber, denen man das Nachdenken darüber, wie es weitergeht, anmerkt. Und wenn ich die unzähligen Gedächtnislücken bedenke, die ich sogar bei Aufführungen guter Pianisten bemerkte, kommt der ketzerische Wunsch auf, alle sollten ihre Noten benutzen, denn sobald ein derartiger Fehler auffällt, kann der Hörer nicht sicher sein, ob der Rest richtig gespielt wird und ob nicht gewisse ungewöhnliche, überraschende Merkmale der Musik weiteren Ausrutschern zuzuschreiben sind. Zur Erleichterung des Dirigenten spielt immerhin das Orchester von Noten, und man darf Beethoven so hören, wie er das Stück komponiert hat, und nicht, wie ihn der Dirigent XY, den Launen seines Gedächtnisses folgend, erweitert oder verkürzt hätte. Eine solche Forderung läßt sich im übrigen nicht auf Sänger anwenden, bei denen zum einen das Gesicht entscheidend mitsprechen sollte, zum andern nur jeweils eine einzige Text- und Musikzeile ausgeführt sein will und der Begleitung nur das Ohr gehören muß.

Der öffentliche Druck, »auswendig« zu spielen, ist enorm. Ich erinnere mich an die energisch arbeitsame Irmgard Seefried, mit der ich 1962 in Luzern Bartoks Oper *Blaubarts Burg* unter Rafael Kubelik zu singen hatte. Ob ich auswendig singen würde, wollte sie wissen. Sie hoffe es nicht, denn sie singe die Judith zum erstenmal und würde mit dem Auswendiglernen des doch schwierigen Stückes sicher nicht rechtzeitig fertig werden. Also bat sie mich auf rührende Weise, so zu tun, als läse ich ab. Ich konnte sie beruhigen: Zur Sicherheit würde auch ich die Noten in der Hand halten.

Der Druck, dem so viele Musiker ausgesetzt sind, wird mit zunehmendem Alter immer größer. Das Gedächtnis läßt nach, und die Augen brauchen beim Notenlesen eine Brille. Svjatoslav Richter wollte deswegen überhaupt zu spielen aufhören. Ich rief ihn ernsthaft dazu auf weiterzumachen. Grund für eine momentane Gedächtnisschwäche ist meist das Durcheinandergeraten der »inneren Uhr«, was im Zeitalter der Düsenflugzeuge und des Reisens in alle Himmelsrichtungen fast naturgegeben erscheint. Mehrere Tage nach einer solchen Reise fühlt man sich unwohl, was nicht bloß die Koordination im Geistigen und Körperlichen, sondern auch das emotionale Gleichgewicht beeinflußt.

Es bleibt mir (und jedem anderen Dirigenten) ohnehin gar nichts anderes übrig, als einen Teil der Verantwortung, wenigstens während der Aufführung, an die Musiker vor mir zu delegieren. Und unter dem gnädigen Fluß des Rhythmus im klassisch-romantischen Repertoire, sonderlich bei der flutenden Polyphonie eines Richard Strauss, der sich zum eigenen Gebrauch die einfachste Taktbewältigung zum Gesetz machte, werden die Lücken des Gedächtnisses wenig fühlbar.

Es geht weit über die Anforderungen an einen Sänger hinaus, was der Dirigent während der Proben zu leisten hat: sich mit jeder Einzelheit zu beschäftigen und zugleich das Orchester in den Stand zu setzen, während der Aufführung auf alle seine Wünsche einzugehen. Zum Glück traf ich noch immer auf ausgezeichnete Konzertmeister, die ahnten, was ich wünschte und vorhatte. Dieser Person am ersten Pult der Geigen fällt ja die Aufgabe zu, den Impuls und lebendigen Fluß der Auffassung des Dirigenten übermitteln zu können.

Im Hinblick auf den Part, den er zu spielen hat, muß vor allem der Stimmführer der zweiten Geigen hervorstechende Eigenschaften besitzen. Denn es charakterisiert die zweiten Violinen, daß sie nicht so oft wie die ersten die betörende Melodie, die Führung innehaben. Ihr Anführer braucht ein äußerst konzentriertes Ohr und große Selbstdisziplin, denn ihm fehlt – meist – die Möglichkeit für Expansion und eigenen Ausdruck, für Selbstverwirklichung. Ihm obliegt peinlichste Kontrolle der Spielweise, denn die mit ihm Spielenden müssen sich völlig dem Erfordernis der Oberstimme, eigentlich allen Orchesterstimmen unterordnen. Vor ihrer peniblen Aufgabe, die inneren harmonischen Vorgänge wiederzugeben, habe ich größten Respekt, und ich lernte manche Vorspieler der zweiten Violinen kennen, die als ideale Stimmführer Hervorragendes leisteten.

AUS DER ERFÜLLUNG des Willens zum Dirigieren, und zwar von Werken, die mir bei anderen noch nicht als »richtig« begegnet sind, ergaben sich einige Erkenntnisse, die, auch ohne von Richard Strauss zu stammen, einem jungen Kapellmeister wohl ins Stammbuch zu schreiben wären:

– Persönlichkeit und physische Beschaffenheit geben den Ausschlag.
– »Arm«-Dirigenten, häufig mit steifem Handgelenk schlagend, geben Zeichen mit nur spärlicher Aussagekraft.
– Große Besetzungen erfordern keine ausladende Schlagtechnik. Deine Bewegungen und die zu interpretierende Musik müssen sich entsprechen.
– Verzichtete Franz Liszt bewußt darauf, bei der Einstudierung der Werke Wagners die üblichen Schlagfiguren anzuwenden, so deshalb, weil sie der zeitgenössischen Produktion nicht mehr entsprachen. Die auffällige Bevorzugung des *Alla breve* im 4/4-Takt bei Wagner, Bruckner, Strauss, Mahler und anderen hängt damit zusammen.
– *Alla breve* und Zweiviertel sind nicht dasselbe. Letzterer ist akzentuierter und kleinräumiger durchzuführen. *Alla breve* verlangt nach weichen und weiträumigen Bewegungen.
– Im Sechsertakt sollte 4, 5, 6 von rechts nach links geschlagen werden, um die Balance der Bewegungsrichtungen nicht zu stören.
– Die Fähigkeit, sich die Zeiträume zwischen den Schlägen richtig einzuteilen, geht durch zu häufige Unterteilung immer mehr zurück. Wo bleiben da die weiträumigen Phasen?

– Je größer die Zahl der Mitwirkenden und je mehr Lautstärke entwickelt wird, desto schwerfälliger fügt sich der Apparat. Warte zum Beispiel, wenn der erste Einsatz verzögert kommt, mit der nächsten Bewegung, damit Zeit entsteht, ihn einzuholen. Gibst du den Vortakt zu rasch, um das gewünschte Tempo bei allen Mitwirkenden zu erreichen, mußt du mit dem Ensemble sehr vertraut sein. Willensübertragung setzt energische Vorarbeit voraus.

– Vergiß über dem Geben selbst kleinster Einsätze die Interpretation nicht und verwechsle diese nicht mit »Organisation«.

– Gehe beim *pp* nicht zu tief mit den Händen, bewahre dir immer die Breite des Bewegungsspektrums.

– Dirigiere an Solostellen nur die Begleitung.

– Staccato-Schlag vermittelt den Eindruck des Treibens; Legato-Schlag den des Ziehens.

– Dirigiere Deine Partitur nicht mit Haut und Haar, sondern nur das, was des Dirigierens bedarf.

– Höre voraus, aber nicht so, daß dein imaginäres Tonbild den tatsächlichen und zu verbessernden Klang *überhört*. Die Schablone des selbst erarbeiteten Hörbildes darf die tatsächlichen Fehlerquellen nicht *überdecken*.

– Auswendig lernt sich die Partitur am besten in Abschnitten von etwa 12 bis 16 Takten.

– Analysiere zunächst die Satztechnik, ohne freilich zu vergessen, sämtliche vorkommenden dynamischen Werte bewußt zu machen.

– Deine Vorstellungskraft und dein Erinnerungsvermögen müssen das aller Mitwirkenden übersteigen.

– Stelle dir das Konzert als Spiel vor, und du erlebst vielleicht Augenblicke, die Joseph Keilberth mit den Worten kennzeichnete: »Heute war der liebe Gott im Saal!«

Das Naturell eines Dirigenten scheint mir schwieriger zu ergründen als das anderer Sterblicher. Selbst die Orche-

stermusiker, meist stolz auf ihr sofortiges Erkennen der
Stärken oder Schwächen des Taktierers da vorn, haben oft
keinen Schimmer von den wahren Charaktereigenschaften
des Mannes am Pult. So erging es sicherlich vielen auch mit
dem unerhört könnerischen Lorin Maazel, einem Mann
von schlagtechnischer Perfektion, enormem Gedächtnis
und raschestem Überblick. Viel habe ich mit ihm gesungen, und immer zu höchster Beglückung. Andere sprachen
von seiner »Kühle«, seiner »Distanz« oder seinen wechselnden Stimmungen. Das kam mir immer vor wie die vor-
gefaßten Meinungen zu Gustav Mahler, der sich zu Beginn
des 20. Jahrhunderts über schnell gefällte Urteile aufregte,
die da hießen: »exzentrisch«, »schwierig«, »nervös«.

Wie kann man aber bei einem Dirigenten von übermäßi-
ger Distanz reden, der es, wie Lorin Maazel, für richtig
hält, seinen Solisten von Veränderungen in seinem Privat-
leben Kenntnis zu geben, um Fehldeutungen vorzubeu-
gen? Oder wenn er den Entschluß seines Jago respektiert,
nach einem Knochenbruch in der Generalprobe von der
Partie zunächst Abstand zu nehmen, und ihm gleich eine
andere Verdi-Rolle entgegengesetzten Charakters anbietet,
den Germont in *La Traviata*. Immer wenn wir uns sahen,
stellte sich das Gefühl kaum unterbrochener Gemeinsamkeit, sofortigen musikalischen Übereinstimmens ein.
Nur einmal reagierte er empfindlich, als sein Sänger bei
einem Rezitativ Bachs, lediglich von Cello und Cembalo
begleitet, sich mit seinen Phrasierungsvorschlägen direkt,
ohne »Umleitung« über den Dirigenten, an die Instrumentalisten wandte. Wer weiß wirklich, was in einem Dirigen-
tenkopf vorgeht?

Als ich mich einmal mit Furtwängler in Wien unterhielt,
verglich er die Interpretation eines Werkes mit dem Strömen eines Flusses. Den Händen des Dirigenten bleibt bei
solchem Ziel geradezu anbefohlen, expressiv zu sein; es
gilt, sich selbst zum völlig transparenten Instrument künst-

lerischen Ausdrucks zu machen. Es war mir vor zwanzig Jahren sicherlich noch nicht gegeben, einer Schubert-Symphonie wie der Vierten zu Beginn den Impetus ernstgenommener tragischer Monumentalität zu verleihen, ihrem Andante liebevoll Nuancen der Innerlichkeit zu entlocken und im Finale aus der Wechselrede der Instrumentengruppen mitreißende Heiterkeit aufblühen zu lassen. Aber nur auf diese Weise wären die Schatten des formal Unbewältigten in den frühen Symphonien Schuberts allenfalls zu besiegen.

EINER BESONDERS nervenraubenden Aufführung sei hier Erwähnung getan: Einzig Mozart stand 1998 auf dem Programm meines ersten Konzerts als Dirigent des Orchesters der Deutschen Oper Berlin. Ich vermochte nichts, als unzufrieden die Achseln zu zucken über alles, was nicht in der Kompetenz von Julia lag, die zwei Arien aus *Titus* und *Cosi fan tutte* beisteuerte, zu Recht bejubelt und von der Presse gefeiert.

Ich wußte das Orchester im symphonischen Bereich anderen in Berlin beheimateten oder gastierenden Orchestern zwar unterlegen. Aber es war nicht vorherzusehen, wie sehr der Apparat von weihnachtlicher *Hänsel-und-Gretel*-Routine ausgesogen sein würde. Ich dirigierte das Mozart-Programm erstmalig, aufgrund nur geringer Pultvertrautheit mit dem Werk des so kompliziert Einfachen, je einem Klavier-, Violin- und Flötenkonzert vor Jahren in Israel. Es handelte sich um eine Folge, die Symphonien umfaßte, deren Bekanntheitsgrad auf eine unverstellte Wahrnehmung seitens des Publikums ohnedies nicht hoffen ließ. Auch mein wie immer gestähltes Nervenkostüm wurde von so vielen Risikofaktoren beeinflußt, daß ein Entstehenlassen im Furtwänglerschen Sinne erschwert schien. Dazu hätte es eines sensitiven Orchesters bedurft – und zum Knechten fehlte die dafür notwendige

Probenzeit. Die streßgeplagten Dienstleistenden verwendeten die erste der drei zugestandenen Proben zum Wiederentdecken der Noten, um in der zweiten zu vergessen, wie das einige von ihnen unter XY gemacht hatten, und während der dritten, die am Aufführungstag selber stattfand, darauf zu reflektieren, sie würden sich vor dem Abend diese oder jene schwierige Stelle noch einmal vornehmen.

Nachdem Julia sich glühend unbedingt ins Spiel gebracht und mir den bis dahin vermißten musikalischen Widerpart geboten hatte, entwickelte ich einen radikalen Unterjochungswillen, der den Apparat für den Rest des Abends in die Rolle eines Sekundanten der Interpretation zwang. Von der Jupiter-Symphonie ließ sich auf eine gewisse innere Stimmigkeit in der Anlage des Abends schließen. Die markanten emotionalen Kontraste kamen heraus. Aber mit der Deutung selbst optierte ich gegen die noch immer andauernde Mode, Mozarts Musik mit »Originalinstrumenten« und nach historisierenden, auf Gerüchten beruhenden Interpretationen samt metronomischem Gleichmaß aufzuführen. Dagegen hob ich die Herkunft der romantischen Symphonie aus eben diesen Werken hervor, die Geburt einer neuen musikalischen Sensibilität.

Die ganze Unternehmung war ein Wagnis gewesen, wie nur ich es mir zumuten konnte. Ich hatte mich als Dirigent in Berlin, der Hochburg symphonischer Aufführungspraxis, schon immer unter denkbar ungnädigen Bedingungen zu beweisen. So auch vor Jahren mit dem Radio-Symphonie-Orchester und einem reinen Schumann-Programm, das bei einem Kritiker auf solches Unverständnis stieß, daß er schon die ersten, vom Komponisten wie stöhnend als Arpeggio notierten Akkorde mißverstand, indem er sie als nicht zusammengespielt und als »Beginn der Katastrophe« brandmarkte, ohne die Partitur zu kennen.

Als Dirigent der Tschechischen Philharmonie in Prag erfuhr ich 1976 zum erstenmal das Wunder, ganz in einer

Sache aufgehen zu dürfen und vom Werk davongetragen zu werden. Eine große Hilfe war mir dabei der musikalische Aufnahmeleiter Dr. Herzog, dessen Aufforderung, den dritten Satz von Brahms' Vierter Symphonie doch noch einmal gründlich durchzuarbeiten, ich mit Begeisterung nachkam. »Ich wußte nicht, daß man in meinem Alter noch so viel lernen kann«, lautete das schöne Lob, das ich von ihm dafür erntete.

Prag beeindruckte mich sehr. Die Stadt liegt wunderschön an den Ufern der Moldau und blendet mit einer Fülle bedeutender Bauwerke, darunter besonders seltenen Beispielen barocker Architektur, die ständig an glanzvollere Epochen erinnern. Jeder Quadratmeter Boden zeugt von der dichten Geschichte einer stolzen, eigensinnigen Nation. Nach der Überwindung des Kommunismus, an der die Tschechen entscheidenden Anteil hatten, können wir jetzt nur auf ihre Integration in den europäischen Bundesstaat der Zukunft hoffen.

Wie grundverschieden Mozart-Interpretationen sich anhören können, wird bei einem Vergleich von Aufnahmen zweier Dirigenten deutlich, die etwa zur gleichen Zeit reüssierten und mit denen ich in Partien von Mozart auftrat. Karl Böhm tat sich, trotz aller Beteuerungen, Mozart sei sein Gott, mit der Realisierung von dessen Werk mitunter schwer. Er liebte den vollen Orchesterklang aus der Bruckner-Tradition und achtete stets auf strengen Zeitablauf, ohne sich irgendwelche agogischen Freiheiten zu erlauben. Seine Solisten ließ er auf sich zukommen, indem er ihre Individualität akzeptierte und höchstens auf Tempogenauigkeit und Befolgung seines sehr knappen Schlages drängte. Gedämpfte Tongebung, geringere Dynamik erreichte er ausschließlich durch mündliche Anweisung, während sein niemals stark ausschwingender Schlag wie durch Zauber jede gewünschte Forte-Wirkung leicht erzielte.

Ferenc Fricsay dagegen kam es von vornherein auf Ausdruck auch mit agogischen Mitteln an. Die berühmte Durchhörbarkeit seines Orchesterklangs kann man vor allem bei seinen Aufnahmen der Jupiter-Symphonie und des *Don Giovanni*-Vorspiels bewundern, muß aber gelegentlich rhythmische »Freiheiten« in Kauf nehmen. Er liebte es, seinen Sängern Details »vorzukauen« und sie über jede Hürde seines Ausdruckswillens springen zu lassen, nicht ohne zum Zeitpunkt der Aufführung gänzlich neue, unerwartete, nur von einem »begleitenden« Sänger freudig begrüßte Abweichungen zu wünschen.

Mozart erschien mir stets als größter künstlerischer Verkünder der Lebensfreude, jener pantheistischen, die springlustig ist, stürmisch bejahend, unbestimmt schöpferisch und niemals im banalen Sinn übermütig. Als höchsten Ausdruck dieser frommen Lebensfreude aber empfand ich *Figaros Hochzeit*. Zwei so begnadete Regisseure wie Oskar Fritz Schuh und Günther Rennert machten mir nacheinander zwei völlig verschiedene Versionen plausibel: der eine in den schweren, barockisierenden Dekorationen von Caspar Neher, der andere in Ita Maximownas schwerelosen, zartsinnigen Dekors.

Die Faszination dieser Inszenierungen hing natürlich mit Salzburg zusammen. Wer holt mir die Aufregung, die Vorfreude, den unbestimmten Festtaumel aus Salzburg zurück? Damals, in den fünfziger Jahren, herrschte Krieg an vielen Orten der Welt, und ich fragte mich, ob es richtig war, einmal für einige Zeit sich das Wegschauen zu gönnen. Aber hat der Mensch nicht das Recht, ja die Pflicht zur Lebensfreude?

Wo sind heute die strahlenden Mienen einer rauschartigen Beglücktheit bei Ensemble und Publikum, die offenbarten, daß alle ähnlich fühlten? Was übte so unwiderstehliche Macht auf uns aus? Es war die Magie von Salzburg vor dem bedrohlichen Hintergrund weltweiter Konflikte, es war aber vor allem die Vollkommenheit des *Figaro*, die kein zweites Bühnenwerk besitzt. Gewaltigeres mag es ja geben – runder, schöner, zarter, leuchtender ist nichts. Nichts hat diese Spiegelklarheit bei so viel Würze, diese Allgegenwart des Genies in jedem Teil, diese himmlische Harmonie aller Teile.

Bei Da Ponte fängt es an: Vergleicht man seinen Text mit der »folle journée«, so bestaunt man eine Anpassungskraft, die haarscharf erkannte, warum Beaumarchais für Mozart durch den Librettisten verkürzt, warum er für ihn andererseits angereichert werden mußte (wobei Mahlers Erweiterung der Gerichtsszene vielleicht doch ein wenig übertrieb). Der Figaro des Beaumarchais ist nicht bloß die Kritik und Negation der bestehenden, der herrschenden Gesellschaft, er ist auch schon die positive Zukunft, der Anmarsch des vierten Standes, der über Leichen geht, der höchst unwählerisch handelt (dies wiederum blieb bei Erich Kunz Mitte der fünfziger Jahre fort, ganz folgerichtig, denn es liegt in Figaros Wesen, weniger aber in Mozarts Gestalt). Ein-, zweimal läßt Da Ponte es wetterleuchten, aber nicht blitzen und donnern. Auch spricht der Figaro Mozarts mit Fug von seinen adligen Eltern; er ist ein Windhund, aber von edler und reinheitsbedürftiger Rasse.

Bei der Premiere von 1786 sind sämtliche neunundzwanzig Nummern wiederholt worden. Beneidenswerte Wiener! Aber kann die Aufführung besser gewesen sein als die Salzburger von 1956 unter Rennert? In ihrer Absicht war sie mir sogar lieber als die im Jahr zuvor an der gleichen Stelle unter Schuh absolvierte, ganz einfach, weil sie absichtslos war, ohne Anspruch auf Wirklichkeitsillusion, weil sie sich nicht die Zähne zerbiß, wo ihr doch gar keine Nuß, sondern nur eine Erdbeere in den Mund geschoben war. Bei Schuh ging alles etwas archaischer, festgefügter zu. Vielleicht wirkte mein »Eindringen« in das berühmte Wiener Ensemble als Conte Almaviva noch sehr jugendlich, die Partie noch lange nicht so durchgefeilt wie in späteren Aufführungen; vielleicht war ich manchen auch nicht »gräflich« genug. Aber was ist das? Wenn ich zum Schluß Rosina um Verzeihung bat, mit von Empfindung schwellendem und abschwellendem Klang, dann schaute mich Böhm so liebevoll an, wie man das sonst bei ihm leider nur selten sah.

Aber den Vortritt hatten die Damen. Das ist ja der Hauptunterschied zwischen Mozart und Beaumarchais, daß diese Hochzeit mehr von den Frauen begangen wird, ohne daß die welsche Komödie je unheroisch wird. Ein neuer Paris, der vor die Susanne der Seefried, die Gräfin der Schwarzkopf und den Cherubino der Christa Ludwig gestellt würde, müßte den Apfel in drei gleiche Teile zerschneiden. Wie sie einander ergänzten, wie ihre Temperamente zusammenstimmten, wie von der Schwermut ein Schatten über die Ausgelassenheit fiel und die Blüte der Braut zwischen reifer Frucht und herb-süßer Knospe prangte, das war einzig, ein Glücksfall. Böhm schlug mir den Marsch zwar zu gewichtig und langsam, aber sonst blieb mir kein Einwand im Gedächtnis.

In späteren Jahren hat Julia, gelegentlich auch mit mir, viele Male die Gräfin gesungen, sogar in Italien, das sich unbegreiflicherweise aus Mozart nichts macht. Nun sind Mozarts Frauenfiguren repräsentativ für Julias Gestaltungskunst auf der Bühne. Fast wie eine Demonstration dessen, was früher »empfindsame Dichtung« genannt wurde, teilen sich ihre Partien in säuberlich getrennte Klassen von tugendhaften und lasterhaften Personen auf. Die Repräsentantinnen der letzteren gehören zu dem merkwürdigen Geschlecht der »rasenden Weiber«, die einen bacchantischen Siegeszug über die Opernbühnen des 18. Jahrhunderts gehalten haben und so gut wie immer im Kontrast zu dem zärtlich-empfindsamen Mädchen oder der resignierenden Frau stehen. In Mozarts Werk finden wir die grandiosesten Verkörperungen des exzessiveren Frauentyps: Elektra versus Ilia in *Idomeneo*, Vitellia versus Servilia in *La clemenza di Tito*, die Königin der Nacht versus Pamina in der *Zauberflöte*. Den drei »Bösewichtinnen« gab Julia Stimme, daneben aber ebenso überzeugend der Pamina.

In der Opera buffa *Cosi fan tutte* vertritt der »Philosoph« Don Alfonso, den ich immer mit besonderem Bedürfnis nach Akribie sang, die Überzeugung, kein weibliches Wesen könne unverbrüchliche Treue halten. Selbst bei dem Schwesternpaar Fiordiligi – einer Glanzrolle Julias – und Dorabella, den Bräuten seiner Freunde Ferrando und Guglielmo, will er keine Ausnahme gelten lassen, was den Protest der beiden verliebten Offiziere hervorruft. Nun soll ein von Don Alfonso eingefädelter Liebestest, bei dem die beiden Liebhaber exotisch verkleidet ihre Bräute wechselseitig zu verwirren haben, erweisen, daß Treue ein utopisches Ideal ist, ohne Bestand in der Wirklichkeit. Der Verlauf des Abenteuers bestätigt Don Alfonsos sensualistische Überzeugung vom Nichtvorhandensein der Beständigkeit. Ich hütete mich davor, als Miesmacher aufzutrumpfen, sondern entschuldigte mit Da Ponte die Flatterhaftigkeit der Frauen als »necessità del core«. Ich philosophierte dem Textdichter nach, daß die Natur den jungen Männern zuliebe keine Ausnahme machen und Frauen erschaffen könne, die anders als in ihrem Plan beschaffen sind. Dabei kam mir zu Hilfe, daß Mozarts Vertonung des ironischen Textes von einem tiefen Gefühlsernst diktiert zu sein scheint, der alle Parodie-Offerten des Textes regelmäßig negiert.

Eine besonders schöne konzertante Aufführung von *Cosi fan tutte* – leider ohne Julia – gab es 1988 in Paris. Zwar mußten gleich zu Beginn der Proben einige Unsicherheiten im Tempo ausgeglichen werden, und es kostete Mühe, den Dirigenten Sir Neville Marriner dazu zu bewegen, in den Finales nicht alle vier Viertel auszutaktieren, sondern in Halbe zusammenzufassen. Aber der höfliche Brite verschloß sich den Bitten des Ensembles nicht, und alles gelang über die Maßen schön. Welch großartige und zugleich einfache Alternative zu den damals bereits grassierenden problematischen Inszenierungen ist doch eine solche Darbietung ohne Bühne, die den Hörer stärker fordert, ihn aktiviert, seine Phantasie anregt. Die junge Dame, die mir als Despina zur Seite stand, hieß Barbara Bonney; sie legte später zahlreiche Beweise ihres Talents ab.

Nach anfänglichem Zögern übernahm ich im Oktober 1999 die Aufgabe, in einer konzertanten Wiedergabe von Mozarts *Entführung aus dem Serail* mit dem Münchener Kammerorchester unter Christoph Poppen den Bassa Selim in einer Textfassung von Ursula Haas zu sprechen, zu kommentieren und stimmlich zu verkörpern. Ein ausgesucht gutes Ensemble sang hervorragend. Das Unterfangen reizte mich schon deshalb, weil ich diesem Ausnahme-Mozart wegen einer fehlenden Partie für meine Stimmlage immer etwas ferngestanden war. Nun durfte ich eine fiktive, immerhin mögliche Biographie des Bassa nachvollziehen, der bei der Uraufführung 1781 durch banalen Zufall, nämlich eine fristlose Kündigung des vorgesehenen Tenors, zur Sprechpartie mutiert war.

Bassa Selim, in der Verantwortung für die Bewohner seines Landes Asir, einschließlich der in der Wüste nomadisierenden Beduinenstämme, liebt die Bücher der Gelehrten und Dichter und betreibt den Ausbau einer riesigen Bibliothek. Ein introvertierter, in die Jahre gekommener Mann, hält er seine Eunuchen dazu an, daß die Frauen seines Harems sich nicht bloß um ihre Schönheit kümmern, sondern sich auch kundig machen im edlen Sprechen, ja in der Poesie. Neu gekaufte Sklavinnen müssen die Lieder ihres Landes vorsingen. Seiner jemenitischen Lieblingsfrau überdrüssig, macht sich Selim mit Osmin, seinem alten

Lieblingsdiener, fast einem Vertrauten, auf den Weg nach Europa, um neue Bücher und neue Frauen zu erstehen.

In der Nähe der Meerenge von Gibraltar bereiten Seeräuber dem Ausflug Bassas ein böses Ende und verschleppen die vornehmen Gäste, um sie schließlich auf dem Sklavenmarkt von Madagaskar zu verkaufen. Auf dem Markt macht Osmin seinen Herrn auf junge Frauen aufmerksam, die wie Kamele feilgeboten werden. Als Bassa dann aber die schöne Konstanze, die Heldin des Schauspiels, erblickt und ihre Augen sich auf ihn richten, vollzieht er auf der Stelle den Handel mit den libyschen Barbaren. Indem er sich Europa in der Person Konstanzes freiwillig in sein Wüstenland holt, kommt auf Bassa Selim die Prüfung seines Lebens zu, hat er doch seine arabischen Wurzeln immer schon mit den assimilierten Aufklärungsidealen Westeuropas verbinden wollen.

Selim weiß, daß er die Spanierin quält. Er, der lächelnd über einen ganzen Harem verfügt, von dem er mit Rosen gefeiert wird, versucht, Konstanze mit dem Vortrag von Gedichten islamisch temperamentvoll an sich zu binden. Aber die Katholikin verweigert sich Bassa, weil ihr die Ehe für heilig gilt, die sie mit dem Architekten Belmonte verbindet. Dessen Mißtrauen löst bei ihr maßlose, schmerzhafte Bestürzung aus, denn sie hielt ihm die Treue – trotz ihres kreatürlichen Verlangens nach Selim. Belmontes Bitte um Verzeihung verbindet sie ihm lebenslang, da sein liebevolles Herz ihre nicht einzugestehende Verliebtheit in Bassa auf diese Weise abgetan sein läßt. Musikalisch gesteht uns der Komponist, ohne je konkret zu werden, die geheimsten Regungen seiner Geschöpfe ein, ein Wunderwerk zugleich an Aufrichtigkeit und Diskretion.

BEGEGNEN WIR einem Kunstwerk zum zweitenmal, so stellt es sich uns meist völlig anders dar. In der Literatur machen wir diese Erfahrung jedesmal, wenn wir etwas

nach langer Zeit wiederlesen. Ich muß gestehen, daß die
Dialoge des alten Fontane auf den ersten, jugendlichen
Blick obenhin und geschwätzig auf mich wirkten. Was an
stilistisch sicher und wirkungsvoll eingesetzter Causerie
im *Stechlin* steckt, ging mir erst verhältnismäßig spät auf.
Wie schön bedächtig und aufmerksam zugleich, wie dem
andern zugewandt und am Menschen Anteil nehmend die
ganze, so erstaunlich zeitlose »Sprache« Fontanes, des späten Finders seiner selbst, sich doch ausnimmt!

Auch in der Musik stellt sich beim Wiederhören oder
Wiederlesen der Noten eine völlig andere Beziehung her
als beim erstenmal. Fast möchte man es als unumgäng-
liche Notwendigkeit bezeichnen, nicht zweimal mit den
gleichen Ohren einem Musikwerk zu folgen. Zweimal
kam ich mit Karl Böhm zusammen, um in *Elektra* von
Richard Strauss den Orest zu singen. Einmal mit der fabelhaften Inge Borkh, die es fertigbrachte, auch über einen
Stimmritzenkatarrh hinweg am Ende der Aufnahmesit-
zungen die Erkennungsszene unbeeinträchtigt zu singen;
sonst wäre das ganze Unternehmen geplatzt. Es handelte
sich, soweit ich mich erinnere, um Böhms erstes Wiedersehen mit der Dresdner Staatskapelle; nach langen, kom-
plizierten Vorverhandlungen mit der Deutschen Grammophon fanden in einer bombengeschädigten Kirche mit
noch durchlöchertem Dach die Aufnahmen statt. Ich
damals etwas »puristisch« angehauchter Neuling stufte
die Strausssche Musik als eine allzu harmlose Akkord-
reihung mit möglichst kompliziertem Rankwerk ein,
das ihr lediglich den Beigeschmack des Modernistischen
geben konnte.

Das andere Mal stand Böhm ganz am Ende seines Lebens
und war nicht mehr imstande, meine ganze Szene selbst zu
dirigieren. Hergestellt wurde die Tonbandgrundlage für
einen Film, der unter Götz Friedrichs Regie in einem
unförmig großen, ausgedienten Wiener Eisenbahndepot

gedreht werden sollte. Hier erlebte ich die unvergeßliche Leonie Rysanek, der eine Fußverletzung zu schaffen machte, die sie sich beim Agieren auf glitschigem, mit künstlichem, schrecklich stinkendem Blut bedecktem Boden geholt hatte.

Nun stellte ich fest: An keiner Note merkt man dem Werk sein Alter an, die Jahrzehnte wiegen weniger als ein Tag. Hier hat die Leidenschaft eine tragische Härte, das Temperament eine Wogenfülle, das Blut eine Glut; und dies alles sichert Richard Strauss den Nachruhm in noch höherem Grade, als ihm sein Moderuhm zu Lebzeiten sicher war. Seine Musik umschließt einfach alles: die zuckenden Krämpfe einer angstbebenden Frau ebenso wie die irren Visionen eines dunkelnächtigen Raubtiers und die angenagte Lebensfähigkeit einer leidenden Kreatur. Das Orchester zeigt zugleich schimmernde Transparenz und metallene Stärke. Die fieberhaften Akzente sind imstande, Gebilde einer dämmernden Zwischenwelt, geheimnisvolle Triebkräfte der Seele mit einem Ruck ans Licht zu reißen, aus einem Gedanken der Rache alle Furien wie brennende Schlangen, wie die Erinnyen ausbrechen zu lassen. Sie bleiben keine toten Symbole. *Elektra* ist lebendiges, von Hugo von Hofmannsthal formuliertes Schicksal, gestaltet von einem Musikgenie, das seine Zeitlosigkeit noch unseren Enkeln und Urenkeln erweisen wird.

IN DEM VERSUCH, eigenständig zu leben und zu arbeiten, Konventionen, zumal denen des Augenblicks, der Mode, der Aktualität, möglichst nicht Folge zu leisten, mühte ich mich stets um die Erweiterung des eigenen Horizonts. Daß ich so manchen »enzyklopädischen« Plattenauftrag erhielt, ist damit zu erklären, etwa die Einspielung aller Männer-Lieder von Richard Strauss, die mir einen ganz anderen Menschen als den in mancher Beschreibung als Antisemiten abgestempelten, zu Unrecht verleumdeten Mann zeigten.

Den Text seines Melodrams *Enoch Arden* nach Tennyson hatte ich als Sprecher in den sechziger Jahren schon einmal mit Jörg Demus aufgenommen. Als ich 1994 auf dem Programm im wiedererstandenen Prinzregententheater meinen Namen las, dachte ich nur mehr: Es kann nicht gehen! Es ist unmöglich, einem heutigen Publikum ein Melodram dieses Zuschnitts noch akzeptabel zu machen. Der Sprecher des Textes könnte versuchen, »modern«, mit radikalem *understatement* zu antworten, aber damit würde er sowohl die Musik Lügen strafen als auch den Gefühlsüberschwang des Textes leugnen und als unerwünschte und peinliche Beigabe abstempeln. Der ist aber nicht nur ein konstitutives Element, sondern auch Auslöser der Komposition. Nein, es kann nicht gehen!

Um mir und den Hörern das Gegenteil zu beweisen, trat ich dennoch an, kehrte in einigen Passagen allerdings zu den wesentlich knapperen Formulierungen des englischen Originals zurück. Und es schien plötzlich möglich, das Tennyson-Strauss-Pathos nicht verschämt überspielen zu müssen, sondern ganz »auszumusizieren«, wie ich das bei einigermaßen rührseligen Stellen schon manchem gefühlsscheuen Kapellmeister geraten hatte. Und siehe da: Die Sympathie des Publikums war gewonnen. Ob nun mit Gerhard Oppitz, Wolfram Rieger, Hartmut Höll, Florian Henschel oder Burghardt Kehring: das Künstler-Team muß die Gefühlsschraube so allmählich anziehen, den emotionalen Einsatz so stringent steigern, daß der Zuhörer selbst im Kulminationspunkt, bei Enochs Gebet, nicht mehr aus der Identifikation mit dem Rezitierten und dem Rezitierenden entlassen wird.

Weshalb Strauss dieses Auftragswerk für Ernst von Possart als »Schund« bezeichnete? Sicher nicht der meisterhaften Behandlung des Klaviers wegen, außer der *Burleske* sicherlich seine beste Komposition für dieses Instrument. Aber er hatte wohl ein untrügliches Gefühl dafür, daß jede winzige Unterbrechung, jedes Nachlassen der Spannung die Konzentration bei Ausführenden und Hörern bröckeln läßt. Vielleicht ärgerte den distanzierten Betrachter seiner selbst auch, wie unbedingt die rigorose Konzentration vom Publikum mitvollzogen sein will; das Kopfschütteln jedenfalls, dem Reiz dieses eskapistischen Wechselbades von Pseudogefühlen erlegen zu sein, erfolgt erst hinterher. Für den Rezitierenden ist es jedoch höchst verlockend, den Text erlebnishaft dicht zu suggerieren und zugleich seine Strukturen sichtbar werden zu lassen. *Enoch Arden* kann man – wie auch manches andere Rezitationsobjekt – als Variationskette organisieren, zum Beispiel über affektiv folgenreiches »Sehen«.

Bei Strauss finde ich noch immer viel Nachdenkenswertes. Nach dem Verklingen seiner *Metamorphosen* für 23 Solostreicher in einem Programm mit dem Münchener Kammerorchester im Herbst 1999 empfand ich fast Widerwillen, mich vom Orchester abzuwenden und den Beifall entgegenzunehmen, so sehr hatte mich das Stück erschüttert. Vom greisen Strauss war seine »Studie« als »Handgelenksübung« bezeichnet worden. Lediglich drei thematische Stützen zur Strukturierung des Ganzen waren zugrunde gelegt.

Mit der Arbeit wuchs Strauss' Verlangen, die Hörer zu »akustischen Voyeuren« zu machen und sie an seiner Trauer um die Zerstörung seiner bevorzugten Opernhäuser teilnehmen zu lassen. Das hoffnungslose In-sich-Kreisen des Stückes scheint das Widerspiel der Euphorien und Dysphorien nur deshalb hervorgebracht zu haben, um die Ausweglosigkeit dieser ganz besonderen Trauer zu vergegenwärtigen. Die Hörer befinden sich auf der Spur der Fährte von Tränen um viele zerstörte Städte, namentlich die Städte »seiner« Bühnen: Dresden, München, Wien oder Berlin – allesamt ihrer weltberühmten Opernhäuser verlustig gegangen. Trauer auch um das demagogisch korrumpierte Ideal des Heldentums, die im Krieg erwiesene Unhaltbarkeit des Gebots »Edel sei der Mensch, hilfreich und gut«. Trauer vielleicht noch mehr und ganz allgemein um die Tradition des Komponierens, deren Zukunftsfähigkeit fragwürdig geworden war. Am Schluß führt die Reminiszenz an Beethoven und seinen *Eroica*-Trauermarsch nur dazu, die sich von ihm herleitende Kompositionstradition als moribund zu begreifen.

Erlösung vom Erlebnis dieser Trauer brachte im zweiten Teil des Programms meine Zusammenfassung des großen Ariadne-Monologs, gesungen von Julia. Insofern ein dramaturgischer Übergang zum drastischen Konzertabschluß mit der Suite aus *Der Bürger als Edelmann*, als Ariadne ihren Tod ganz wie die musikalische Tradition in Abschiedstrauer durchlebt. Im Gegensatz zu den *Metamorphosen* betrauert die Suite aus *Der Bürger als Edelmann* nicht historisch Verlorenes und findet ihre Hoffnung nicht im Beklagen mangelnder Innovation; sie bekennt sich vielmehr heiter-bewußt zu einem *pastiche*, das seinen Gegenstand aus der Vergangenheit nimmt und ihn – in authentisch Straussischer Aneignung – der Zukunft zum Weiterspielen vererbt. Feinsinn der Imagination und Hintersinn des Kompositorischen fügen sich zu einem Witz, der kaum rationalisierbar ist.

UNTERRICHT ZU GEBEN beinhaltet andauerndes Rationalisieren vorher nicht bewußt gemachter Vorgänge und Tatsachen. Die Berufung zum Pädagogen hätte sich dank der vorväterlichen Reihe von Überzeugungstätern wie von selbst einstellen sollen, tat es aber erst spät. Viel Geduld und noch mehr psychologisches Geschick wurden von mir gefordert, über die ich nicht ohne weiteres verfüge. Wie Michelangelo oder Rodin ihre Skulpturen aus dem Marmorblock »hervorzulieben« glaubten, so hoffte ich aus jedem Schüler die reinste ihm mögliche Form der Gestaltung in innigeres Leben zu veredeln. Behutsamkeit im Umgang mit dem Stimmaterial sollte aus den Schülern einen Idealklang hervorlocken.

Den Lippenlahmen redete ich zu, sie sollten doch alles Gefühl in den Lippen sammeln und sich darauf konzentrieren, ihre Sensibilität dort wirken zu lassen. Haben wir doch die Möglichkeit, unser Gefühl partiell zu intensivieren. Mal ist es das Zwerchfell, mal ist es der Rücken, mal die Kopfhaut. Man kann das Gefühl in einem Zeigefinger sammeln, in einer großen Zehe – Erfahrungen, zu denen mich leider kein Regisseur auf der Opernbühne je aufforderte. Psychologisches Porträtieren sollte eigentlich vornehmlich bedeuten, den Moment zu erhaschen, in dem sich das Empfinden des Darzustellenden in einem bestimmten Gesichtsmuskel sammelt. In jeder Kunst gibt es die Notwendigkeit eines inneren Gleichgewichts zwischen Technik und Intuition.

Mein Lehrer Hermann Weißenborn liebte es, von den Unterrichtsstunden bei Raimund von Zur Mühlen zu erzählen, jenem großen Liedsänger, der noch mit Clara Schumann und Johannes Brahms gemeinsam musiziert hatte. Mit seinen Schilderungen erreichte Weißenborn es, manches von dem zu erhellen, was er mir sagen wollte. In der Old Wiston Rectory in Steyning, Sussex, sah er den älteren, weißgekleideten, rotunden Zur Mühlen des öfteren vor sich – mit weißer Mütze über glänzendem Glatzkopf tanzend. Er gestikulierte Schumanns *Armen Peter* oder Schuberts *Musensohn* durch das Musikzimmer, um zu beweisen, daß »Nicht schnell« als ein ganztaktiges Tempo anzusehen sei oder der Wanderschritt von Goethes Jüngling nicht überhastet gesetzt werden dürfe. Gleich danach ließ sich Zur Mühlen völlig erschöpft in einen Sessel fallen und rief aus: »O du arme, alte, fette Kreatur!« Ohne – vorläufig noch – ebenso erschöpft zu sein, habe ich diese Methode häufig auch in meinen Unterrichtsstunden

angewandt, um schnell und unwiderleglich die Art einer
dem Text folgenden Musikbewegung klarzumachen.

Auch wenn die Arbeit noch so intensiv ist, sollte sie doch
ein immer neues Liebeswerben um Annäherung an das
Werk bedeuten. Die Vorbedingungen ändern sich ständig,
und jeder Auftritt gleicht einem Experiment. Jene Zufrie-
denheit etwa, die Busoni nach vielen Konzerten gegenüber
seiner Frau zum Ausdruck brachte, er habe wieder einmal
perfekt gespielt, ist meine Sache nicht. In meinen Augen ist
nie etwas vollkommen, ein Ende der Annäherung nie in
Sicht. Wie schwer es ist, immer gegen die eigene Legende,
sprich zurückliegende Abende auf demselben Podium
anzutreten, kann niemand ermessen.

Immer fand ich es ganz besonders problematisch, solche
Auslassungen höchster Sensitivität jungen Menschen wirklich plausibel zu machen und ihnen den zutreffenden Vortrag zu vermitteln. Es geht um einen langwierigen, schwierigen Prozeß, in den sich nie genug Feinfühligkeit mischen
kann. Er ähnelt in seiner Schneckenhaftigkeit dem Entstehen eines Buches. Über das Manuskript gebeugt zu sein
und den Stoff täglich um eine Seite, selten mehr, meist
weniger, voranzutreiben, setzt voraus, kein Zeichen der
Unruhe wahrzunehmen, keinen alarmierten Blick nach
draußen zu tun; die Welt ist weit entrückt. Das entspricht
dem, was der Interpretationsunterricht in jedem Einzelfall
verlangt, denn er bringt mich mit noch unbekannten
Menschen in nächsten Kontakt.

Aber die Arbeit befreit mich auch: von meiner lebhaften
allgemeinen Vorsicht gegenüber jungen Leuten. Arbeite
ich mit Studenten, rücke ich plötzlich nicht mehr verlegen
auf dem Stuhl hin und her, sondern freue mich ihrer sym-
pathischen jungen Stimmen, auch wenn sie zwischendurch
peinlich Unverständiges sagen. Es wäre töricht, wollte ich
mich darüber ärgern, denn häufiger noch fragen sie Inter-
essantes. Jugend ist ein Durchgangsstadium, und es muß

für einen jungen Menschen darum gehen, etwas zu werden und nicht im »Jungsein« steckenzubleiben.

Meine Schüler treten sehr tapfer aufs Podium. Auch die noch Tastenden geben sich zumindest die Allüre der Sicherheit. Das ändert sich schnell. Es gilt, ihnen keine Ruhe zu lassen, ihnen keinen unbeobachteten Augenblick zu gönnen, auch wenn zunächst sehr erstaunte Blicke mich streifen. Jedes Detail wird bemerkt, und die Arbeit darf hart sein. Selten singe ich beim Unterrichten vor, höchstens um Ansatzprobleme oder Atemschwierigkeiten besser zu veranschaulichen. Dabei geht es nur zum Teil um das vorhandene Stimmaterial, viel mehr um das Weiterdenken. Außerdem soll nicht imitiert werden, sondern das Lernen erlernt, damit sich jeder zu seinem eigenen Lehrer entwickelt, der in der Lage ist, auf sich selbst und auf andere zu hören.

Natürlich muß die Musik mit größter Klarheit entziffert werden. Vielleicht kommt mancher schon im Frühstadium dazu, die Millisekunden des Wunders zwischen einer und der nächsten Note zu begreifen. Immer wieder und unerbittlich wäre zu fordern, taktweises Spielen oder Singen aufzugeben und die große Linie, die gesamte »Hülle« im Auge zu behalten. Es gibt keine unwichtigen Noten, nur jede Menge unwichtigen Singens. Durchgehaltene energetische Spannung ist der beste Beweis für Musikalität. Das weist zugleich auch auf die Unmöglichkeit, von einem absoluten *forte* oder *piano* zu reden; sie sind relativ und abhängig vom musikalisch-harmonischen Geschehen.

Meine Erziehungsarbeit geht wohl von der Annahme aus, jeder sei eine Individualität und man müsse im Schüler nur den Mut wecken, sich zu dieser seiner Individualität zu bekennen. Oft merke ich, daß Eigenheit durchschlägt; dann wieder muß ich konstatieren, daß den Adepten leider nichts anderes umtreibt als der Gedanke, Schüler eines bestimmten Lehrers zu sein. Es hat etwas Trauriges mitanzusehen, wie aus hübschen, strebsamen Mädchen und glühenden jungen Männern manchmal lustiges Bühnenvölkchen wird und liebenswerte Begeisterungen sich zu einem kalten, massiven Klumpen Ehrgeiz ballen, Kopf und Seele belastend. Manchmal wünscht man sich im Parkett von Schülerveranstaltungen keine gütig lächelnden, arrivierten Musiker, Träger beneidenswerter Namen, sondern, zur Warnung vielleicht, verwitterte Histrionen, geknickte Veteranen aus den gespenstischen Reihen der ewigen Statisterie, in Kränkung und Haß gegerbte Mäzene mit schlechtem Atem – und natürlich Kritiker, die aus Gemeinem gemacht sind und die Bosheit ihre Amme nennen.

Der über ein halbes Jahrhundert gepflegte tägliche Umgang mit Musik, meine CD's und die Kunde von meinen Meisterkursen zogen Interessierte aus vielen Disziplinen in meinen Wirkungskreis: Germanisten, Anglisten, Altphilologen, selbst Mathematiker. Anfragen aus vielen Ländern erreichten mich: Ein kleiner Kollegenkreis von Gymnasiallehrern aus der Schweiz bewarb sich um Gespräche und ein halböffentliches Kolloquium. Aus Dänemark reiste eine ganze Schar von Gesangspädagogen nach Berlin und nahm eine Woche lang an meiner Meisterklasse teil. Solche Sitzungen, die ich meist als anregend empfinde, lassen sich aufgrund eines engen Terminkalenders freilich nur selten realisieren. Ein Grund mehr, in den öffentlichen Meisterklassen (Garmisch, Berlin, Schwarzenberg, Engers, Berkeley, Ravinia u.a.) die eigenen Absichten in der Praxis der Musikausübung zu beleuchten und darzulegen. Naturgemäß stellen die Bücher, die ich publiziere, Ergänzungen meiner Arbeit dar und bewirken, wie ich hoffe, im Verein mit den CD's das ihre.

Ein Großteil der Unterrichtsarbeit widmet sich dem Wort-Ton-Problem. Der Vorwurf des »deklamatorischen Pathos« oder der »Übergewichtung des Wortes« kann mir, sooft ich ihn auch wiederlese, nicht einleuchten. Ich bin es gewohnt, ihn als »nachgeredet« innerlich wegzuwischen, wissend, daß es nur darauf ankommt, dem Komponisten und seiner Schöpfung gerecht zu werden. Daß man sich Mühe gibt, den Text nicht unverständlich vor sich hinzumurmeln, versteht sich eigentlich von selbst, wiewohl es auch mir nicht immer gelingt. Wieviel besser und deutlicher ließen doch viele Sänger der dreißiger Jahre die gesungenen Worte zur Geltung kommen. Die so hartnäckig geäußerte Klage beruht in den meisten Fällen auf objektiv fehlendem Urteilsvermögen oder eifrigem, bequemem Nachplappern, wohl Teil des Geschicks, das mir meine Künstlerschaft aufgetragen hat; in den Nachrufen werde ich den »Kritikerblödsinn« (um einen Terminus von Richard Strauss zu gebrauchen) zum Glück nicht mehr zur Kenntnis nehmen müssen.

Musik *ohne* das hinzukommende Wort ist im übrigen noch viel ausgesetzter: den Willkürlichkeiten des Interpreten und dem Zeitgeschmack. Es steht ja auch so vieles nicht in den Noten! Und wer einen Notentext von Beethoven oder Brahms vor Augen hat, muß sich beängstigt fühlen, wie wenig Vortragsanweisungen darin zu finden sind. Erst recht bei Mozart, wo fast überhaupt nichts dergleichen fixiert ist, ausgenommen in einigen Klaviersonaten, wo einem das eigentlich sogleich nach Überbezeichnung aussieht. Immer sollten wir uns fragen: Was ergibt musikalisch den besseren Sinn. Ob etwa *alla breve* oder 4 Viertel, das entscheidet Beethoven zum Beispiel meist richtig, und man sollte sich auch danach richten. Wieviel erscheint in manchen spätromantisch infizierten Wiedergaben verschleppt. Ich denke nur an das *Andante con moto* im 2. Satz des 4. Beethoven-Klavierkonzerts, das mir mit Andràs Schiff in der richtigen Bewegung aufzuführen vergönnt war.

Das Lied-Repertoire erscheint heute, durch das Erschließen seines enormen Umfangs, überschaubarer als noch vor fünfzig Jahren, und ein wenig trug vielleicht auch meine Fundgräber-Tätigkeit dazu bei. Aber Überschaubarkeit bedeutet nicht, daß der Kanon kleiner geworden wäre. Die großen Ausnahmewerke der Vergangenheit sprechen weiterhin unvermindert direkt zu uns, um einiges deutlicher übrigens, als die der Gegenwart. Ich habe mich viel um Neues gekümmert, mich bemüht, mit meiner Zeit Schritt zu halten, aber Maßstab blieb doch immer die Musik der Großen.

In der Gefangenschaft hatte ich angefangen, mich als musikalischer Archäologe und Werkschaufler zu betätigen. Es war die Neugierde des Unwissenden, des Anfängers. Heute beschleichen mich Zweifel: Soll es mit den Ausgrabungen unentwegt weitergehen? Soll, wie der ganze Vivaldi oder der ganze Spohr, nun auch der ganze Siegfried Wagner an uns vollführt werden? Sind Komponisten in Vergessenheit geraten, damit wir uns auf akustischem Wege bestätigen lassen, daß ihre Werke unseren Vorfahren mit Recht erspart geblieben sind? Ist denn ein Tonstück von heute, wenn es die Mißtöne der Moderne wiederzugeben und unsere Zeit zu gestalten wenigstens versucht, nicht interessanter, als die Mumien der Musikgeschichte aus den Gräbern zu holen? Solange unsere Tempelherren nicht begriffen haben, daß es lediglich um Sensationen mit »Unbekanntem«, um Sperrmüll aus den hintersten Ecken der Musikgeschichte geht, geschieht es ihnen recht, daß ihre Theater leer stehen oder eingehen.

Enger ist das Repertoire der Gesangsmusik also nicht geworden, und selbst bei strenger Auswahl übersteigt die Anzahl der Werke bei weitem, was dem einzelnen aufzuführen möglich ist. Am Anfang einer jeden Laufbahn sollte deshalb die Frage stehen: Worauf will ich mich konzentrieren, womit will ich mein Leben verbringen? Es kann nicht darum gehen, einzustudieren, zu singen und die

Noten dann in den Papierkorb zu werfen. Durch den
Zwang zur Beschränkung ist eine ganze Reihe von Mei-
sterwerken an mir vorbeigegangen, wenn ich nur an die
französische Gesangsmusik denke. Soviel ich bewältigen
konnte, habe ich berücksichtigt, aber für vieles ist es nun
zu spät.

ANFANG UND ENDE meiner sängerischen Bemühun-
gen war Schubert, seit ich dessen *Winterreise* mit neun, die
Begleitung zaghaft fingernd, kennenlernte und mit vierzehn zu singen anfing.

Den zu Anfang der siebziger Jahre erfolgten Auftrag
durch die Deutsche Grammophon, sämtliche für eine Männerstimme geeignete Lieder von Franz Schubert aufzunehmen, verdanke ich eigentlich der unbeirrbaren Zuversicht
von Dr. Kurt Kinkele. Als das Mammutprojekt beendet
war, atmeten Gerald Moore, der sich längst aus der Öffentlichkeit zurückgezogen hatte, und ich erleichtert auf. Es
handelte sich um die bis dahin größte jemals in Angriff
genommene Dokumentation, so umfangreich, daß es sich
empfahl, den Komplex in zwei Subskriptionsteile aufzu-
spalten. An CD's dachte zu der Zeit noch niemand.

Mit unermüdlichem Enthusiasmus durchstöberten Gerald und ich sämtliche Bände der schönen alten Gesamt-
ausgabe von Mandiczewski bei Breitkopf & Härtel. Wir
stimmten darin überein, daß man für die Unterweisung in
den Grundprinzipien der Komposition kaum mehr benö-
tigt als die sechshundert Lieder von Schubert. Erst damals
habe ich wirklich verstanden – und es mir dann selbst bei-
gebracht –, wie man Phrasen gestaltet und ausbalanciert,
wie Betonungen zu verteilen sind und Harmonie mit
Metrum koordiniert wird, was Erweiterung und Verkür-
zung in der Musik mit sich bringt, wie alle Details musikalischer Gestaltung voneinander abhängen und was musikalische Logik ist. Seither bin ich Schubert treu geblieben,

und wann immer ich Erkenntnis suche, Ermutigung oder
einfach Freude und musikalisches Glück, wende ich mich
ihm zu. Auch gibt es nichts Aufschlußreicheres, als jemandem, der für den unglaublichen Reichtum Schuberts
empfänglich ist, Beispiele aus jener Sammlung von damals
vorzuspielen.

Übrigens verdanke ich dem Auftrag am Rande einige
merkwürdige Entdeckungen, so zum Beispiel die Begegnung mit Novalis, den sich Schubert – wohl vergeblich –
so wie andere Dichter kompositorisch nutzbar zu machen
suchte. Der tuberkulöse Romantiker von Hardenberg stellt
alles Leben unter das Gesetz von Oxydation und Des-
oxydation und war damit dem im Grunde ungeliebten
Goethe nicht gar so fern. Dem todgeweihten Alchimi-
sten, dessen *Hymnen an die Nacht* Schubert sich in rüh-
render Naivität anzueignen suchte, scheinen Totenlager
und Liebesbett eins gewesen zu sein; ein zum Tode ge-
stimmter Eros begleitet ihn selbst in der furiosesten Leidenschaft. Diese Erkenntnis konnte auch beim Verständnis Schuberts, der sich diese Texte schließlich auswählte,
behilflich sein.

Wenn eine Folge von Schuberts Goethe-Gesängen auf
dem Programm stand, ging es mir häufig durch den Sinn,
ob Goethe vielleicht, allen stilistischen Neuheiten zum
Trotz, hätte erfassen können, welche Dimension Schuberts
Musik seinen Gedichten eröffnete, hätte er sie durch mich
gehört. Solche Hybris sei dem verziehen, der sich etwa im
König von Thule eines durchgehenden *pp* befleißigte. Zwei
Zeilen auf einen Atem zu nehmen, mit den Schubertschen
Doppelperioden ernst zu machen, vom *Harfner* zum
Musensohn bis zu *Über allen Gipfeln*, eine mit alledem
angestrebte Vereinigung von Tönen und Text bedeutet
eine Sinn- und Sinneserhöhung, die einer so umfassenden
Intelligenz wie der Goethes schlagend hätte bewußt wer-
den müssen.

Die Erinnerung an die große Schubert-Aufnahme ist
untrennbar mit dem ingeniösen Tonmeister Hans-Peter
Schweigmann und dem Aufnahmeleiter Rainer Brock
verknüpft, der, immer präsent und dem Arbeitstempo
seiner beiden Protagonisten gewachsen, von einem »un-
verdienten Glück« sprach. Natürlich hatte er recht, wenn
er ein wirkliches Eindringen in die wunderbare Welt
dieser Schöpfungen nur dem zugestand, der sich wie er
praktisch hörend und korrigierend in die Materie ein-
arbeitet. Von Depressionen geplagt und künstlerisch sen-
sibel, hatte Brock, nachdem er durch Umorganisationen
in der Firma nicht mehr hinter der Glasscheibe als Aufnahmeleiter sitzen durfte, nur mehr kurze Zeit zu leben.
Sein Nachfolger, Betreuer vor allem des *Schwanen-
gesangs*, Gerald Moores allerletzter Aufnahme, wurde
Cord Garben.

Elisabeth Schwarzkopfs Mann, Walter Legge, steckte
immer voller Ideen und Anregungen. Er stellte das
Programm für ein »Farewell«-Konzert zusammen, mit
dem sich Gerald Moore in der Londoner Royal Festival
Hall 1967 vom Publikum verabschiedete. Mehr als fünf-
zehn Jahre hatten uns verschiedene Aufgaben immer wieder zusammengeführt, und nun hieß es, aus ihm wirklich
einen »unashamed accompanist« zu machen, wie der Titel
seines ersten großen Bucherfolges lautete. Denn wir rück-
ten ihn, ganz gegen die Gewohnheit, von seinem bevorzugten Platz in den Vordergrund, ins grelle Scheinwerferlicht. Im Grunde war niemand bereit, diesen Abschied
vom Podium ganz ernst zu nehmen. Warum sollten wir
Solisten, grau geworden in Bedrängnis und ständigem
Lampenfieber, glauben, daß dieser jugendliche Mensch mit
großer Vergangenheit, der immer wie ein Leuchtturm in
den Fluten unserer Ängste gestanden hatte, sich von
öffentlichen Auftritten dispensieren wollte? Sollten wir
seinen Entschluß wirklich akzeptieren, mußten wir uns

Rechenschaft darüber ablegen, was von jetzt an vermißt
werden würde.

Aus der einst so schattenhaften Rolle des »Begleiters«
war durch Gerald Moore die Rolle eines gleichberechtig-
ten Partners geworden: Partner sowohl für seine Mit-
Musiker als auch für das Publikum. Wahrscheinlich hat es
nie einen Lied-Begleiter und Kammermusikspieler gegeben – und es wird so bald nicht wieder einen geben –, der
so geschätzt und im besten Wortsinn populär war. Wie
kam das?

Wenn Gerald das Podium mit seinem Partner betrat,
schien es schon gewährleistet, daß seine Kraft der Kom-
munikation sich mit der des Solisten zum Dienst am Werk
vereinen würde, ohne aufdringliches Beharren auf »eigenen Vorstellungen«, ohne sich lautstark nach vorn zu
drängen, mit einer Klangkultur, die zwischen kräftigen
und zurückhaltenden Tönen kritisch zu unterscheiden
wußte. Das hört sich banal an, ist aber leider die Ausnahme. Gerald hat auf diese Weise geholfen, so manchem
Anfänger die Herzen des Publikums zu öffnen – so auch
mir bei meinem ersten Londoner Liederabend mit Schuberts *Schöner Müllerin* 1952.

Es kann für manchen technisch schlecht gerüsteten Sänger oder Instrumentalisten nicht leicht gewesen sein,
neben Gerald auf dem gleichen Podium zu bestehen. Seine
Solo-Kollegen, wie etwa der britische Meisterpianist Solo-
mon, haben den Hut gezogen vor seinem meisterlichen
Pedalgebrauch wie seinem außerordentlichen Legato-
Spiel. Aber Gerald war bereit, die Gaben und das Können
anderer Musiker zu erkennen und zu rühmen; seine rezep-
tive Art, neue Eindrücke zu verarbeiten, machte ihn zum
idealen Ensemble-Musiker.

Seine Kunst erfreute durch einen Wesenszug, den kaum
ein anderer so besaß: die Freude an der Musik zu erleich-
tern.

An jenem Abschiedsabend war uns bewußt, unzählige Bewunderer unter den Zuhörern zu haben, berühmte und weniger berühmte Konzertpartner, deren dornigen Weg zum Podium Gerald mit stoischer Ruhe und hochintelligentem – um nicht zu sagen: britischem – Humor er geglättet hatte. Dem entsprach unsere Aufregung. Als bedeutungsvollen Hint änderten wir den Text zu Haydns Terzett *Daphnes einziger Fehler* in *Geralds einziger Fehler* um, mit auf ihn bezogenen Lustigkeiten. Walter Legge und Elisabeth versuchten hinterher, den Text durch Abhören des Bandes wiederherzustellen, um ihn öffentlich zu machen. Meine Diktion sei ja klar, wie meist, aber sobald die beiden Primadonnen darübertönten – Elisabeth Schwarzkopf und Victoria de los Angeles –, sei der Text rettungslos verloren. Der gern boshafte Legge äußerte den Verdacht, Victoria habe ihrem Gesang den Text der spanischen Nationalhymne unterlegt. An jenem letzten Abend absolvierte der schon kranke Gerald ein gewaltiges Pensum von vierzig Nummern mit brillanter Dauerpräsenz. Warum kam nie jemand aus dem Königshaus auf den Gedanken, ihn zu adeln?

Bei meinem 21. Liederabend in Salzburg gönnte man mir die Zusammenarbeit mit Maurizio Pollini in der *Winterreise*, die ich in Salzburg bis dahin erstaunlicherweise nur einmal gesungen hatte. Es sollte nur noch eine weitere mit Alfred Brendel folgen. Dabei hätte in der sommerlichen Hitze des Salzburger Saals, damals noch ohne Lüftungsanlage, ein zumindest innerlich verspürter Kälteschauder eigentlich öfter willkommen sein müssen.

Treffen zwei Solisten unserer Art zusammen, müssen Welten zueinander finden, sich aufeinander einstellen und schließlich – nach meist nur zwei Proben – miteinander harmonieren. Eine Aufgabe, die jedem Kammermusiker gestellt ist. Erst neulich führte ich mir den Mitschnitt des ersten gemeinsamen reinen Schubert-Liederabends mit

Hartmut Höll vor. Mit welcher Geistesgegenwart und oft vornehmer Exaktheit er meinen Intentionen gerecht wurde, ist staunenswert. Natürlich ändert sich der Charakter meiner Wiedergabe sofort, wenn auch nur das Tempo des ersten Liedes vom Pianisten anders angeschlagen ist. Zwar wird er mir im weiteren Verlauf des Abends zu folgen versuchen, aber künstlerisch-menschlich steckt er doch in seiner Haut. Pollini offenbarte meine Begleiterfähigkeiten, was mir enormen Spaß machte; er wich keinen Zoll von seiner vorbereiteten Auffassung.

Beide Partner haben besondere Sensoren zu aktivieren, Antennen auszufahren, die im Sinne des Komponisten ermöglichen, was Schubert mit »Einswerden« bezeichnete. Das betrifft nicht bloß das Tempo oder die Einstellung auf den Rhythmus des Sängers, sofern dieser einen zu bieten hat, sondern mehr noch die Klangfarben und die Suche nach übergreifenden Bögen. Mit ihrer Hilfe mag vermieden werden, was so häufig wie ein aneinandergenähter »Fleckerlteppich« wirkt und den Gedanken an die Form des Liedwerks gar nicht erst aufkommen läßt. Es sind wohl diese beiden Faktoren, Rhythmus und beiderseitig gleich stark erfaßte Stimmung, die den Charakter eines solchen Kleinst-Ensembles entscheidend bestimmen.

Und noch eines dritten Ausnahmepianisten will ich hier gedenken: Svjatoslav Richters. Einen Menschen wie ihn in gebotener Kürze zu beschreiben, scheint ziemlich unmöglich. Er gab sich gern – und entzog sich auch wieder mit derselben Vorliebe. Zur Zeit, als ich ihn in Aldeburgh erstmals traf, durch Vermittlung von Benjamin Britten, befand er sich bereits in einer Phase, die ihm das Klavierspiel nicht mehr als Lebenshauptsache erscheinen ließ. Bei meinem Moskau-Besuch zeigte er mit berechtigtem Stolz seine dortige Gemäldesammlung, die er in unterschiedlicher Zusammenstellung jedes Jahr einem kleinen Kreis von Interessierten zu sehen gab. Dabei verwies er kaum oder gar nicht auf seine eigenen Pastellzeichnungen, die von visueller Begabung zeugten. Ganz allgemein zeigte er eine Neigung, sich anderen Kunstsparten als der Musik mit besonderer Hingabe zuzuwenden. Mit Fachkenntnis beurteilte er meine eigenen malerischen Arbeiten, wenn er, selten genug, in unser Haus nach Berg kam, zuletzt um Tschaikowskys gesamtes Liedwerk mit uns durchzuschauen. Der mit Julia geplante Liederabend konnte nicht mehr stattfinden.

Es war die Oper, wo er mich erstmalig hörte: 1961 im Bayreuther *Tannhäuser*; meine Darbietung fand sein Lob, aber die Regie Wieland Wagners beurteilte er vernichtend. Auch der Münchener *Eugen Onegin* von Tschaikowsky mit Julia als Tatjana, den er fast so sehr liebte wie den von ihm überschätzten Rimsky-Korssakow, konnte ihm in der Regie Rudolf Noeltes, die er als »viel zu realistisch« empfand, nicht viel sagen.

Die Welt lag ihm zu Füßen, und der Erfolg war ihm nicht so gleichgültig, wie er es mit sanfter Koketterie glauben machen wollte. In Paris spielte er besonders gern, »weil die Männer dort so lautstark Bravo schreien«, wie er mir lächelnd gestand. Die Karriere wurde ihm gegen das Ende hin aber immer unwichtiger. Amerika mit seinen »äußerlichen Lebensinteressen« gefiel ihm überhaupt nicht, allen dort erlebten Triumphen zum Trotz. Aber die heimische staatliche Reglementierung sagte ihm noch weniger zu, und er litt darunter.

Sein erschütternder letzter Bericht, teilweise aus den Tagebüchern gelesen, wurde von Bruno Monsaingeon im Film festgehalten. Für die deutsche Version durfte ich Richters Stimme – er sprach russisch – synchronisieren. Er erwähnte unser erstes Treffen und spielt auf »Schwierigkeiten« an, deren Ursache ich mir nur so erklären kann: Natürlich war ich mit dem Zyklus der *Schönen Magelone* von Brahms seit Jahren vertraut und hatte eine eigene, dem

Notentext, wie er sich mir erschlossen hatte, getreue Auffassung. Richter mag sich gewundert haben, daß ein Sänger so dezidierte Vorschläge zum Vortrag parat hatte, selbst zu den Vor- und Nachspielen. Wir brauchten nur eine Probe vor der Generalprobe, und alles verlief ohne jede Verstimmung, mit wunderbarem Ergebnis. Seine Verwunderung mag er seiner Frau Nina Dorliac offenbart haben, mir verschwieg er sie. Und nie bei allen späteren Konzertvorbereitungen konnte auch nur ein Anflug von gegenseitiger Unsicherheit konstatiert werden. Immer empfand ich bei ihm als hervorstechendste Qualität – neben der fast selbstverständlichen, phänomenalen Technik – seine Fähigkeit, die Lautstärke-Ebene über die vom Komponisten angegebene Dauer hinweg genau einzuhalten. Das gab seinem Vortrag etwas Archaisches, Unwiderlegliches.

Allzu grelles Licht war Richter, dem passionierten Spaziergänger, verhaßt, vielleicht der Augen wegen. Grund genug, die Prallsonne in dem von ihm selbst gegründeten Festspiel um die Riesenscheune von Tours peinlich zu meiden und sich jegliches Scheinwerferlicht außer winzigen Punktstrahlern im Saal zu verbitten. Daß ich unter solcherlei Finsternis während eines Konzertes litt, weil auch nichts von dem vor uns sitzenden Publikum als einem immerhin mitwirkenden Gegenüber zu erspähen war, ließ ich ihn nicht merken. Ich erinnere mich an ein typisches spätes Richter-Programm in Tours, das ausschließlich aus geistlich inspirierter Musik bestand. Viel Adagio bei den geistlichen Liedern von Wolf, viel Adagio bei den Auszügen aus Liszts *Harmonies poétiques*, und dann kam eine herrliche Wiedergabe von Cesar Francks *Präludium, Choral und Fuge*.

Wie lustig er sein konnte, wie gern er in den Räumen des Hotels, wo die Sonne nicht hinkam, alberte und lachte nach Herzenslust! Das Lachen verging ihm, sobald ein Photograph in die Nähe kam, denn er hielt es für eines

Künstlers unwürdig, sich lächelnd ablichten zu lassen. Dabei bewegte er sich geschickt, fast gewandt.

Richters letzter Plan, den er kurz vor seinem Tod bei einem Besuch in Berg kundtat und den ich sogleich in die Tat umzusetzen versuchte, war ein reines Hindemith-Festspiel, bei dem ich vier Werke mit Kammerorchester dirigieren und er durchgehend das obligate Klavier spielen sollte. Zudem wollte er Julia im *Marienleben* begleiten. Ein letzter Tätigkeitsdrang hatte ihn erfaßt, nach der sonst häufig durch seine Krankheit hervorgerufenen Apathie. Aber nach zwei Herzoperationen war ihm die Durchführung nicht mehr gegönnt. Statt dessen hatten wir den Fortgang einer Jahrhunderterscheinung zu beweinen.

GEMEINSAM MIT DEM TENOR Hanns Heinrich Hagen hatte ich in frühen Jahren häufig die Passionen Bachs im süddeutschen Raum gesungen. Der Sänger las meine Sammlung *Texte deutscher Lieder*, und es fiel ihm auf, daß mir ganz herrliche Stücke von Hugo Wolf entgangen sein mußten. Er übersandte mir die vier Hefte des Wiener Musikwissenschaftlichen Verlags, in denen frühe Gesänge, vor allem nach Eichendorff, Heine und Lenau, nachzulesen waren. Jugendlich und in Details unausgegoren, zeigen die nachgelassenen Lieder viel von Wolfs unverstelltem Wesen, eben jenem Ungestüm, das dem alternden Brahms allzu willkürlich erschien. Als er dem jungen Mann empfahl, doch bei Hellmesberger zu lernen, wie man so etwas macht, verwundete er dessen Herz schwer und zog den lebenslangen Haß des Wagnerianers Wolf auf sich. Die abgegriffenen, von Hagen vielfach benutzten Hefte wurden ausgiebig bei Aufnahmen mit Daniel Barenboim benutzt und sind heute noch in meinem Besitz. Ihr Inhalt ist inzwischen fast zum Allgemeingut geworden.

Als Nachfahre der Familie Grohe, Freunden von Hugo Wolf und Hans Pfitzner, trat Helmut Grohe auf mich zu

und vermittelte mir Einsicht in längst vergriffene Brief-
bände Wolfs. Meine spezielle Beziehung zu Grohe erklärt
sich aus seiner Studienzeit bei Hermann Meinhard Poppen, einem Onkel meiner ersten Frau, der mich, als aller-
erster Dirigent überhaupt, 1948 mit ordentlichem Vertrag
zu sich nach Heidelberg engagierte. Während meiner
Palestrina-Aufnahme mit Rafael Kubelik, in der ich den
Borromeo sang, saß Grohe regelmäßig auf der Empore,
um nur ja keinen Ton der geliebten Musik zu versäumen.
Immer betonte er, der Pfitzner seit 1917 gekannt hatte, die
in der Vorstellung der Nachwelt vernachlässigte charmante
Seite des Knurrhahns. In der Tat ging von dieser Aufnahme eine kleine Pfitzner-Renaissance aus; heute hat man
längst zwischen Persönlichkeitsbild, politischem Bekenntnis und musikalischem Schöpfertum bei ihm zu unterscheiden gelernt.

Während der Entstehung des Wagner-Nietzsche-Buches
war mir Grohes Zeugnis über die mit seinem Vater befreundete Familie Heckel in Mannheim wichtig, eine Kla-
vierhandlung, deren Chef Nietzsche ebenso begeistert verehrte wie Hugo Wolf. Den fleißig an der Vorbereitung von
Wolfs einziger vollendeter Oper *Der Corregidor* mitwirkenden Musikalienhändler Heckel hatte Grohe noch selbst
erlebt; weil er immer Zylinderhut trug, nannten ihn die
Kinder den »lieben Gott«.

Bei manchen Stücken, beispielsweise bei Hugo Wolfs
Goethe-Liedern, obliegt es dem Vortragenden, die Hörer
glauben zu machen, so etwas wie »Grenzen der Menschheit« gäbe es nicht. Wurde der Abend im Vollbesitz der
Kräfte begonnen, so mußte dennoch, gerade bei den wenigen leisen Stücken wie *Anakreons Grab*, eine Steigerung
nach innen und außen zu spüren sein. Der Hörer aber
sollte nicht spüren, wieviel Ernst und Fleiß, neben dem
Können, hinter einem solchen Abend stehen.

Und wo bleibt der immer trostbereite Meister Johannes

Brahms? Ich habe mich seinen Tönen mit unauflöslichem Zutrauen anheimgegeben, ganz wie es mir einst eine seiner Schülerinnen erzählte: »Wenn Sie etwas bedrückt, kommen Sie nur zu Johannes, und alles ist wieder gut!« habe er gesagt. Er überbeansprucht unsere ästhetische Bemühung nicht mit Überbezeichnungen im Notentext; er bequemt sich nie zu einer tonmalerischen Illusion, die ihm vielleicht die Zustimmung seiner Gegenpartei, der »Neudeutschen«, gesichert hätte.

Herausgegriffen sei hier nur das von Brahms um so viel stimmiger als durch Hugo Wolf komponierte Gedicht *An eine Äolsharfe* nach Mörike, das mir neben manchem Daumer-Lied besonders ans Herz wuchs. Treu dem Gedicht und seiner formsprengenden Form offenbart es sich, treu vor allem dem Moment, als die Rose dem Ich des Poeten eine glühende Ehrerbietung zu Füßen legt. Da enthüllt sich das »geheimnisvolle Saitenspiel« romantischer Dichtungsvoraussetzung, deren subtile Nerven jede Regung der Natur zu Wohllaut umzuschaffen vermögen. Wie sollte mir der von Mörike erinnerte Knabe nicht unmittelbar als Personifikation jener idealfreudigen Jugend des frühen 19. Jahrhunderts erschienen sein, die mir zeitlebens so lieb war?

Wie und durch welche Erlebnisse bedingt verändert sich die Wiedergabe der *Lieder eines fahrenden Gesellen* von Gustav Mahler, wenn sie in fast fünfzig Jahren immer wieder gesungen werden? Es erweist sich als segensreich, wenn der Vortragende nur in den essentiellen Ausdrucksfragen bei seiner Interpretation bleibt und gleich zu Beginn flexibel genug reagiert, um sich dem Tempo des Orchesters in etwa anzupassen. Es bleiben dann immer noch Möglichkeiten genug, die Führung in Lautstärke und Temponahme zu übernehmen.

Es ist ein kompliziertes Verfahren, das Mahler hier wie in seinem gesamten Werk anwendet, nämlich mittels einer

Art Collage zu koordinieren, was eigentlich auseinander strebt. Dieses Kunstmittel sollte wohl die ästhetische Dissonanz zum angestrebten »Naturlaut« überspielen, denn Mahler scheute sich nicht, Trommelwirbel, Vogelruf oder Trompetensignal klangsymbolisch einzusprengen. Sie sollten einen neuen Zusammenhang beschwören. Zwar weisen die Lieder gegenüber der weit komplizierteren Faktur von Mahlers Orchestersprache eine größere Einfachheit auf, und in ihnen ist das »Natürliche«, Einfache, Volksliednahe auf Anhieb leichter erreichbar. Und doch konnten sie – das ist ihre schöne Unlogik – lyrisch erst mitteilen, was ihnen aufgetragen war, als sie in eine symphonische Umgebung gestellt waren. Da hieß es für mich, im Gesang einen Ausgleich zu finden.

Zunächst ungewöhnlich (verglichen mit den Zeitgenossen) fand ich die Beschränkung der Texte auf *Des Knaben Wunderhorn* (samt eigenen Zusätzen des Komponisten) und Friedrich Rückert – sieht man von den frühen de Molina- und Leander-Vertonungen ab. Bevorzugen doch die meisten Kunstlieder der achtziger und neunziger Jahre zeitgenössische Autoren, besonders Bierbaum, Flaischlen, Falke, von Gilm, Dehmel oder Hartleben, die von bedeutenden wie minder bedeutenden Komponisten vertont wurden. Bald entdeckte ich jedoch Gründe für Mahlers ungewöhnliche Textwahl.

Schon in einem seiner frühen Lieder, *Zu Straßburg auf der Schanz*, schlägt er jenen Ton an, der dann die orchesterbegleiteten *Wunderhorn*-Gesänge prägte. Und es war nicht schwer zu erkennen, daß zwischen dem hier geschilderten, todgeweihten Deserteur und den Visionen von Schlachtfeld und Richtplatz, die später in *Revelge* oder *Der Tamboursg'sell* bestimmend wirken, kaum ein Abstand fühlbar wird. Es sind die Erniedrigten und Gestoßenen, denen sich Mahler zuwendet. Hinter der Textwahl steht sein Lieblingssatz bei Dostojewski: »Wie kann man glücklich sein, wenn *ein* Geschöpf auf Erden noch leidet?« In diesen Zusammenhang gehört wohl auch die bei einem allgewaltigen Hofopern-Direktor schockierende Stimmabgabe für den sozialistischen Kandidaten Victor Adler im Jahre 1901. Es ging darum, dem Leid der Sprachlosen künstlerisch Stimme zu geben, den geschundenen Soldaten als Symbolfigur zum Kern der Aussage zu machen.

Dem entspricht kompositionstechnisch ein volkstümlich lapidares Element, das zwar die Leidensfähigkeit bis zur Schmerz- und Geschmacksgrenze in Todestrauer kleidet, sich zugleich aber gegen die bürgerliche Musiktradition stellt und deren traurige Überreste gleichsam verstümmelt oder entstellt wiedergibt, in einem Volkston, der sich erst durch intensive Reflexion herausbilden konnte. Als ein einzelner nachvollziehend, wozu ehedem viele in einer Kette von Deklamationen angesetzt hatten, dichtete und sang Mahler weiter am Volkslied und dokumentierte damit nicht zuletzt seine Distanz zur Liedpraxis seiner Tage.

Die Chinoiserien des Lyrikers und Anthologisten Hans Bethge, die Mahler dem Band mit Nachdichtungen chinesischer Lyrik *Die chinesische Flöte* schließlich als Basis für eine symphonische Suite entnahm, haben mich als Sänger wie als Dirigenten vielseitig beschäftigt. Für Tenor und Bariton entworfen, wie es schon die Texte nahelegen – auch weil nach Mahlers eigenem Wort alle seine Gesangsmusik im Grunde für Männerstimme gedacht war –, bietet dieses Werk beträchtliche gesangstechnische Probleme. Sehr schnell zu Sprechendes in tiefer Lage zu dicker, schallschluckender Begleitung mag auf den Umstand zurückzuführen sein, daß Mahler keine Gelegenheit mehr fand, Korrekturen anzubringen, da er selbst keine Aufführung erlebte. Besser als in manchem symphonischen Werk verstand er es in den Rückert-Gesängen, Gefühlsseligkeit um ihrer selbst willen zu meiden. Auf diese Weise offenbarte er, auch bei komplizierter formaler Anlage, eine Melodie-

Gabe, die andere im anbrechenden, neuen Jahrhundert für sich zu nutzen suchten, die aber bei niemandem mehr Mahlers Intensität erreichte.

Mit den *Liedern eines fahrenden Gesellen* kam ich 1951 in Mahlers Sphäre und auch gleich in den Sog zweier Dirigenten, die nicht unterschiedlicher hätten sein können. Furtwängler kannte das Stück aus längst vergangenen Dezennien; seither hatte sich eine Amalgamierung mit seinem Spätstil der behäbigeren Gangart ergeben. Ich fand das damals schön und folgte ihm gern in seiner genußvollen Art, die Gesangslinien auszukosten, auch bei einer Plattenaufnahme. Bald danach traf ich in der Londoner Royal Festival Hall auf Bruno Walter, der immerhin aus Mahlers Mund wußte, wie die Lieder idiomatisch richtig anzugehen seien. Er trieb mich in etwa das doppelte Tempo, in allen vier Sätzen, mit dem Bemerken, daß Mahlers musikalische Äußerung immer von einem nervösen Vorwärtsdrang beherrscht sei, der niemals auch nur von fern an ein bequemes Sich-zurück-Lehnen erinnern dürfe. Das ließ ich mir nicht zweimal sagen, und er schien mit meiner Leistung zufrieden zu sein.

Unnütz, die vielen Varianten aufzuzählen, die sich aus den Rencontres mit anderen Stabvirtuosen ergaben. Ob Jochum, Ozawa, Mehta, Leitner, Matzerath, Maazel, Kletzki, Ashkenazy, Steinberg, Barenboim, Chailly, Keilberth, Roshdestwenski oder ein anderer begleitete, nie glichen sich die Ergebnisse völlig. Aber stets erwischten sie einen Zipfel des Wesentlichen, das bei Mahler heißt: rücksichtslose Offenbarung eines Ausdruckswillens, der die Grenzen nach allen Möglichkeiten hin zu überschreiten trachtet.

Über Mahler traf ich 1961 mit dem Doyen der Salzburger Musikwissenschaft und erfolgreichen Dirigenten seiner »Camerata«-Konzerte, einer Enklave der Salzburger Festspiele, Dr. Bernhard Paumgartner, zusammen. Seltsamerweise kam es – wohl aus Termingründen – nur zu einem einzigen Konzert im Münchener Herkules-Saal, in dem sich Mahler mit den Komponisten Muffat, Bach und Mozart vertragen mußte, weil die Konzertreihe der Camerata academica sich ausschließlich auf Barockmeister bis zu Beethoven spezialisiert hatte. Paumgartner lehnte es deshalb auch ab, dem in diesem Programm etwas verlorenen Mahler durch die Aufführung irgendeines Zeitgenossen Gesellschaft zu gönnen. Mit Mahler und mir wollte er eine Ausnahme machen, zumal er selbst als ganz junger Adept im Freundeskreis seiner Eltern – seine Mutter, Rosa Papier, war eine Lieblingssängerin Mahlers – mit dem Meister in Kontakt gekommen war. Er entschuldigte sich rührend; trotz seines Alters stehe er durchaus in der Gegenwart, habe viele neue Kompositionen aufzuführen versucht und 1922 immerhin die »Internationale Gesellschaft für Neue Musik« mitbegründet.

Und noch einer letzten Begegnung im Zeichen Mahlers sei hier gedacht. Kurz nachdem mich Kafka in seinen Bann geschlagen hatte, 1960, gab es ein Treffen mit Max Brod. Er war aus Tel Aviv angereist, um, von meinen Mahler-Interpretationen mit Karl Engel am Klavier umrahmt, in der Berliner Akademie der Künste einen Festvortrag zu Ehren von Gustav Mahler zu halten. Seine Erzählungen vom Kampf um Kafkas nachgelassene Manuskripte, die der Autor vernichtet wissen wollte und die er, Brod, nachträglich vervollständigt und herausgegeben hatte, glichen Kriminalgeschichten. Gerade hatte in Barlogs Schloßparktheater die von Brod dramatisierte Fassung von Kafkas *Schloß* mit Horst Caspar eine erfolgreiche Aufführung erlebt.

Was ich nicht wußte: Brod hatte sich immer wieder als Komponist betätigt und auch Texte Kafkas vertont. Bald nach seiner Rückkehr nach Israel erhielt ich eine Postsendung von dort. Brods Lieder bedienten sich einer Schön-

berg entfernt verwandten Sprache und beeindruckten
mich. Zu der geplanten Aufnahme im Rahmen einer Zusammenstellung von Vertonungen komponierender Philo-
sophen kam es leider nicht, da Nietzsches Ausflüge in die
Musik sehr bald all mein Interesse beanspruchten.

MEINE TERMINKALENDER aus den frühen Jahren
jagen mir heute Angstschauder über den Rücken. Wie sich
da alle zwei, drei Tage immer neue Aufgaben jagen, das
konnte auf die Dauer weder für das Gedächtnis noch für
die Konstitution gut sein. Allein die häufige Bewältigung
der klimatischen Umstellungen hätte Sorge wecken müssen. Aus der wenigen verbleibenden Zeit machte ich einen
Kult, indem ich jede freie Minute so ökonomisch wie
möglich auszuschöpfen suchte und dabei Eigenheiten entwickelte, auf deren Kritik ich verletzt reagierte. Ich klammerte mich geradezu an die Ordnung: an die regelmäßigen
Mahlzeiten, an die tägliche Wiederkehr der Arbeit, an die
Besuche und Spaziergänge. Bis heute liebe ich diese Ordnung, die es mir und den mir Nahestehenden, genau be-
sehen, noch möglich macht zu leben.

War eine Arbeit getan, die Vorbereitung, die monatelang
wie ein Alb auf mir gelegen hatte, abgeschlossen und ein
für mich neues Werk zum erstenmal musiziert, so fand ich
mich fröhlich abgespannt, wenn auch von fühlbarer Leere
heimgesucht. Nie hat mich ein Triumph wirklich befrie-
digt, eher versetzte er mich in Verlegenheit oder sogar
in eine leichte, nachbohrende Trauer. Vielleicht hat dies
seine Ursache darin, daß zu triumphieren meist die Niederlage eines andern einschließt.

Als Irmel starb, war mein geistiger Antrieb für lange Zeit
erloschen, ja ich glaubte mich von ihm verlassen. Oft
erging es mir ähnlich: Mit jedem Verlust lebenspendender
Nähe drohte der Glauben an den eigenen guten Stern zu
schwinden. Immer wieder war ich gezwungen, mich auf

jene ganz und gar nicht intime Technik zurückzuziehen, die einen ständigen Nachschuß an Gefühlsleben für mich bereithielt und in der ich mich schon als Kind geübt hatte: Musik, wenn auch nur passiv hörend, war noch immer in der Lage, mich aus problematischer Melancholie zu reißen, bis sich mir neue Sphären erschlossen.

In den zehn Jahren nach Irmels Tod 1963 war ich auf der Suche nach neuer Bindung nicht allein, aber weitgehend einsam. Bis 1973 in einer Münchener Probe zum *Mantel* von Puccini Wolfgang Sawallisch am Klavier zu sehen war – und Julia Varady. Ich sah schmale, langgeschnittene Augen, deren meist nur zur Hälfte sichtbare Iris blaugrau schimmert und über denen sich außerordentlich gleichmäßige, wie mit der Feder gezeichnete Brauen wölben. Erwähnt Julia heute das Alter, das Irmel nicht mehr erreichte, kommt mir der abstruse Gedanke, Irmel habe sich vom Alter durch den Tod lösen wollen und bleibe deshalb am Ende die Jüngste unter uns Lebenden, die sich an sie erinnern und notgedrungen alt werden.

Julia eignete sich nicht im geringsten zu jener Dämonisierung der Sinnlichkeit, die ich sonst vielleicht bis ans Ende meiner Tage betrieben hätte. Das dauerhafte Vergnügen, das ich mit dieser Frau empfinde, widersteht auch dem Mißmut und mich aufhaltender Unfreude, die mich manchmal heimsuchen. Denn eine eigentümliche, vielleicht lebensnotwendige Kälte bestimmt mich gelegentlich, mir die Welt vom Leibe zu halten. Nichts davon darf in der Gemeinschaft mit dieser einfachen, geradlinig zupackenden Frau gelten, die mir auch bei der Arbeit eine unvergleichliche Partnerin ist, deren Liebe ich mit Liebe erwidere und für deren Wärme ich mit Wärme zu danken versuche.

Nichts gegen eine anhängliche Hörerschaft. Aber zum Glück sind die Tage übermäßig hysterischer Verehrerinnen vorüber. Ich meine jene, die sich trotz strenger Schutz-

maßnahmen nach einer Operation Zutritt zum Kranken-
zimmer verschafften oder die Treppe zu meiner Salzburger
Wohnung mit Wannen voller Lilien verstellten. Im Stuttgarter Schloßgarten folgte mir ein schwarzer Schatten auf
dem Morgenspaziergang, und trotz aller Beschleunigung
meiner Schritte konnte ich ihn nicht abschütteln. Der
Dame in Schwarz, deren unglückselige und beschämende
Aufdringlichkeit nur mit Mühe abgewehrt wurde, redete
ich gutmütig zu und war zugleich entschlossen, solches nie
wieder zuzulassen.

Es geschah noch einige Male im Alter, daß erstaunliche,
quälend süße Geschöpfe mir Sehnsucht einflößten. Ich mag
diesen Zustand, auch dieses Wort, es ist so etwas wie mein
Zauberschlüssel zum Weltgeheimnis, zu einer Gefühlszone,
die ich mir nie erschließen werde. Ob man diese Frauen
allgemein für attraktiv gehalten hätte, weiß ich nicht, aber
ich war entschlossen, sie sehr gern zu mögen.

Seit dem Eintritt in ein gesetzteres Lebensalter bewahrt
mich gesteigerte Scheu vor dem genußvollen Abenteuer.
Ein jeder Mensch soll das Gesetz in sich entdecken, die
Grenze ausmachen, die er nicht überschreiten kann, ohne
sich selbst zu zerstören. Die Unantastbarkeit des Lebens
zu gefährden, bleibe den Marodeuren vorbehalten. Ich
zwang mich dazu, diese Grenze, wenn auch zu einem
späten Zeitpunkt, zu achten. Die Abendröte um Julias
Nacken, sie glaube ich nun erst richtig zu genießen.

Naturgemäß droht jedes jahrzehntelange Zusammensein
blind zu machen für die Qualitäten des Partners. Da heißt
es, alle Abwesenheiten zu nutzen, sich die Augen zu säu-
bern und sich mit neuem Blick zu begegnen. Keine Frau ist
zu täuschen, sie kennt die fröhliche Stimmung nach gelun-
genen Leistungen ebenso wie das gesteigerte Lebensgefühl
bei einem Verliebtsein, diesen Triumph des Menschen, der
freilich ganz leicht zu völliger Vereinsamung und Verzweiflung führen kann.

Julias allbesorgtem Sichkümmern darf ich mich im Älterwerden anvertrauen. Eine große Hilfe bietet ihr Sinn für Humor und, daß sie Gesten, Gesichter, Schicksale und Anekdoten in ihrem Gedächtnis speichert. Ihre Beobachtungsgabe ist der meinigen weit überlegen. Wenn sie mit den Kindern meines jüngsten Sohnes redet, kommen berückende Aspekte des Menschlichen zum Vorschein.

Künstlerisches Arbeiten, das Sich-Exkludieren, stille Konzentration sind Julia ebenso unentbehrlich wie mir. Aber es wird wohl unser Los sein, zweimal den Prozeß des Abschiednehmens vom öffentlichen Auftreten durchzumachen. Vielleicht besteht zwischen den Alterungsvorgängen von Männern und Frauen ein wesentlicher Unterschied: Während die letzteren offenbar schneller reif werden als die ersteren, scheinen die Männer im Wettlauf mit der Zeit im allgemeinen mehr Durchhaltevermögen an den Tag zu legen.

DIE BEENDIGUNG meines öffentlichen Singens drei Jahre nach der Wende entfremdete mich nicht den Podien unseres Kulturbetriebs. Gehe ich aber an einem Opernhaus vorbei, leide ich doch darunter, daß ich nicht mehr mit von der Partie bin. Mein Abschied als Sänger fiel zusammen mit dem Beginn des Nachdenkens der Stadt Berlin über ihre hauptstädtische Funktion. Es ist alles andere als »Hauptstadtrhetorik«, wenn ich mich zu der Vermutung bekenne, daß sich die »Beschleunigungserfahrung«, das, was Gottfried Benn »die schwankende City« genannt hat, in Berlin besonders nachdrücklich bemerkbar machen dürfte. Die Stadt wächst nur unter Schmerzen wieder zusammen. Und sie gewöhnt sich schwer an eine irgendwie gesichtslos wirkende Stadtmitte voller kalter Pracht.

Die finsteren Hinterhöfe, die einst das Stadtbild Berlins verunstalteten, werden einer nach dem andern einer Schönheitskosmetik unterzogen. Ich habe sie noch gesehen, als Kind bei Botengängen, und bin dabei in Berührung mit einer Welt gekommen, die ich so nie wiedergesehen habe. Der Anblick der Höfe unter dem nassen Winterhimmel wird mir unvergeßlich bleiben. Stufen, Winkel, Löcher, Türen, Gänge, auf jedem Treppenabsatz eine matt flackernde Petroleumlampe und ein Wasserhahn. Vierhundert Menschen »wohnten« in einem solchen Gebäude, und sie hatten auf dem vordersten Hof lediglich zwei Latrinen. Das gehört der Vergangenheit an. Betuchte Umbauer richten sich heute in den hinteren Trakten große helle Räume ein und zahlen hohe Mieten. Just für die Kunst entsteht hier ein Milieu, das in den zwanziger Jahren so nicht vorstellbar schien.

Zu der großen Ratlosigkeit auf vielen Gebieten gehört die ewige, weit über den Kulturbereich hinausgehende Geldnot seit der Wende, als wir anfingen, mit unseren finanziellen Ressourcen den Wiederaufbau im Osten des Landes zu ermöglichen, später den Krieg zur Befriedung des Kosovo mitzufinanzieren und den Umzug der Regierung nach Berlin zu bezahlen. Aus der Geldnot erwächst den Künsten allerdings ganz besonderer Schaden; nur sind hier Gewinn und Verlust am wenigsten in Zahlen zu messen.

Was das bisher an Aufbauarbeit in der ehemaligen DDR Geleistete betrifft, so ist darüber kein Wort des Lobes zuviel. Dennoch sollte man sich mit öffentlichen Bekundungen zurückhalten, schon deshalb, weil von den hauptsächlichen Geldgebern sehr viel darüber gesprochen wird. Beim Anblick solcher Perlen wie Weimar oder Eisenach kommt freilich der Wunsch auf, es hätte doch ein wenig mehr vom Charme des 19. und frühen 20. Jahrhunderts erhalten bleiben mögen. Begierig nach besseren Wohnungen und schnellerer Bewegung, sollten die Bürger das Antlitz ihrer Städte nicht bis zur Unkenntlichkeit abwandeln.

Eisenach, die alte Stadt in Thüringen, nicht weit von Weimar, war vor kurzem erst Station auf dem Wege nach Lauchstädt, dem »Sommertheater« Goethes, in dem wieder einmal eine Lesung zu absolvieren war. Nicht nur als Geburtsstadt Bachs ist Eisenach bemerkenswert, mehr noch ihrer Nähe zur Wartburg wegen, die nicht erst Wagner mit seinem *Tannhäuser* populär machte. Pflichtbewußt trippelten wir, umgeben von wohlabgemessenen Grüppchen, mit den Freunden Hans und Ilse Neunzig durch die Räume, in denen der Sängerkrieg nur denkbar wird, wenn man sich, verglichen mit der Körpergröße heutiger Besucher, winzige Menschen vorstellt.

Sehr spät wurde die Burg auf Anordnung der Hohenzollern restauriert und in noch späterer Zeit durch Erweiterungsbauten »vervollständigt«, eher romantisch und heroisch als archäologisch korrekt. Nur der Fleck an der Wand, den Luther verursacht haben soll, als er sein Tintenfaß nach dem Teufel warf, als dieser den Reformator zu einer Verfälschung der Bibelübersetzung verführen wollte, den konnte man nicht mehr sehen, weil er von Generationen Schaulustiger längst abgekratzt wurde.

Zurück nach Berlin. Die Hauptstadt wird anderen Städten ins Gehege kommen, und es läßt sich denken, daß sie von den Deutschen wie schon oft in der Vergangenheit stiefmütterlich behandelt werden wird. Berlin wird Verdruß erregen, allein schon weil hier Steuern festgelegt und Gesetze erlassen werden, die manchem weh tun. Was den Zorn der Städte ringsum aber aufs höchste steigern dürfte, ist der Gleichmut, den sich die Berliner nach altem Rezept gegenüber ihren ausländischen Mitbürgern zulegen, den übriggebliebenen Rechtsradikalen zum Trotz.

Tausende werden nach Berlin strömen, und wenn sie lernen müssen, ihre Ellbogen zu gebrauchen, so beweist das nur, daß Berlin die Menschen nach seinem Bilde formt. Auftritte werden hier in der sichtbarsten, provozierendsten Form stattfinden, nicht aufzufallen wird nur noch den Kleinen möglich sein. Die neue Reichstagskuppel, um deren Gestaltung verbissen gerungen wurde, scheint zu bestätigen, daß verborgen leben und es gut haben nur noch in seltenen Fällen konvergieren. Dabei wird viel Solides, Tüchtiges beiseite geschoben werden, zu dessen Wesen eben auch gehört, das Gedränge zu meiden.

Kennzeichnend für die Entwicklung der letzten Jahre sind die Talkshows. Aber wir sollten nicht bloß denen zuhören, die sich dort ins Bild drängen. Bei ihnen handelt es sich meist um »Gesinnungstüchtige«, die sich realiter rücksichtslos durchzusetzen wissen. Von sich selbst geben die Gesprächsteilnehmer außer dem, was Physiognomie-Kundige sehen, auf der Mattscheibe nichts preis, können sich in der Kürze ihres Auftretens meist auch nicht adäquat darstellen. Eben deshalb meide ich Einladungen zu solchen »Gesprächen«, bei denen der wohlvorbereitete Frager auf dem Richterstuhl zu sitzen scheint und der improvisierende Antworter kaum mehr als leere Floskeln von sich geben kann – wenn er nicht lieber schweigt.

Zu Recht klagt der Bürger, daß es immer dieselben sind, die reden, im Fernsehen, im Parlament oder bei festlichen Anlässen, und daß immer dieselben Namen unter den Aufrufen stehen, in denen es vermeintlich um die Richtung der Künste geht. Statt blindlings den Medien zu folgen, sollten wir uns darum kümmern, daß neue Stimmen zu Wort kommen. Die Macht hört heutzutage allerdings nur dann auf die Intellektuellen, wenn sie diese als öffentliche Meinung zu fürchten hat, und nicht, weil sie glaubt, etwas von ihnen zu lernen. Im übrigen sollten Akademien ihre politischen Auseinandersetzungen nicht der Tagespresse zur Verfügung stellen, sondern Verantwortung unter sich selbst ausmachen, um anschließend ohne Verrenkungen in die Breite wirken zu können.

DIE KUNST FÜHRTE MICH FRÜH DAZU, über mich selbst hinauszublicken. Dies ließ immer neue Fragen aufkommen. In der Malerei war das Erkennen der Kurzschrift, der Essenz, des Sinnes zu lernen, wie sie sich in jedem Kunstwerk (gegenständlicher Art) manifestieren. Jede Epoche, jeder Künstler entwickelt eine eigene Kunstsprache, einen visuellen Schlüssel, und je mehr wir uns der Gegenwart nähern, desto leichter kann die Beurteilung sich verirren.

Die altgriechische Architektur und Plastik beispielsweise erschloß sich mir immer nur in Ansätzen, ohne mich wirklich weiterzuführen. Es war für mich höchstens zu ahnen, wieviel Naturverbundenheit, Sinnlichkeit und »naives« Gefühl hier mit höchstem handwerklichem Können zusammenstimmten. Detailfreude ohnegleichen verband sich mit einem ans Wunderbare grenzenden Sinn für das Ganze – etwas, das mich stark an die Werkinterpretationen Furtwänglers erinnerte.

Ich denke an einen lange Zeit zurückliegenden Besuch im Pergamon-Museum. Bei sonnigem Wetter befand ich mich kurz vor der Schließung in der Skulpturenhalle, wo die römischen Kopien der griechischen Originale aus klassischer Zeit stehen, der Torso des Speerträgers etwa oder die Amazone nach Polyklet. Die Fenster der Halle gingen nach Westen und empfingen das warme Licht der Nachmittagssonne. Da begannen die Plastiken von innen heraus zu leben, mit dem Raum in Beziehung zu treten wie lebendige Menschen. Der jeder Figur eigene, besondere Ausdruck, ihre Zartheit und Würde traten deutlich hervor. Kunstwerke genoß ich da, die zu nichts überreden wollen, nichts fordern, sondern nur sind. Ich hatte das Gefühl, etwas von dem Geist zu verspüren, dem sie ihr Entstehen verdanken.

Berlins Museen und Galerien hatten und haben gegenwärtig in dieser Beziehung einiges an Hilfestellung zu bieten. Hier konnte der Horizont erweitert, ja die Verstehbarkeit der bildenden Kunst überhaupt erst ermöglicht und später in aller Breite ausgebaut werden. Bilder wurden zu imaginären Gesprächspartnern, die jedes Rätsel mit einem neuen zu beantworten wissen und dadurch immerwährende Neugier, nie zu stillenden Durst erzeugen.

Einer Erinnerung an die Kindheit folgend, bewahre ich das gesamte Spektrum der Kunstgeschichte in Abbildungen auf, die ich so geordnet habe, daß alle Werke leicht aufzufinden sind. »Es gibt vielerlei Wahrheit, also gibt es keine Wahrheit«, hat Nietzsche formuliert, und die Kunst liefert den Beweis. Der Schluß liegt nahe, daß auch unser Alltag, die sogenannte Realität, nur ein durch Gewohnheit und Konsens gesichertes Konstrukt darstellt, eine unter mehreren Möglichkeiten. Sonst gäbe es keine Geschichte des Sehens, keine Entwicklung in der Kunst, sondern nur Reproduktion des Immergleichen.

Die Kunst des Malers zeigt sich mir darin, wie er seinen Gegenstand, sein Thema ausformt und so zur Erscheinung bringt. Neu ist an der nichtgegenständlichen Kunst eigentlich nur, daß der Widerstand des Sujets wegfällt, in nichtgegenständlichen Bildern ist die Spannung zwischen Dargestelltem und Darstellung praktisch aufgehoben. Organisierte Farben auf der Fläche, eine von der Phantasie diktierte Struktur auf der Suche nach Form haben die wohltuende Nebenwirkung, ohne Anrufe, Botschaften, Schilderungen auszukommen. Malweise und strukturelles Konzept übernehmen die Hauptrolle. Um ein solches Bild zu lesen, braucht es den direkten Durchblick auf das Konzept. Daß sich jeder Maler die Malerei neu erschafft, das zeigt schon der einfache Vergleich etwa zwischen den spielerischen Formen bei Paul Klee und den Geometrien eines Piet Mondrian. Die Konzepte konkurrieren erbarmungslos miteinander. Nichts versteht sich mehr von selbst, ausufernde Kommentare werden nötig. Der Gefahr des Beliebigen sind viele nicht entkommen.

Man muß wissen, wie sich die verschiedenen malerischen Konzepte zueinander verhalten, wie sie aufeinander Bezug nehmen. Deshalb mein Abbildungswahn, mein musée imaginaire. Heute ist es jedoch unendlich schwer geworden, im Gewimmel der einander ablösenden Moden und saisonalen Aktualitäten, im unübersichtlichen Nebeneinander individueller Inszenierungen einen epochalen Entwurf, eine historische Notwendigkeit zu entdecken. Der Kunstbetrieb floriert, bezieht sich auf sich selbst und findet sein Vergnügen daran, ständig neue Unterschiede zu provozieren. Er nötigt die Künstler, sich durch Manier und persönlichen Habitus auffällig zu machen. Und die Kunstkritik ist gezwungen, alles das zu interpretieren.

Einer, der die Zwischenbereiche von Literatur und Kunst virtuos darstellt, kam nach einem Liederabend in Paris auf mich zu und wurde zum Freund: Werner Spies. Der Direktor des Musée National d'Art Moderne lebt zwar in Paris, ist aber in allen Kunstmetropolen zu Hause und hat den bedeutendsten Künstlern nahegestanden. Er kennt sich in Kunstgeschichte, Romanistik und Philosophie gleichermaßen aus und unterstützt mit allem, was er tut, den faszinierenden Dialog, der sich immer neu zwischen Bild und Betrachter entspinnt. Er hat mir vieles vermittelt, und er hat mir Mut gemacht, mich meiner »Doppelbegabung« hinzugeben und mich in einem anderen als dem »angestammten« Gebiet zu betätigen.

Auf der Suche nach einem mir angemessenen Ausdruck in der Malerei war mir ein ständiger Begleiter Honoré Daumier, dessen kleinformatige Ölbilder mich faszinierten, weil sie alles Voraufgegangene vernichteten und das Zukünftige gleich mit. Im Jahre 1878, kurz vor Daumiers Tod, veranstalteten seine Freunde eine Ausstellung seiner Bilder und Zeichnungen; die Ausstellung hatte nicht den geringsten Erfolg. In der ersten großen Biographie kommt der Verfasser Alexandre erst auf Seite 331 dazu, von dem

»Maler und Bildhauer« zu sprechen, allerdings mit dem ausdrücklichen Hinweis, die Gemälde seien der kostbarste Teil des gewaltigen Werks, der Teil, der Daumiers Anspruch auf einen höchsten Platz in der Kunst vollende und der dem Meister die Tore der Museen weit auftun werde. Das geschah wohl, aber mehr, um ihn als Maler ganz unauffällig zu begraben und seine allerorten abgedruckten Karikaturen in den Vordergrund zu rücken.

Eigentlich ist es nicht zu verstehen, warum die Zeitgenossen sich willig und hingerissen der Dämonie des Karikaturisten aus Geldnot unterwarfen, während ihnen der Maler gleichgültig blieb. Er mußte sich mit der Anerkennung seiner Kameraden begnügen: Delacroix hat ihn kopiert, Rousseau (der Landschaftsmaler) hat ihn geliebt, und Corot hat ihm nach Möglichkeit das Leben erleichtert.

Ob in Amsterdam, Hamburg oder Paris, immer wieder begeisterte mich, wie Daumier mit den Wäscherinnen, dem Bettler, dem Schiffszieher die sozialen Motive vorwegnimmt. Stellt er den Aufruhr dar, so schafft er nicht nur den Motor, er gebiert ein Perpetuum mobile der Revolution. Es ist wohl behauptet worden, daß Daumier farblos sei; er ist aber ein Vulkan, aus dessen Feuertiefen die Farben heraufbrausen, Farben, von denen schon ein Fleck ausreicht, um einem Bild den Glanz eines Geschmeides zu geben. Aber die Bilder beziehen ihrer Kleinheit wegen verborgene Plätze in den Museen und werden deshalb kaum zur Kenntnis genommen.

Von allergrößter Wichtigkeit für die Ästhetik der Malerei war die Erfindung der Photographie. Durch sie wurde auf einmal möglich, die Ideale der »naturalistischen« Kunsttheorie auf rein maschinellem Wege im Extrem zu realisieren und so die Überflüssigkeit dieser speziellen Kunstziele schlagend zu erweisen. Aus der Neuheit leiteten die Nachimpressionisten die Forderung ab, die Wirklichkeit umzugestalten, ein brauchbares Argument gegen die »Naturnachahmer«. Immerhin hat sich die wissenschaftliche Ästhetik bisher darum gedrückt, die Photographie zur bildenden Kunst ins richtige Verhältnis zu setzen.

Malerei – kann es sie überhaupt noch geben? Ist sie nicht seit dem Krieg immer wieder grundsätzlichen Zweifeln ausgesetzt gewesen und in den sechziger Jahren hart an ihre Grenze gebracht worden? Was ermöglicht heute noch ihre Existenz neben einer Übermacht an »Objekten«?

Ins Bildliche wie in die Wahrnehmung überhaupt geht immer schon Semantisches mit ein: Nichts ist, was es ist. Die verstärkte Wiederkehr des Figurativen – wiewohl meist stark verschlüsselt – in der Malerei der siebziger und achtziger Jahre brachte die Frage nach der bildlichen Bedeutung in die Debatte. Damit verselbständigte sich die Malerei wieder gegenüber der Photographie, ganz wie am Anfang ihrer Bedrohung durch diese, als sich etwa Degas oder Cézanne vom Photographischen zu lösen trachteten.

Zu meinen Kunsterlebnissen in den fünfziger Jahren gehörte Lovis Corinth. Er mischte sich mit seinen Bildern in meinen eigenen Kampf um künstlerische Wirklichkeit und Wirklichkeitskunst zu einer Zeit, da ich der Dauerabstraktion ein wenig überdrüssig war. Dieser Corinth war kein Impressionist, wie oft behauptet, sondern er brachte in den schleichenden Münchener Realismus die schärfste Tonart.

Bei jedem Schnuppern von Farbe bedrängt mich die Sehnsucht nach Aufbruch, nach Neufindung, nach Überwindung des ewigen Recyclings von schon Gehabtem. Aber es wurde eben schon so gut wie alles gemalt, was einen Pinsel verträgt. Sehe ich in einer Hochschulausstellung junger Maler reine Formen oder hilfloses Wiederanknüpfen an Gegenständliches oder die Radikalität des Nichts, empfinde ich meine Unfähigkeit, etwas Schlüssiges dagegenzusetzen, doppelt. Ich müßte die Kraft haben abzuwehren, die Sinn-Entleerungen ignorieren und die Waffen des Puristen beiseite legen.

Was ist dagegen einzuwenden, daß sich viele bildende Künstler mit bescheidenen visuellen Schlüsseln behelfen, auf daß sie wiedererkannt und den Galeristen angenehm werden, und folglich fanatisch darauf beharren? Einmal besuchte ein prominenter Galerist mein Atelier in Berg. Er gebärdete sich wie ein Pfarrer gegenüber dem Delinquenten vor der Hinrichtung, fällte Urteile, die mein Gemüt durchschneiden sollten, klassifizierte jedes Bild als Solitär in eine andere Patenschaft von Großen der Vergangenheit. Solcher Despotie des Gleichartigen entspringt der tapetenhaft dekorative Wandschmuck so vieler Büros, wie sich überhaupt der Geschmack immer weniger vom Diktat des Kommerz emanzipiert oder auch nur zum Verstehen des Unbekannten sich bereitfindet.

Wieviel unmittelbarer berühren da die Zuwendungen eines Herrn Mokka aus Tschechien, der nach einer Ausstellung zu meinen Bildern Verse schrieb und mir diese zukommen ließ. Etwa:

> König Alkohol lächelt
> und amüsiert sich über Gestalten
> aus Glas und Glasur.
> In der Vogelferne Gewölk.
> Die Realität in Ohnmacht
> Und Gestalten taumeln im Nebel
> Schatten und Phantasie.
> Irgendwo zerklirrt eine Karaffe.

Im Bildnerischen hat mich seit je eine Vorliebe für das Porträt begleitet, das ein Gesicht zeigt, dazu bestimmt, andere zum Erkennen seiner Besonderheit herauszufordern. Das Porträtieren als malerische Handlung ist eine Prozedur, die Charakteristisch-Individuelles hervorhebt und zugleich das Gegebene auf Vorgegebenes bezieht.

Nachdem es für immer in der Ikone erstarrt schien, entdeckte eine neue Technik des Sehens das Gesicht als physiognomisches Zeichen, das die Lesekunst des Malers herausfordert. Im Lauf der Jahrhunderte stiegen Gesichter zu einer Würde der Individualität auf, die nachzubilden lockte. Ein neues Gesicht bedeutet immer eine Begegnung mit dem Fremden, also auch ein Erschrecken, was die Archaik mit der Moderne verbindet. Wenn aber die Alten noch keine Technik anzubieten hatten, sich das radikal Unbekannte anzueignen, so haben wir sie heute nicht mehr. Vielleicht wird man in Zukunft mit einem gesichtslosen Gesicht arbeiten, um den Zustand des Unmenschlichen zu überwinden. Freund Elmar Budde hat als Maler schon damit begonnen, Porträts ohne Modell, gesichtvoll gesichtslos zustande zu bringen, und ich werde versuchen, ihm darin zu folgen.

Wenn Kunst Gestalten ist, bedeutet dies auch, sich gestalten zu lassen, sich vom Material, von der Idee des zu bewältigenden Werkes, von einer Farbe, von einer farbklanglichen Faszination, von jeglicher Inspiration leiten zu lassen. Was nur ein Motiv ist, wird auf diese Weise zum Subjekt, eine Rolle, die für mich eine Zeitlang die Commedia dell'arte übernahm, deren Geist ich im Bild wiederzugeben suchte. Nicht ich nehme solche Themen wahr, sondern sie nehmen von mir Besitz.

WIE BLASS scheint meine Bibliothek zu werden! Obwohl ich sie pflege und für ihren Ausbau sorge. Aber traue ich ihr noch? Die meisten Bücher erscheinen mir grau und abgestanden. Auch habe ich schon sagen hören: Soll man wirklich eine eigene Bibliothek mit ins 21. Jahrhundert nehmen? Gibt es das denn noch, die sinnliche Anziehungskraft eines Buches? Ja! Ein lang gesuchtes Werk endlich in Händen zu halten erzeugt ein Hochgefühl, das auf dem Weg über Datennetze niemals zu erlangen ist, auch wenn man sich die Information als solche dort in der Regel viel schneller verschaffen kann. Für flinkes Lesen und einmaliges Zurkenntnisnehmen gab es schon immer passende Medien, aber offenbar hat die Lust am bloßen Funktionieren der Technik inzwischen auch das Begehren nach dem Buch verdrängt. Ich bleibe dabei: Um Texte lange zu lesen, um sie zu entziffern, bedarf es des sinnlichen Gegenstands Buch.

Mit vielen Büchern in meiner Bibliothek verhält es sich dennoch etwa so, wie es bei Lichtenberg zu lesen ist: »Er hatte seine Bibliothek verwachsen, so wie man seine Weste verwächst. Bibliotheken können überhaupt der Seele zu enge und zu weit werden.« Oft ist es noch viel schlimmer, wenn man bedenkt, wie einen manches Buch ansieht! Mit ganz wenigen Ausnahmen hat die Tagesliteratur, die bis etwa 1955 erschien, ungefähr den Wert von Kindheitserinnerungen. Man bewahrt das Schuhchen von Fritzchen nicht auf, weil man es noch einmal tragen will, sondern eben als Erinnerung. Diese Schmerzen, diese Verse, diese Polemiken, diese Romane – ja, es ist alles sehr schön, aber es geht einen gar nichts mehr an. Sei nicht undankbar, meldet sich das Gewissen – aber wie tot ist das meiste!

Was ist geschehen? Wir haben gelernt, wie unmöglich es ist, seelische Erlebnisse losgelöst von den jeweiligen gesellschaftlichen Zuständen zu verstehen. Also begann ich unter Verleugnung meines zuverlässigsten Organs, meines Ohrs, auf der Suche nach den inneren Zusammenhängen schreibend zu deuten. Gemäß der Devise des großen Lessing: »Nicht die Wahrheit, in deren Besitz irgendein Mensch ist oder zu sein vermeint, sondern die aufrichtige Mühe, die er angewandt hat, hinter die Wahrheit zu kommen, macht den Wert des Menschen.«

Dreh- und Angelpunkt aller Bemühungen war Goethe. Mit ihm durfte ich sagen, mein Werk sei das eines »Sammelwesens« gewesen. Neben Musik und bildende Kunst – nicht zu vergessen die Weiterbildung junger Sänger – trat die Beschäftigung mit dem Wort. Es sind zwei Goethe-Zitate, die mich beim Nachdenken über Kunst, insbesondere beim Schreiben darüber, seit längerem begleiten. Das eine, nach dem sich die Wahrheit nicht durch Reden oder gar Schreiben artikuliert, sondern durch das Singen, lautet: »Nur nicht lesen, immer singen!« Das andere: »Wer die Kunst halb kennt, ist immer irre und redet viel, wer sie ganz besitzt, mag nur tun und redet selten oder spät.« Mit diesem Satz aus Goethes *Wilhelm Meister* könnte man den Unterschied zwischen Künstler und Dilettant auf den Punkt bringen.

Meine besondere Liebe im *Wilhelm Meister* gehörte immer den Gesängen der beiden Gestalten, die in den Reihen der Turmgesellschaft keinen Platz finden, sich nicht in ihrem Geiste erziehen lassen: der Harfner und Mignon, beide in der Liedliteratur mit den schönsten Perlen reichlich bedacht. Mignons anrührender Protest gegen die aufgeklärt-despotische Inbesitznahme durch die Pädagogen des Turms wird überhört: »Ich bin gebildet genug, um zu lieben und zu trauern.« Und später: »Die Vernunft ist grausam, das Herz ist besser.«

Goethes Roman führt mir vor, woran ich in jungen Jahren gelitten habe. Vom Umgang mit der »großen Welt« schon durch meine Geburt ausgeschlossen, suchte ich mich doch arbeitend in ihr zu bewähren. Sobald eine gewisse Berühmtheit erlangt war, konnte ich mich kaum mehr hinter meine vier Wände zurückziehen, sondern sah mich genötigt, immerzu dar- und auszustellen. Es fehlte viel zum »Dandy«, der ohne zu arbeiten fürstlich repräsentiert.

Mehrfach habe ich das berühmte Haus am Frauenplan in Weimar besucht, die geistige Vornehmheit dieser Räume beeindruckte mich zutiefst. Mögen auch einige der Prachtstücke von ihrem angestammten Platz weggerückt worden sein, so gibt es beim Betrachten der museal geordneten Gegenstände doch eine Atmosphäre des Geistigen zu erspüren, die einen etwas von der überwältigenden Vitalität ahnen läßt, mit der einst in diesem Hause gelebt wurde. Ohne jeden Luxus, ja nicht einmal mit einem unseren Verhältnissen angemessenen Grad an Komfort: Die beiden Schlafzimmer Goethes, das am Frauenplan wie das im Gartenhaus, würden heute für Obdachsuchende gerade noch akzeptabel erscheinen. Und doch haben die Menschen jener Zeit offensichtlich anmutiger und eleganter gelebt als ein heutiger Millionär.

Ähnlich wie mit dem Haus am Frauenplan ging es mir, als mich Tamás Vásáry in die Wohnung des damals noch nicht lange verstorbenen Zoltán Kodály in Budapest entführte. Dort empfing uns die noch sehr junge Witwe, um die Kodály dem Hörensagen nach mit den Worten »Wollen Sie bald meine Erbin werden?« geworben hatte. Trotz aller Düsterkeit der bis unter die hohen Zimmerdecken aufragenden schwarzen Bücherregale wehte hier eine beschwingte Geistigkeit, die ansteckte. Bei Kodálys letztem öffentlichen Auftreten als Dirigent in London hatte ich eine Dreiviertelstunde einige seiner Orchesterballaden gesungen, von denen ich damals nur sehr wenig verstand; bei den Vorbereitungen wurde meine Aussprache von dem wortkargen Mann in perfektem Deutsch geduldig kommentiert.

Neben der Gestalt Goethes, des Beherrschenden, steht – meiner Meinung nach viel zu schattenhaft – die Friedrich Schillers. Anders als im 19. Jahrhundert, als sein Ruhm als Dramatiker alle Bühnen füllte, ist er heute in den Hintergrund getreten. Seine *Briefe über die ästhetische Erziehung des Menschen*, den Aufsatz über *Die Schaubühne als moralische Anstalt* und die *Briefe über Don Carlos* las ich kürzlich wieder, und es war unmöglich, mich diesem hochmenschheitlichen, generösen, hinaufreißenden, sprachmächtigen Feuergeist zu entziehen. Ich bin überzeugt, daß das »Element Schiller«, mit allem, was dieser Begriff in sich faßt, in unserer sich von der Kunst verabschiedenden Zeit helfen könnte, sich zu besinnen und der Vernunft wieder die Herrschaft zuzuerkennen. Noch immer ist der Geist ein Prediger in der Wüste, und die Vernunft darf betteln gehen vor den Türen der Profitgierigen.

Im Goethe-Jahr 1999 erhielt ich von Dieter Borchmeyer den Auftrag, über das Verhältnis Goethes zur Musik etwas zu sagen. Gerade zum Ehrendoktor der Heidelberger Universität ernannt, wollte ich mich dieser Aufgabe nicht entziehen, stieß dabei aber auf die Not, in anderthalb Stunden einen Stoff ausleuchten zu sollen, der kurz zuvor einen ganzen Kongreß in Frankfurt beschäftigt hatte. Mit Gert Westphal aus dem Briefwechsel Goethe-Zelter zu lesen, an vielen Orten und vor ganz unterschiedlichen Hörern, brachte nicht nur die Erfahrung eines neuen rezitatorischen Umgangs mit der Sprache; wahrhaft freundschaftlich spielten wir uns auch im Hin und Her der Briefe den Fangball zu – übrigens auch in anderen Zusammenstellungen wie Strauss und Hofmannsthal oder Nietzsche und Peter Gast.

Durch meine intensive Beschäftigung mit dem Briefwechsel zwischen Goethe und Zelter bereitete sich eine Zelter-Biographie vor, und ich fand das Vorurteil widerlegt, die Musik habe für Goethe die geringste Rolle unter den Künsten gespielt. Wer will die musikalische Kompetenz eines Dichters anzweifeln, der passabel Klavier, Cello und Flöte spielte und einen eigenen Kompositionsversuch anstellte? Seine Kenntnisse in der Musikgeschichte überragten den Wissensstand eines nur musikalisch Gebildeten weit. Musikalische Neugierde, intensiver, kritischer Hörwille, seine musikalische Autographensammlung und die häufigen Hauskonzerte am Frauenplan sind Herzstücke seines Lebens gewesen. Wiederholt beschrieb Goethe die kathartische Wirkung der Musik, so wie ich sie auch an mir selber und auf den Podien erfahren konnte.

Daß er Schuberts Einsendungen unbeantwortet ließ, wird von Weltfremden angeprangert, aber selbst Musikern der Zeit blieb vielfach verborgen, was in diesem Schubert steckte und was man aus den Noten hätte herauslesen können. Statt dessen sollte man an die zahllosen wallfahrtähnlichen Musikerbesuche in Weimar denken, die eine ungeheure Wirkung Goethes auf die Musikgeschichte einleiteten, an der auch ich mich zeit meines Lebens erfreuen durfte. Schubert kopierte Reichardts Goethe-Vertonungen, Mendelssohn wurde von seinem Lehrer Zelter bei Goethe eingeführt. Wagners Goethe-Kult, schon in den *Sieben Kompositionen zu Goethes Faust* des Siebzehnjährigen manifestiert, wäre ohne Beethoven und dessen Musik zu *Egmont* wohl nicht denkbar. Robert Schumanns *Szenen aus Goethes Faust* zeugen von einem liebevoll tiefen Respekt für den Dichter, ebenso die vielleicht bedeutendste Umsetzung des Faust-Schlusses in der Achten Symphonie von Gustav Mahler. Busonis scheue Reverenz vor Goethe in seinem *Doktor Faust* sei nur am Rande erwähnt. All diese Noten gingen irgendwann einmal auch durch meine Hände (und meine Kehle!). Dank Benjamin Brittens zustimmender Initiative fanden die Schumannschen Schöpfungen wieder Eingang ins Repertoire und verhalfen mir zu häufigen Interpretationserlebnissen.

In der Literaturgeschichte gibt es keinen Dichter, dessen Einfluß auf die Musik dem Goethes gleichzusetzen wäre. Die Gattung des Klavierliedes, die auch außerhalb Deutschlands (wo sie eigentlich gar nicht mehr existiert) heute noch die deutsche Kultur versinnbildlicht, hätte sich ohne Goethe nie in der erreichten Form und Höhe entwickelt. Es ist also durchaus sinnvoll zu sagen, daß er, von seiner Wirkungsgeschichte her, viel näher bei der Musik als bei der bildenden Kunst steht, der er sich doch immer tätig nahe fühlte.

Durch den elektrisierenden Rausch, den die Wirkung Wagners auf mich noch stets verursacht hat, brach früh ein Interesse für Nietzsche auf. Ich war neugierig auf diesen Vorläufer, diesen Lehrer im Kreise imaginärer Schüler, diesen von seinem Mystagogen Abtrünnigen, der noch in der Form der Abwendung den Glauben an Wagner bezeugte, den er geliebt und mit dem er ein Leben lang gerungen hat.

Im Blick zurück wurden mir die Augen durch das Nietzsche-Wort schreckhaft geöffnet: »Es kommt immer wieder die Stunde, wo die Masse ihr Leben, ihr Vermögen, ihr Gewissen, ihre Tugend daran zu setzen bereit ist, um jenen ihren höchsten Genuß sich zu schaffen und als siegreiche, tyrannisch willkürliche Nation über andere Nationen zu schalten. Da quellen die verschwenderischen, aufopfernden, hoffenden, vorträumenden, überverwegenen, phantastischen Gefühle so reichlich herauf, daß der ehrgeizige oder klug vorsorgende Fürst einen Krieg vom Zaun brechen und das gute Gewissen des Volkes seinem Unrecht unterschieben kann.« Das genau hatten wir Deutsche durchgemacht.

Besonders empfindlich zeigte sich Nietzsche, wann immer die Frage der Macht aufkam. Dies schien mir damit zusammenzuhängen, daß er in seinem Denken den Vorsokratikern nahestand, namentlich was deren Konzeption des Agon betrifft; er vertrat die Überzeugung, jeder bringe seine Fähigkeiten nur durch den Kampf, den Wettkampf, zur Vollendung. Tiefstes Mißtrauen hegte er folglich gegen alle, die den Wettkampf scheuen. Aus den Einsichten Schopenhauers resümierte er, daß keiner dem anderen helfen, vielmehr der Mensch über den Menschen herrschen und nur seine Macht mehren wolle. Niemals ließ Nietzsche sich darauf ein, einem anderen Macht einzuräumen. Die wenigen Male, in denen er sich der Macht, sagen wir besser, dem starken Einfluß anderer auslieferte, hinterließen bei ihm einen bitteren Nachgeschmack.

So erging es ihm mit Richard Wagner, und so mag es ihm auch mit Lou Salomé ergangen sein, die er sich vergeblich zur Gefährtin wünschte. Eine Zeitlang hatte es allerdings den Anschein, als könnten sich Hoffnungen auf eine Freundschaft zwischen Nietzsche und Lou, gleichsam ein Verhältnis zwischen Lehrer und Schüler, erfüllen. Denn geistig waren sie verwandt, ihre Gedanken fügten sich ineinander wie ein Schlüssel ins Schloß, so daß Nietzsche von »Geschwistergehirnen« sprach. Er las ihr Stellen aus seinen neuesten Werken vor, setzte Gedichte von ihr in Musik und verriet ihr, was er der Welt zu vermachen gedachte.

Neben der Haßliebe Nietzsches zu Wagner fordert das schwierige Dreieckverhältnis mit Lou Salomé und Paul Reé als Drittem im Bunde, ständig unterminiert von Nietzsches Schwester Elisabeth, schärfstes Interesse. Nicht minder die Liebe Nietzsches zu Cosima Wagner. Diese Spannungen nahmen insgesamt einen katastrophalen Verlauf, und noch jahrelang quälten Nietzsche Verlustschmerz und der Verdacht, verraten worden zu sein. Seine ohnehin stets präsenten Leiden erhielten durch diese Konflikte eine fatale Bestätigung und Intensivierung.

Die Auseinandersetzung mit Nietzsche muß auch seine musikalischen Ambitionen, seine Begabungen und seine Unfähigkeiten einbeziehen. Zusammen mit zwei Freunden, dem mir durch vierhändiges Klavierspiel, eine gemeinsame Schubert-Ausgabe und das vitale Interesse am Malen verbundenen Elmar Budde und Gert Westphal, meinem nachsichtigen Vorbild als Rezitator, veranstalteten wir eine Art Mini-Festspiel im Namen Nietzsches in der Berliner Hochschule der Künste und anschließend, eingeladen und gefördert durch Dieter Borchmeyer, in der Alten Aula der Universität Heidelberg. Einen kleinen Vortrag über die Frage »War Nietzsche ein Komponist?« umrahmten vierhändig gespielte Stücke. Am anderen Abend lasen Westphal und ich aus der Korrespondenz von

Heinrich Köselitz alias Peter Gast mit Friedrich Nietzsche. Bei aller geistigen Regsamkeit und gegenseitigen Anstachelung der Briefpartner konnte jedem Hörer bald deutlich werden, daß sich der Philosoph weder mit seinen musikalischen Leistungen noch mit seinen Anschauungen zur Musik auf der gewohnten Höhe befand. Er überließ sich den subjektivsten Täuschungen, vor allem über seinen von ihm häufig mit Mozart verglichenen Briefpartner. Auch sah er nur zu gern über den bei aller Einfallsfülle zutage liegenden Dilettantismus seiner eigenen Kompositionen hinweg.

AUF DEM UMWEG über die Musik erreichte mich der Lebensatem vieler Dichter und Schriftsteller. Die Russen, Turgenjew, Tolstoi und Dostojewski, lernte ich näher kennen, als ich mich mit dem Leben der Pauline Viardot befaßte, dieser gleichermaßen als Pianistin, Komponistin und Sängerin bedeutenden Frau. Was alles war zum Verständnis der Garcia-Familie nachzulesen – Stendhal, Balzac, Flaubert, aber vielfach auch Literatur, die uns in der Zeit des Heranwachsens versperrt war.

Der Titel *Wenn Musik der Liebe Nahrung ist* – leider ohne den Hinweis auf die Schwestern Garcia – spiegelt den Gemeinplatz wider, daß sich das europäische Geistesleben aus einer universellen Musikästhetik speist. Das Lebensprinzip dieses Geistes »Liebe« zu nennen, ist idealistischer Usus, im Buchtitel zu einem Halbsatz kondensiert, der uns, das Shakespearesche »if« zu einem epochenbezeichnenden »wenn« umdeutend, Wegweiser zu den Schicksalen von Künstlern im 19. Jahrhundert wird. Das Buch läßt den Leser jenen *coup de foudre* mitvollziehen, den ein Foto hervorrief, auf dem der Personenkreis eines Banketts festgehalten ist, dessen wiederholte Thematisierung den Zeitrahmen des Erzählens bildet.

Auf einer der vielen Lesereisen – peinlich genug, Verkäufer in Sachen eigener Bücher zu sein – gab es nach Beendigung plötzlich eine Menge Fragen aus dem Publikum. Einer wollte unter Zustimmung vieler Zuhörer wissen, wie ich über die Emanzipation der Frau denke. Also versuchte ich in Worte zu fassen, daß ich den Frauen alle Rechte wünsche, aber auch meine, daß jegliche Einteilung der Menschen in Gruppen höchstens dazu taugt, die Probleme zu verschärfen, und es noch schwerer macht, einander zu verstehen.

Im Umkreis von Claude Debussy faszinierte mich die Gestalt Paul Verlaines, der so gar nicht aussah wie das Ideal eines Dichters. Wahrscheinlich ist sein bestes Porträt das von Carrière. Darauf ähnelt er der Vorstellung von Sokrates, und man könnte schwören, daß in ihm der alte Silen zu neuem Leben erwacht war. Aber Verlaine war keine Kämpfernatur. Obwohl mittelgroß, war er schwächlich gebaut und wirkte kurz und gedrungen. In seinem vernachlässigten, verschlampten Anzug wäre er unbemerkt in jeder Straßenmenge verschwunden, zumal er selbst allem aus dem Weg gehen zu wollen schien. Es war etwas Ängstliches und Scheues, ja Schreckhaftes in ihm, das sich eher auf eine physische Nervosität als auf die Reserviertheit seiner Natur zurückführen ließ.

Verlaine verließ Frau und Kind und ging mit Rimbaud nach Brüssel. Nachdem sie eine Zeitlang zusammen gelebt hatten, zankten sie sich; Verlaine verfolgte seinen Freund eines Nachts bis in ein Bordell und schoß ihn in leidenschaftlicher Eifersucht nieder. Während Rimbaud verwundet im Spital lag, wurde Verlaine zu einem Jahr Gefängnis verurteilt, wo der Dichter zu Reue und Demut des christlichen Glaubens gelangte, und so entstand die scheinbare Disharmonie seiner dualistischen Existenz. Sein ganzes späteres Leben spaltete sich zwischen Leidenschaft und Reue. Nie hat es wohl einen ähnlichen Sünder und eine ähnliche Reue gegeben.

OB IN SCHOSTAKOWITSCHS 14. Symphonie oder in der Vertonung des *Cornet* durch das Nazi-Opfer Viktor Ullmann: Bei Rilke wird es dem Rezitierenden schwer gemacht. Wie Goethe, wie Jakob Grimm und wenige andere verdiente Rilke in der Literaturgeschichte den Beinamen Grammaticus, der ihm bescheinigt, er habe Kenntnis gehabt von einer Sache, die allen Dichtern das kleinste gemeinsame Vielfache sein sollte, aber nicht ist.

Rilkes Jugend fiel in die achtziger Jahre, in denen es allgemein als Aufgabe gesehen wurde, die deutsche Literatur wieder auf Weltniveau zu bringen: durch Einstoßen der Dämme, durch Hereinlassen des französischen, russischen, englischen und skandinavischen Schrifttums. Das hatte zunächst die vollkommene Ersäufung der deutschen Sprache in Übersetzer-Slang zur Folge. Schon damals (wie heute) kannten die Übersetzer vielleicht die fremde, nur selten aber die Muttersprache. All das ist nachzulesen in Wolfgang Leppmanns großartiger Rilke-Biographie. Mit Rilke kehrte das Wissen über den Aufbau, über Haupt und Glieder eines atmenden deutschen Satzes zurück.

Der Dichter war jener übergroßen Weichheit nicht fern, die seine Feinde Weichlichkeit nannten, seine Sprache jedenfalls klingt leise und verträgt kein fortissimo. Gerade der *Cornet* ist längst, in einem unguten Sinne, Frauenliebling geworden. Ich konnte die notwendige Härte, das männliche Erwachen nur mit Hilfe seiner späteren Entwicklung zurückprojizieren, wie sie sich etwa in seinem Buch über Rodin oder auch in seinen beiden Bänden *Neue Gedichte* phänomenal verwirklichte. Impressionismus und Expressionismus müssen an Rilke wie Geschwätz verdampfen.

Es gibt Menschen, die die *Weise von Liebe und Tod* in Erinnerung an mißbräuchliche Heldenverehrung und Kriegsverherrlichung aus braunen Zeiten als unsäglich empfinden und die Komposition Ullmanns, der in Auschwitz

endete, angesichts ihrer Entstehungsbedingungen als be-
drückende Ironie der Kulturgeschichte. Da muß es die
gegenüber der originalen Klavierversion nur bruchstück-
haft vollendete Orchesterfassung besonders schwer haben,
denn ein voller Orchesterklang läßt subtile motivische
Verstrebungen – wie etwa die über das »Reiten ... reiten ...
reiten« erstellte formale Geschlossenheit – zugunsten dra-
stischer Szenenuntermalung grundsätzlich in den Hintergrund treten. Dies aber läuft dem entscheidenden ästheti-
schen Wert des Textes zuwider, dessen vielfach klischee-
hafte Situationen von der filigranen Ökonomie ihrer Ver-
sprachlichung leben: »Schreiende Fenster«, ein »Wettlauf
mit brennenden Gängen«, ein »Ohrring-Abnehmen« –
derartige semantische Dichte kann kein Orchester konkre-
tisieren.

AUS STUTTGART ERREICHTE MICH ein kritisches
Wort von Albrecht Goes, dem »seelsorgenden« Dichter
mit dem glühenden Herzen. Ihm waren in Schumanns
Dichterliebe Töne derben Aufbegehrens aufgefallen, die
ich in dem Lied »Ein Jüngling liebt' ein Mädchen« angeschlagen hatte. Wir tauschten uns brieflich darüber aus,
und nachdem eine kleine Korrektur auf beiden Seiten statt-
hatte, entwickelte sich ein sporadischer, aber doch Jahrzehnte überspannender Briefwechsel, der mir viel bedeutete. Goes' Betrachtungen über Mozart, niedergelegt in
mehreren seiner Bücher, gehören sicherlich zum Schönsten im überwältigenden Gedränge des Schrifttums zu diesem Unbeschreiblichen. Was er über den Schluß des *Figaro*
zu sagen hatte, vornehmlich über das »Contessa perdono«
des Grafen, knüpfte an eine Erfahrung meiner Wiedergabe
an.
 Mit Stuttgart verbindet mich auch die Tätigkeit für die
Hugo-Wolf-Gesellschaft, schon unter der Leitung des
mich einst selbst begleitenden und später in jedem Konzert

treulich anwesenden Hermann Reutter. Dann die andauernde Freundschaft zu Hartmut Höll und Mitsuko Shirai, nicht weniger zum Vorsitzenden der Akademie, Dr. Rainer Wilhelm. Beim Planen und Vorbereiten aller möglichen literarischen und musikprogrammatischen Ideen half mir mit immer neuen Zusätzen und Rat Frau Elisabeth Hackenbracht, derer ich dankbar gedenke.

ZWEIMAL PASSIERTE ICH die Pforten der Wiener Universität und stieg die prächtige Treppe zur Aula empor, beide Male mit gleicher Erregung. Der Aufgang versinnbildlicht für mich den Weg zur höchsten und exklusivsten Gelehrsamkeit, so wie das Gebäude selbst, in seinem ausladenden, pompösen, aber würdigen Stil der siebziger Jahre des 19. Jahrhunderts. Immer mußte ich unabhängige, freie Wissenschaft mit dieser Art von Architektur assoziieren, als etwas, das in unseren Tagen belangloser und utilitaristischer Geschäftigkeit weder gewürdigt noch verstanden wird.

Das eine Mal hatte ich bei einer Festveranstaltung in der Aula einige Stücke von Strauss und Pfitzner zu singen; das andere Mal mußte ich in letzter Minute das Amt eines Diskussionsleiters der Freud-Gesellschaft zum Thema »Mahler und Freud« übernehmen. Damals stimmte mich der Gang durch das prächtige Universitätsgebäude melancholisch. Die Marmortreppen waren so ungeheuer, daß ich mich fragte, ob dahinter überhaupt noch Platz für Forschung und Lehre blieb. War das vielleicht ein Symbol auch für mein Leben?

In Wien konnte auch meine Lust auf Theater auf sinnlichste Art gestillt werden, in jener Sprachfarbe, die dem Singen so viel ähnlicher ist als das Hochdeutsche. In der Wiedergabe durch österreichische Schauspieler rückte mir manche Dichtung näher. Etwa Ibsens *Peer Gynt* bei einer Burgtheateraufführung im Ausweichquartier des »Ronacher«, wo ich noch viele Erstgenüsse zu gewärtigen hatte. Die Mär vom Phantasten, Dichter, Lügner, Macht- und Geltungsträumer, vom Springer über den eigenen Schatten, vom herzhaften Schwächling und verbrecherischen Romantiker, von dem Mann, der auf der Suche nach seinem Ich stets auf der Flucht vor ihm ist, der sich preisgibt, um sich zu bewahren, viele Gestalten annimmt, um er selbst zu bleiben – die Mär vom Peer Gynt kam mir vor wie eine Menschheitsdichtung.

Die Dichtung vom Peer Gynt erschließt ihre volle Schönheit freilich nur dem Leser. Das poetische Rankenwerk, das Geflecht von Bild, Wort und Symbol, das den Kern des Dramas umgibt, verfilzt auf dem Theater zur Hecke, über die kein Zuschauer hinwegkommt. Und davor liegt der Drache Langeweile. In der Wiener Aufführung, von schönen, etwas zu farbenfrohen Bildern beeinflußt, gab der noch junge Attila Hörbiger der Bewegung und Bewegtheit die natürliche Innervation. Über die Fülle von Hahas und Hohos hinaus offenbarte er inneres Tempo. Der Text, den Romy Schneiders Großmutter, Rosa Albach-Retty als Aase sprach, blieb allerdings Geheimnis, denn man verstand nur einen geringen Teil ihrer von Zorn und Zärtlichkeit verknautschten Rede, weniger ein Mütterchen als eine Märchenhexe. Nicht sehr gespenstisch geriet die Szene im Irrenhaus mit dem übrigens umwerfenden Theo Lingen – taghell, urnüchtern, blank, munter, aber ohne Grauen. Ein paar Herren im Nachthemd trieben derweil privaten Unfug. Bei der stürmischen Heimkehr Peers tauchte kurz der legendäre Mime Raoul Aslan auf, von dessen Gedächtnislücken so hübsche Anekdoten kursieren wie die, daß er als Ludwig der XIV. endlos auf ein Stichwort harrte und dann mit strengem Blick auf die Souffleuse sagte: »Wir haben lange nichts von Fräulein Müller gehört.«

Der köstlichen Blütezeit, die die Volksbühne unter Oscar

Fritz Schuh in Berlin erlebte, verdanke ich die Freundschaft mit zwei ganz großen Darstellern der Wiener Theaterszene: Aglaja Schmid und Leopold Rudolf. Wenn ich an ihre Auftritte in Stücken von Nestroy, Raimund, Schnitzler oder Hofmannsthal denke, überkommt mich gewaltige Wehmut, was das gegenwärtige Theater betrifft. Eine vielleicht noch heftigere, wenn ich der anbetungswürdigen Paula Wessely gedenke.

Auf der Suche nach dem Lustigen konnte man bei den aus Österreich importierten Begabungen wie etwa Karl Skraup oder Richard Romanowsky, später bei Elfriede Ott oder Helmut Qualtinger Umwerfendes entdecken. Bei aller Komik war man doch zur Nachdenklichkeit aufgefordert. In jüngster Zeit begegnet immer zudringlichere Fratzenschneiderei. Selbst im Film vermißt man die Unerforschlichkeit des Gesichts, die nach so viel Übertreibung eigentlich wieder zum Bedürfnis geworden sein sollte. Leider beginnt auch das neue Jahrhundert mit immer dümmlicheren Paraden von Deserteuren beiderlei Geschlechts und Transvestitenshows.

Ganz ähnlich verhält es sich übrigens mit der Situation des jungen Theaters, das sich immer hartnäckiger dem Mut zur Bejahung entzieht. Die Fähigkeit, ein bühnenwirksames Theaterstück zu schreiben, ist in Mißkredit geraten, und viele Schriftsteller scheinen ihre diesbezüglichen Talente deshalb gar nicht erst hervorholen zu wollen. Es gibt das literarische Theater, von der Theorie in die fade Praxis umgesetzt und einem »literarischen« Publikum präsentiert, das aber lediglich einen Bruchteil der Theaterbesucher ausmacht, Premierenpublikum, das dem Rest der Theaterhungrigen sein Urteil oktroyiert. Niemand darf sich mehr gefallen lassen, was ihm wirklich gefällt.

Substanz aller Kunst ist und bleibt die Menschenseele. Deren Fährtensucher auf der Bühne aber ist der Schauspieler. Eine Binsenweisheit? Gewiß. Aber eine, die in der

Zeit krampfiger Überschätzung von Regie und »neuer«
Sinngebung fast als Ketzerei anmutet. Was bleibt ohne den
Eigenimpuls des Schauspielers? Ein fader Mime, aufgepul-
vert durch ein bißchen technischen Bluff, Zeitversetzung
und Inhaltsverfremdung. Wenn die erste Verblüffung darüber verraucht ist: Langeweile, nichts als Langeweile. Das
Theater muß aber unterhaltsam sein. Unsere Heutigen
vergessen häufig die tausend Menschen, die da sitzen, die
angeredet sein und mitreden wollen. Rolf Boysen hat dies
in seinem Buch über das Theaterspielen so eloquent wie
melancholisch dargelegt.

ES WAR MEHR als nur eine Nachricht, als ich 1992, zehn
Jahre nach meinem Beschluß, nicht mehr auf die Opernbühne zu treten, auch den Abschied vom Konzertpodium
bekanntgab. Dankbar genoß ich die Möglichkeit, das
Erlebte immer einmal wieder auf CD's Revue passieren zu
lassen, so sehr mir auch die Begegnung mit dem Hörer
fehlte. Ich weiß, wie viele Menschen jahrelang weite Wege
machten, weil ihnen die persönliche Begegnung mit der
Liedwelt wie das tägliche Brot zum Leben gehörte.

Natürlich hat ein Musikfreund, jenseits von Tenor-
Hysterie und lächerlicher Pop-Aktion, eine durch jahre-
lange Hörgewohnheiten zustande gekommene, rein sub-
jektive Erwartungshaltung. Da ist er wie auf dem Sprung,
sich bei einer sonoren Schönheit, einem berückenden
Stimmklang auf die Wiederkehr seines ganz persönlichen
Musikaugenblicks zu stürzen. Dazwischen liegen Momente
des perhorreszierenden Neukennenlernens, der Überraschung, die jedoch eine volle, ungeschmälerte Einsatz-
bereitschaft des Hörers verlangen und höchst selten zustande kommen. Er hört also in der Regel nichts wirklich
Neues; es werden vielmehr Basisverhältnisse angespro-
chen, die schon in vielen Imaginationen gewußt und
betreut wurden.

Im Bewußtsein des Sängers lebte schon längst ein Widerstreit: Sein glühender Wunsch, nur einmal wieder wie neu gehört wirken zu dürfen, steht gegen die abertausend Stimmen derer, die sein Gesang innerlich geprägt hat und denen am Fortbestehen der Erinnerung liegt. Von diesem Widerstreit fühlte ich mich manchmal schier zerrissen. Aus dem Atem mußte ich die Rettung gewinnen, dem Atem, der immer das innerste Bewußtsein meiner Kunstfreude gewesen ist, ein Ort der Versöhnung von Unbewußtem mit Ausführtechnik, ein Medium der Läuterung von vorbewußt Empfundenem zu gedanklicher Form, das Lebensprinzip, das mich beseelt.

Aus dem Atem erwächst dem Künstler das Lächeln seines neuen Aufbruchs. Ganz so, wie es mir seit der Begegnung mit Furtwängler sich klärte: Das Größte, das der nachschaffende Künstler als Person seinen Zeitgenossen zu geben vermag, ist, ihnen eine schöne Idee zu sein. Als Interpret mag er diese Idee wenigstens momentweise aufblitzen lassen, wenn es ihm schon nicht vergönnt ist, sie in bleibenden Werken zu manifestieren. Den Stoff zur schönen Idee bildet vielleicht die Neugier, die ihrerseits der Goetheschen Einsicht gehorcht: »Des Menschen Seele, wie gleicht sie dem Wasser.«

Der Rezitierende muß noch eine weitere kulturgeschichtliche Rettungsaktion vollbringen: Er muß eintreten für das Wort. Rezitieren ist in unserer kulturhistorischen Situation unrettbar fehl am Platze, und eben dieser Ausweglosigkeit gilt das Lächeln des Rezitators. Die Natur des Künstlers steckt voller Widerspruchsgeist, und daraus gewinnt er Selbstironie. Hat er geendet und verläßt er die Bühne oder den Vortragssaal, beunruhigt ihn sein immer wieder anders gefärbter, unhörbarer Enttäuschungsschrei; nichts würde in solchen Momenten seine soeben verklungene Stimme wieder zum Tönen bringen.

Es ist eine Gnade, im Verstehen sich mit anderen Interpreten, aber auch mit einzelnen Zuhörern im Publikum verbunden zu wissen. Das Gefühl, für einen anderen wesentlich zu sein, ist, weit über alle Dankbarkeit hinaus, die einem entgegengebracht wird, Faszination und Erfüllung zugleich.

Musiker werden, wenn sie sich auf einer gewissen Qualitätshöhe bewegen, gut bezahlt. Nie mußte aus Hunger gearbeitet werden, denn schon bald war mehr Geld da, als ausgegeben werden konnte. Für den Grad des künstlerischen Behagens war allerdings kaum von Belang, ob die Füße sich an einer Karbidflamme, einem Kamin oder an der Zentralheizung wärmten. Daß seit 35 Jahren unser Volk immer nur hinzugewann, schuf in der Breite einen unermeßlichen Milliardenreichtum, der eines Tages auf die Erben belastend niederregnen wird. Dem jungen Musiker aber, der über seine Zukunftsaussichten nachdenkt, möchte ich an dieser Stelle zurufen: Musik studieren heißt nur zum kleinsten Teil, Geld damit zu verdienen.

Dennoch kann es sich der Musiker heutzutage nicht gestatten, allzu viele vorgefaßte Meinungen mit sich herumzutragen. Ohnehin werden ihn sein Temperament, sein geistiger Hintergrund, seine Erziehung, seine Ausbildung für eine bestimmte Art von Musik und Musikausübung prädisponieren. Es ist auch durchaus wichtig, eine gewisse Spezialisierung zu pflegen, wie ich es mit der Musik des 19. Jahrhunderts tat, denn es scheint mir wesentlich zu sein, einen bestimmten Stil in sich zu vertiefen. Aber wir leben in einer Zeit, die Aufgeschlossensein von einem Musiker erwartet, und durch Neugier, Interesse und Studium können wir das Genie verschiedener Stile und ungewohnter Ausdrucksweisen kennenlernen und verinnerlichen.

Oft werde ich nach den unerfüllt gebliebenen künstlerischen Wünschen gefragt. Dazu gehört sicherlich eine Aufnahme des *Macbeth* von Verdi mit Maria Callas, die nach anfänglicher Bereitschaft die Partie doch als zu anstrengend für ihre damalige Konstitution empfand. Sie hat sie auch auf der Bühne der Scala nur in wenigen Vorstellungen einer einzigen Inszenierung gesungen.

Dankbar bin ich Peter Andry von der EMI, daß er so viele Projekte mit mir verwirklichte. Entgangen ist mir, durch die Nichtverfügbarkeit von Sir John Barbirolli, mit dem ich den Verdischen *Otello* bereits aufgenommen hatte, eine Zusammenarbeit bei Purcells *Dido und Aeneas*. Nicht zustande gekommen ist leider auch eine Produktion des Oratoriums *L'Enfance du Christ* von Berlioz unter André Cluytens, mit dem mich die Bayreuther Festspiele bereits mehrfach zusammengeführt hatten. Elisabeth Schwarzkopf und Nicolai Gedda wären meine Partner gewesen. Schließlich standen auf meinem Plan auch *Die Königskinder* von Humperdinck, denen ich ein besseres Nachleben gewünscht hätte als auf der Raubpressung einer Aufnahme aus Köln, in der ich für die Partie des Spielmanns noch definitiv zu jung war.

Was allein mit Wolfgang Sawallisch hätte stattfinden sollen und was durch Terminkollisionen oder mein Zögern ausfiel, kann ich nur zu rekonstruieren versuchen. Dank muß ich dem unermüdlichen Freund dafür abstatten, daß er sich durch nichts von immer neuen Anfragen abschrecken ließ. Wolfgang Fortner hatte eine Oper *Don Perlimplin* nach Lorca mit meiner Stimme im Sinn geschrieben. Sie sollte in Schwetzingen uraufgeführt werden, aber dort war im Jahr zuvor Henzes *Elegie für junge Liebende* über die Bühne gegangen, und so unterblieb meine Mitwirkung.

Auch in der Zeit seiner nahen Bindung an die Mailänder Scala ließ Sawallisch nicht locker und lud mich immer wieder ein. Aber es kam weder zu der von ihm geradezu herbeigesehnten italienischen Erstaufführung von *Arabella* von Richard Strauss in deutscher Sprache noch gar zu dessen *Schweigsamer Frau* in München; aus Gründen der Werktreue lehnte ich den Morosus als eine reine Bass-Partie – allen »Umlegungs«-Vorschlägen zum Trotz – ab. Daß Strauss selber sich immer bereit gefunden hatte, stimmlichen Gegebenheiten zuliebe Noten zu versetzen (übrigens auch Verdi und Mozart), konnte mich in diesem Fall der Vielzahl der Modifikationen wegen nicht überzeugen.

Auch eine sicherlich lohnende neue *Meistersinger*-Inszenierung von Oskar Fritz Schuh mit Sawallisch in München ließ sich trotz der Begeisterung Günther Rennerts für die Idee erst einmal nicht verwirklichen. Nachdem Jahre verstrichen waren und Sawallisch selbst Chef des Münchener Hauses geworden war, kam der Sachs dann doch noch auf dessen Bühne – in August Everdings Regie. Sawallisch hatte recht: Der alte Theaterdreh des würdigen Nichtssagens ging nicht mehr an; es mußte endlich ein neuer Sachs kommen, und er hielt mich für einen solchen.

Die Liste der Anregungen durch Wolfgang Sawallisch wäre noch weiterzuführen. Immerhin haben wir manches realisiert. Fast wäre allerdings auch unser erster gemeinsamer Liederabend, dem sehr viele in ganz Europa folgten, danebengegangen. Denn der Frack des Pianisten Sawallisch wurde für die Autofahrt von Hamburg nach Bremen im Kofferraum verstaut und fiel dort einem undichten Benzinkanister zum Opfer, was uns am Abend beide dazu zwang, im Straßenanzug aufzutreten.

WER SICH UNTER nur mehr wenigen lebenden Freunden sieht, nimmt instinktiv Zuflucht zu Erinnerungen. Da verliert es seinen Sinn, sich immer wieder klarzumachen, daß lange leben notwendig heißt: viele überleben, auf viele Wandergefährten zurückblicken. Dankbar bin ich, mit einigen Gesprächspartnern zusammenzusein. Zu ihnen zählen Heinz und Maria Friedrich. Über den Publizisten,

den »Verlagserfinder«, den Dokumentator, den Rund-
funkmann, den Sammler, den Programmdirektor, den
Rezensenten, den Honorarprofessor und den Akademie-
präsidenten will ich hier nichts sagen. Über den Menschen
Heinz Friedrich sagt eine Briefpassage viel, die mir vor
kurzem wieder vor Augen kam: »Vielleicht sind wir dazu
verdammt, zwischen den Zeilen zu leben, verstört, verwirrt, da und dort Signale aussendend, Wegweiser setzend,
mahnend, oft auch schweigend und duldend, wo wir handeln müßten, aber nicht handeln können ...«

Das entsprach der eigenen Wahrnehmung, so wie wir
uns auch darin einig sind, daß Musik in der Lage sei, hier
ausgleichend oder doch korrigierend zu wirken. Unser
Gespräch drehte sich häufig um die Problematik des
Interpreten. Friedrich hat es mir, dem dolmetschenden
Vermittler von Kunst, oft ins Stammbuch geschrieben, daß
es letzten Endes die Selbstverständlichkeit ist, die ein aus-
führender Künstler im Nachschaffen eines Werkes erreichen sollte. Er hat sein Leben als künstlerisch im Sinne
Nietzsches verstanden, und immer wieder geriet die »Bio-
logie der Kunst« in seinen Blickpunkt. Dabei spielte die
Musik eine dominante Rolle. Die Gemütserregung, das
Entstehen geistiger Aktion durch Töne erschließt in Friedrichs Augen kosmische Wirkungszusammenhänge des Le-
bendigen. Wir waren versucht, sie als höhere Metaphysik
zu bezeichnen und Nietzsche recht zu geben, der sagt,
Leben sei für ihn nur als Kunst erträglich. Sollten die
Menschen den Freiraum der Kunst eines Tages aufgeben,
wären sie hoffnungslos verloren.

Was wir Älteren gern verdrängen, womit wir uns nur
widerstrebend beschäftigen, obwohl wir uns täglich damit
konfrontiert sehen, die Narben des Zweiten Weltkrieges,
sie blieben für den damals schwer verwundeten Heinz
Friedrich real ein Leben lang, mit allen Bedrückungen,
Bedrohungen und steten Mahnungen an das, was Krieg

heißt. In der Stunde Null mußte ein ganzes Zeitalter mühevoll verarbeitet werden, aber auch später war immer wieder »Aufräumarbeit« zu bewältigen. Aus der Zeit der Studentenrevolte von 1968 erinnere ich mich an einen tief umdüsterten und verstörten Mann, dem alles, was er geleistet hatte, absolut sinnlos erschien. Während er am Schreibtisch saß, wurde auf der Straße demonstriert, und auch einige seiner Mitarbeiter schrieen mit, ohne recht zu wissen, warum. Die Resignation und den daraus folgenden Fatalismus teilte Friedrich damals mit vielen. Es war kein Fest und ist es bis heute nicht, in einer Welt zu leben, die von Tag zu Tag fremder zu werden droht.

Um so mehr staunten wir, daß unversehens die Heide wieder blühte und verklärte Menschen in den Abendschein blickten, daß Leute, die gestern noch die intellektuelle Analyse von Kuhfladen für ein ästhetisches Geschäft ausgaben, für die Wiederentdeckung des Gefühls plädierten, was sich bald als schierer Kitsch entpuppte. Und es bemächtigte sich unser etwa gleichzeitig das Gefühl, zwischen allen Stühlen zu landen.

Ich wollte von den späten Freunden reden und weiß: Die ersten gewinnt man auf der Schulbank. Ich schätze die Fügung, die mir einen aus den allerersten Schultütentagen bewahrte: Hans Wolfgang Wunschel. Komme ich mit ihm und seiner verschmitzt gewitzten holländischen Frau Els zusammen, ist es, als seien die Jahre unbemerkt vorbeigegangen. Aus dem Hörsaal der Hochschule oder von den fröhlichen Kneipabenden, die durchaus zu den frühen Gepflogenheiten gehörten, ist mir kaum jemand geblieben.

Die Freunde des reiferen Alters habe ich mir allmählich erworben. Mein Verhältnis zu Hans und Ilse Neunzig, das auf gegenseitiger Schätzung, auf Vertrauen und Anerkennung beruht, hat sich aus ursprünglichen Hemmungen und Vorbehalten gestaltet, die wir tatfreudig hinwegräumten. Heute erfreuen wir uns des festen, klaren Zustands einer auf alle Beziehungen des Lebens und Wirkens ausgebreiteten gegenseitigen Teilnahme.

Als sich Neunzig zu meiner Biografie an den Schreibtisch setzte, sprach aus mir zuerst der Verstand, bald zum Glück schon das Herz. Ich bin für meinen Biografen zum Ich geworden, und das war gut so. Dem Freund will man ja begegnen, vielleicht ihn reizen oder amüsieren – so wie junge Hunde miteinander spielen. Neunzig hat eine Uneitelkeit und Selbstlosigkeit, die ihresgleichen sucht. Von seinen Talenten, deren es eine ganze Menge gibt, ist das schönste das der Freude, sogar das seltene der Mitfreude. Trotz der Schärfe seines Urteils, mancher bitteren Erfahrung oder unverhohlen geäußerter kritischer Abneigung habe ich keinen neidloseren, weniger eifersüchtigen Menschen kennengelernt. Sein Lachen ist schallend, tosend, breit und hell, eine aufweckende, manchmal Trübsal zerstreuende Fanfare. Ich nehme ernst, was er mir aus der Welt der Literaten und Verlage berichtet, frage mich aber, ob es mich so interessiert hätte, wenn es ihn nicht gäbe.

Auch Rudolf Elvers, einst Chef der Musikabteilung der Staatsbibliothek des Preußischen Kulturbesitzes, lacht gern. Aber auch er hat – ziemlich gleichzeitig mit mir – die Trübsalsuppe aus großem Löffel gegessen, und es war ihm lange Zeit nicht wohl, wenn es ihm wohl war. Inzwischen haben wir es uns abgewöhnt, ein schlechtes Gewissen zu haben, wenn es uns gutgeht. Der immer wache, erinnerungskräftige Witzbold, der im gleichen Charlottenburger »Kietz« lebt, konnte im Laufe eines langen Gelehrtenlebens einen enormen Schatz an Kenntnissen sammeln, der, meist in wohltuend albernem, scherzhaftem Ton, auch mir zugute kommt. Der größte Mendelssohn-Fachmann unserer Hemisphäre mußte es erleben, daß ich ihm bei einer Auktion ein Notenpult des Meisters vor der Nase wegschnappte. So lernten wir uns kennen. Seine zornige

Stimme am Telefon konnte mit den Jahren besänftigt werden.

Bei dem Goethe-Kenner Manfred Osten, der sich in Fernsehsendungen von Alexander Kluge auf vielen Wissensgebieten immer neue Geheimnisse entlocken läßt, handelt es sich für mich um einen Erwecker. Als mich der damalige Kulturattaché der Deutschen Botschaft in Tokio aus erstem, mühsam erkämpften Schlaf nach durchwachter Nacht telefonisch aufstörte und willkommen hieß, leitete er eine auch durch Entfernung und Amt belastbare Verbindung ein. Heute findet der Generalsekretär der Humboldt-Gesellschaft mit seiner Frau die Zeit, bei Kammermusik mitzuspielen oder sich unter jungenhaftem Lachen mit mir auszutauschen. Er würde mir an dieser Stelle des Buches wohl zurufen: »Klappere nicht mit dem Sargdeckel!« Und so bleibe jeder sich aufdrängende Gedanke an den Tod unausgesprochen.

Das Jahr meines 75. Geburtstages verlangt meinem Wesen Zuwiderlaufendes. Innehalten und zurückschauen mögen ihr Gutes haben. Aber der Blick auf das Bisherige darf nicht zur Lähmung führen. Der lebendig erfüllte Augenblick soll über eherne Vergangenheit triumphieren. Ein »Jubeljahr« läßt sich nur dann als positiv erfahren, wenn sich im Rückblick alle Freuden und alle Leiden in Glücksmomente für die Zukunft, in lebendige Phantasie verwandeln lassen.

Schon fühle ich mich wie eine dünne Haut über einem Berg von Erinnerungen. Was auch geschehen mag, wenn diese Haut reißt: Dankbarkeit hat mich erfüllt, und das ist genug.

—————— Anhang ——————

Namenregister